노무라종합연구소

2019

한국 경제 대예측

노무라종합연구소 2019 한국 경제 대예측

노무라종합연구소 지음

RHK
알에이치코리아

가속화 하는 경제·산업의 변화 속에서
어떤 변화를 추구해야 하는가

노무라종합연구소는 지난 2013년부터 '한국 경제 대예측'이란 제목으로 매해 경제 전망을 담은 책을 출간해왔다. 그동안 꾸준히 책을 펴내면서 그 시기에만 국한된 흥미 위주의 전망서를 내지 않겠다는 가치 기준을 지키기 위해 노력해왔다. 객관적이고 일관된 관점으로 세계 경제와 한국 경제를 전망하는, 그리고 그것이 몇 해를 걸쳐 축적되는 정기적인 관측으로서의 경제를 전달함으로써 독자들 또한 비교 가능하고 분석 가능한 경제 전망서가 되도록 전달하고자 했다.

노무라종합연구소는 미국, 유럽, 일본 등의 선진국 경제권역, 그리고 세계 경제의 중요 축으로 부상한 중국의 경제 전망과 이와 밀접하게 상호작용하며 변화하는 한국의 경제를 데이터를 기반으로 심층적으로 전망해오고 있다. 더불어 매해 한국 경제의 주요 산업 분야에 대한 보다 상세한 전망을 통해 거시경제뿐 아니라 경제를 지탱하는 주요 산업의 변화를 이해하는 데 실질적인 도움이 되고자 노력해왔다.

2019년에도 이런 관점과 가치에 근거해 책을 준비했다. 그 과정에서 2018년 말 예년보다 다양한 경제적 · 사회적 변화가 포착되었기에 현황을 보다 더 면밀히 반영한 전망을 내고자 하는 욕심으로 올해는 조금 늦은 시기에 책을 세상에 내놓게 되었다. 이 점 독자들의 넓은 이해를 부탁드리고 싶다. 그만큼 더욱 급박하게 변화하는 현황 경제에 보다 근접한 전망을 제시하고자 노력하였다는 점을 밝혀둔다.

한국 경제, 그리고 세계 경제의 2019년을 한마디로 정리하면, 경제 및 사회적인 밸런스 재편의 시기라고 할 것이다. 지금까지 유지되어왔던 미국과 중국의 암묵적인 밸런스가 트럼프 대통령 집권과 함께 새로운 국면을 맞이하고 있으며, 이에 따라 중국의 급속한 성장과 경제력의 세계화로 집약되었던 세계 경제의 변화 모멘텀 역시 베트남 등으로 대표되는 동남아시아 및 새로운 경제권역으로 분산화되는 새로운 균형을 만들어내고 있다. 또한 수면 밑에서 거대한 잠재력을 키워온 또 다른 경제 대국, 인도의 위력이 세계 경제 일선에 표면화되는 계기가 만들어지고 있다.

현재 진행 중인 미중 경제 마찰은 예전과는 달리 국가 간 관계가 복잡해진 현재의 글로벌 공급사슬을 고려했을 때 세계에 더 많은 경제 평준화 기회를 부여하는 방향으로 작용할 수 있다는 긍정적인 측면도 있다. 집중은 반드시 분산의 방향으로, 분산은 반드시 집중의 방향으로 계속해서 변화하면서 전체적인 균형감을 유지하는 것이 글로벌 역학관계의 생리이기 때문이다.

예전의 세계는 상호 정보 교류를 저해하는 정보 커뮤니케이션, 교통과 물류, 이데올로기 등과 같은 많은 장벽이 존재해 한 번 집중이 시작된 글로벌 밸런스가 필요 이상으로 심화되어 이를 해결할 방법이 극단적인 전쟁이나 경제 공황 등으로 분출되는 경우가 많았다. 하지만 현재의 정보 교류 수준을 생각하면 오히려 자연스럽게, 다시 말하면 비극단적일 수 있는 경제 논리에 의해 집중과 분산의 움직임이 서서히 분출되고 있다고도 할 수 있다(반대로 정보의 소통 양과 소통 수준이 낮은 사회라면 집중과 분산의 사이클에 유연하게 대응하지 못할 수도 있다).

미중 경제 분쟁에 따라 한국뿐 아니라 많은 국가들이 세계 경제 밸런스 변화에 맞춰 기업의 공급사슬을 수정하는 등 새로운 균형에 맞는 변화를 수반하게 된다. 그런데 문제는 이러한 세계적인 변화가 예전과 달리 빠른 속도로 이루어진다는 점이다. 따라서 이러한 변화에 적응하려면 좀 더 발빠르게 대응해야만 한다.

기업 역시 새로운 밸런스 재편을 맞이하고 있으며, 센싱하고 전망하고 선제적이고 실증적으로 대응하는 방식의 필요성이 강하게 요구되면서 최근 그 움직임이 커지고 있다. 이는 하향식top-down과 상향식 bottom-up 방식의 새로운 밸런스로 나타나고 있다.

빠른 변화가 일어나는 현재의 사회에서 모두의 의지를 모아 경영 활동을 이어가는 것은 불가능에 가깝다. 이에 중핵적인 의사결정자의 의지나 방향이 직접적으로 반영될 수 있도록, 혹은 직원의 아이디어나 창의력이 충분히 중핵 의사결정자에게 다다를 수 있도록 종적 채널을 효율화하고 강화하는 방향에 대한 조정이 이루어지고 있다. 이런 현실에서 중요한 것은 충분하고 올바른 정보의 소통이 전제가 되어야 하는 점이다. 그렇지 않다면 단순한 상명하복의 예전 방식을 고수하는 것밖에는 되지 않는다. 현 시점은 이렇게 경제는 물론, 국가, 기업에 있어서도 상향식 방식과 하향식 방식의 새롭고 발전된 밸런스가 필요한 시기이다.

그렇기 때문에 현재의 상황을 정확히 이해하는 것은 매우 중요한 일일 것이다. 세계 경제는 물론 한국 경제를 이해하고 전망하는 것은 쉬운 일이 아니지만 일관된 관점으로 정기적인 관측을 행하는 것이 무엇보다 중요한 까닭 역시 이 때문이다. 국가의 경제, 사회 및 기업의 전략 또한 세계 경제와 밀접한 관계를 가지고 순환을 반복하기 때문이다. 이 책《노무라종합연구소 2019 한국 경제 대예측》은 이런 순환의 고리를 파악할 수 있도록 집필되었다.

먼저 1부에서는 세계 경제 전망을 크게 미국 트럼프 정권의 경제 정책에 대한 이해로부터 시작하고 있다. 현재 세계 경제는 단순한 산업적 흐름 외에 미국의 경제 호황 속에서 전개되는 트럼프 정권의 경제 정책에 강하게 영향을 받고 있다. 그 영향력이 미치지 않는 국가나 경제권은 거의 없을 정도로 중국을 필두로 유럽, 일본, 한국을 넘어 전 세계적으로 확장되고 있다. 그런데 중국과의 관계는 우리나라 미디어에도 그 동향에 대해 많은 보도가 이루어지고 있는 데 비해 유럽이나 일본 등 기타 국가와의 상호 관계 및 그 영향력에 대해서는 충분히 파악할 정보가 주어지지는 않고 있는 게 사실이다. 이 책에서는 그 영향력을 면밀히 파악할 수 있도록 안내하고 있다.

1장에서는 트럼프 정권의 경제정책이 각 경제권에 미치는 영향을 분석하고 그 심층적인 원인을 함께 살펴보고 있으며, 2장에서는 선진국의 경제 전망에 대해 서술하고 있다. 지속적으로 회복, 성장하던 유럽의 경제는 2017년 양적완화 축소가 원인이 되어 2018년 경제 회복세 감속으로 이어졌다. 이 같은 현재의 유로존 경제를 되돌아보고, 지금껏 유럽 경제를 지휘해왔던 드라기 ECB 총재의 임기 만료에 따른 유럽 경제의 변수를 전망했다. 또한 영국의 브렉시트 시나리오를 예측하고, 경제에 어떤 영향을 미칠 것인지 고찰했다. 일본 경제와 관련하여서는 현실적인 정책으로 선회한 아베노믹스와 일본 경제의 고질적 문제인 노동력 부족과 불확정 요소들을 면밀히 밝혀 경제를 전망한다.

3장에서는 중국 및 신흥국 경제에 대해 전망했다. 중국의 경제 감속은 중국 내외의 이유로 점쳐지고 있지만, 미중 경제 분쟁의 영향이 대표적 원인이라 할 것이다. 이 책 전반에 걸쳐 많은 비중을 할애한 내용인데, 이는 세계 경제 전반에 다각도로 영향을 미치고 있기 때문이다. 무엇보다 중요한 것은 이러한 미중의 문제가 궁극적으로는 양국의 환율 문제에 직·간접으로 작용하여 동남아 등 신흥국은 미국 달러 환율 및 중국 위안화 환율 변동에 따라 항상 예상보다 큰 영향을 받을 수 있다는 점이다. 3장에서는 이 같은 환율 변화에 따라 신흥국 경제가 어떻게 영향을 받을지 살펴보고 전망한다.

2부에서는 한국 경제에 초점을 맞춰 향후 경제를 서술했다. 먼저 4장에서는 한국 경제의 저성장 기조에 대해 직시하면서, 다시 한 번 미국, 유럽, 중국, 일본의 경제를 데이터 및 경제정책을 비교·분석하여 이를 바탕으로 한국 경제를 심층적으로 전망하고 있다. 기본적인 경제를 전망하는 관점에 더해 최근 10년 주기 경제 위기설, 트럼프 대통령이 조장하고 있는 미국과 중국의 경제 분쟁이 한국 경제에 어떻게 영향을 미칠 것인지 등 2019년 당면한 문제를 이해하는 데 필요한 데이터를 집중적으로 분석하였다.

2008년 리먼사태 이후 경제 침체 상황을 바라보면서 많은 사람들이 다시금 경제 위기가 발발할 가능성에 대해 논하고 있다. 노무라종합연구소는 다양한 경제지표와 데이터를 기반으로 현 시점의 경제 침체가 쉽게 개선되지 않을 것이라는 전망과 함께, 그럼에도 불구하고 반드시 극단적인 경제 위기로 이어지지는 않을 것이라 예측한다.

더불어 앞서도 서술한 미중 경제 분쟁에 대해서도 현 시점을 악화일로의 상황으로 바라보기보다 중국과의 합의 형성이 가까워졌다고 전망한다. 중요한 관점 중 하나는 이 같은 제약 상황이 중국의 급속한 경제 팽창주의과 패권주의에 제동을 걸어 여러 경제권의 발전 계기를 제공할 수 있다고 내다본 점이다. 보다 중요한 것은 이를 한국의 기업이 어떻게 기회로 잡을 것인가이다. 이에 한국의 사회 경제에서 성숙 경제의 한계점과 취해야 할 자세를 명확히 직시하고, 그에 대한 균형감 있는 정책의 필요성을 명확하게 분석하였다.

5장에서는 한국의 주력 산업 중 중요한 변곡점을 맞고 있는 부문을 기업 전략적 관점에서 살펴보고, 향후 한국 경제의 나아갈 방향성에 대해 고찰하였다.

먼저 새로운 경쟁 구도에 진입하고 있는 전자 산업은 글로벌 선진 사례를 중심으로 전자업계의 새로운 사업모델 발굴 및 포트폴리오 전략에 대해 살펴보았다.

다음으로 자동차 산업은 IT를 기반으로 하는 서비스 산업으로서의 진화에 대해 조망하였다. 자동차 산업은 전동화, 커넥티드카, 자율주행 등 기술 진보로 모빌리티 서비스화Mobility as a Service를 넘어서 스마트 시티의 중핵으로서 주목받고 있다. 여기에서는 선진 기업 동향 및 기존 자동차 산업의 범위를 넘어서는 새로운 사업모델의 가능성을 고찰한다.

에너지 산업에 대한 전망에서는 IT화 및 탈탄소 정책으로 크게 변화하고 있는 밸류체인에 대해서 조망한다. 한국 에너지 산업의 문제점을 분석하고 향후 전개될 에너지 산업의 새로운 사업모델의 열린 가능성과 사업 기회를 집중 조명한다.

다음으로 인구 변화에 따라 커다란 변혁기를 맞고 있는 유통 산업에 대해 전망한다. 내수 소비 성장의 한계에 부딪친 유통은 성장의 한계에 직면해 있다. 이에 인구 감소 및 고령화 시대 도래에 따른 소비 트렌드 변화를 살펴보고, 업계의 향후 방향성에 대해서 전망했다.

한국 경제의 중요 이슈 중 하나인 부동산 산업에 대한 제언도 제시한다. 최근 부동산정책은 서울 주요 지역의 부동산 가격 억제를 통해 시장의 안정화를 꾀하고 있다. 하지만 근본적으로 대출 규제 및 세금 압박이 정책의 주요 핵심이기 때문에 시장 논리에 따른 정책이라기보다는 그에 반하는 정책 방향이라고 볼 수 있다. 이런 정책은 생명이 짧아 다음에 어떤 정책을 펼쳐야 할지 더욱 그 해답을 찾기가 어려워진다. 이를 해결하기 위해서는 근본적으로 부동산을 산업의 한 분야로 명확하게 인식하는 것부터 시작해야 한다. 이 책에서는 부동산 산업의 선진화 방안으로 임대주택에 주목하고, 정책적 문제점과 활성화를 위한 방안을 고찰하였다.

마지막으로 헬스케어 산업에 대해 전망했다. 3차 산업을 넘어 4차 산업의 본격화가 전망되는 현재, 헬스케어 산업은 그 총아로 평가받고 있다. 실제로 선진국에서만 제대로 발전할 수 있는 분야이기도 한데 한국은 상대적으로 헬스케어 산업의 가치 비중이 선진국에 비해 높지 않다.(MSCI 기준) 이 책에서는 IT 기반의 선진 헬스케어 기업과 서비스를 고찰하고 한국의 헬스케어 산업의 가능성을 전망한다.

2019년 세계 경제와 한국 경제는 더욱 가파른 변화의 전환점에 서게 될 것이다. ICT의 발달이 주도하는 데이터 구동 사회가 본격화되는 시기라고 조심스럽게 전망한다. 2019년은 단순한 기술적 변화뿐 아니라 경제 활동을 함에 있어 많은 인식의 변화가 동반되어야 미래를 전망하고 대응해갈 수 있는 시기일 것이다. 이와 더불어 북한과의 문제 및 정치·외교적 문제 또한 다양한 변수로 영향을 미칠 것이다. 이 책이 2019년 가속화하는 변화 속에서 미래를 대비하는 데 조금이나마 도움이 되기를 바란다.

노무라종합연구소 서울 대표
윤재남

CONTENTS

1

PART

2019
세계 경제
전망

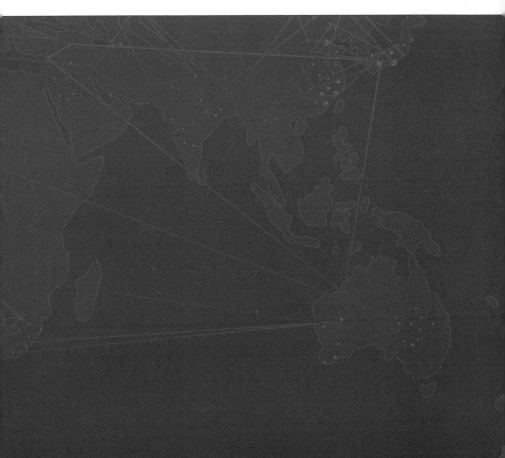

격화되는 통상 마찰
미중 패권 다툼의 파장

:: 한반도를 둘러싼 두 가지 환경 변화와 그 배경*

2018년 이후 한국을 둘러싼 환경에는 두 가지 큰 변화가 나타나기 시작했다. 한반도의 비핵화와 한국전쟁 종결을 위한 움직임, 미국과 중국의 무역과 안전 보장을 둘러싼 마찰 격화가 그것이다. 언뜻 보기에는 이 두 가지 현상이 별개의 문제로 보일 수 있지만 사실 상당히 복잡하게 얽혀 있다. 이는 미국과 북한의 현 관계가 중국 입장에서 볼 때 어떻게 보일지를 생각해보면 쉽게 알 수 있는 지점이다. 아무리 외교상 냉각 관계에 접어들었다 해도 지금까지 줄곧 자기 진영이라고 생각해왔던 북한이 미국과의 관계 개선을 위해 움직이고 결국 미국 측에 서

---

* 이 책은 2018년 8월까지 취합한 자료를 기초로 집필했다. 단 11월까지 일어난 중요한 상황을 반영하여 12월에 일부를 가필하거나 수정했다. 이후 경제 정세 변화 등으로 인해 의견을 바꿀 수 있으며, 응당 있을 수 있는 오류에 대해서는 필자 개인의 책임임을 밝혀둔다.

게 된다면, 중국은 동북아 지역 힘의 균형에서 급격한 변화에 직면하게 될 것이기 때문이다.

1962년 10월 존 F. 케네디 미국 대통령은 당시 소비에트연방이 쿠바에 핵미사일을 배치한 데 항의하여 해상을 봉쇄하고, 경우에 따라서는 핵전쟁도 불사하겠다는 입장을 명확히 했다(쿠바 위기). 그 당시의 긴장 상태와는 확실히 차원이 다르지만, 어쩌면 중국은 이번 한반도 정세 변화에서도 이와 비슷한 긴장감을 느꼈을 가능성이 있다.

2018년 3월 8일, 도널드 트럼프 미국 대통령이 김정은 북한 노동당 위원장과 정상 회담에 응하겠다는 입장을 밝히자, 중국은 북한과의 관계 개선을 위해 그 직후인 3월 말에 시진핑 국가 주석과 김정은 위원장과의 정상 회담을 개최하였고, 이후 북한과 중국의 관계가 급격하게 개선되었다. 만약 이 회담을 중국 측이 주도하여 개최한 것이라면*, 중국이 한국과 미국, 북한의 관계 개선 움직임에 대응하여 어떻게든 지금까지의 지정학적 균형을 유지하기 위해 고심했다는 것을 간파할 수 있다.

미국과 중국의 대립은 타이완과 남중국해를 둘러싼 문제에서도 격화되고 있다. 예를 들어 트럼프 정권은 2018년 3월 18일 타이완 여행법Taiwan Travel Act을 통과시켰다. 이에 따라 미국 정부의 모든 고위 관리는 타이완을 방문해 타이완 당국자와 면담할 수 있게 되었고, 타이완

** 마키노 요시히로, '중국의 요청을 여러 번 무시·미국으로 연락, 회담 다음날 김정은 전격 방중', 〈아사히신문〉, 2018년 3월 30일자. 단, 중국과 북한 중 어느 쪽이 먼저 회담을 제안했는지에 대해서는 많은 견해가 있다.

당국자가 미국 국무성이나 국방부를 방문하는 일 또한 가능해졌다. 2018년 6월에는 사실상 대사관 기능을 담당하는 미국 재타이완협회 American Institute in Taiwan의 신청사가 준공되었고, 미 국무성은 이 시설의 경호를 위해 미 해병대의 파견을 요청하고 있다고 한다.* 게다가 7월 7일에는 미 해군의 미사일 구축함 2척이 타이완해협을 통과했다.**

외교·안전보장 관계에서 미국과 타이완의 친밀화는 '하나의 중국'***이라는 중국의 핵심적인 원칙을 짓밟는 행동으로, 중국은 당연히 강하게 반발하고 있다.

중국은 이전부터 타이완과 국교를 맺고 있는 나라와 새로이 국교를 수립하여 타이완과의 국교를 단절시키는 방법을 통해 지금까지 타이완을 국제 사회로부터 고립시켜왔다. 2018년에도 남미의 도미니카와 엘살바도르, 아프리카의 부르키나파소와 새로이 국교를 수립하였다. 이로 인해 아프리카 지역에서 타이완과 국교를 맺고 있는 나라는 스와질란드가 유일하다. 더불어 2018년 4월 18일에는 3년 만에 푸젠성 앞바다인 타이완해협에서 중국군이 실탄을 사용한 군사 연습을 실시했다.****

---

* CNN(일본어판), '미 국무성, 해병대에 주 타이완 창구기관의 경호 요청, 실현된다면 40년 만에 처음', CNN.co.jp, 2018년 7월 1일자. https://www.cnn.co.jp/usa/35121738.html
** CNN(일본어판), '미 구축함 2척이 타이완해협을 통과, 중국을 동요시킬 것인가', 2018년 7월 8일자. https://www.cnn.co.jp/usa/35122100.html
*** '하나의 중국'이란, 타이완은 중국 대륙과 불가분의 단일 영토라고 하는 중국 측의 사고방식을 지칭한다.
****니시미 요시아키, '중국, 타이완해협에서 '실전연습' ; 미국과 타이완의 접근 견제', 〈산케이뉴스〉, 2018년 4월 18일자. https://www.sankei.com/world/news/180418/wor1804180048-n1.html

또한 남중국해에서 중국은 2016년 국제중재재판소가 중국 영해가 아니라는 판결을 내렸음에도 인공섬 건설을 추진하며 중국의 영향력을 기정사실화하려 하고 있다. 이에 대해 미국은 오바마 정권 말기부터 '항행의 자유 작전'*을 전개하고 있다. 마티스 국방장관은 2018년 5월 이 작전의 속결을 명확히 밝혔고, 영국과 프랑스 등의 유럽 국가도 이 작전에 참여하고 있다. 또한 미국 국방부는 남중국해에서의 영향력 확대에 반발하여 중국 측에 보냈던 환태평양합동군사연습 RIMPAC, Rim of the Pacific Exercise(림팩) 참가 초청을 취소했다. 이에 대해 중국은 2018년 4월 12일에 시진핑 국가주석이 참가한 가운데 하이난섬 해상에서 역대 최대 규모의 관함식**을 여는 등 미국의 대항 수단에 대해 강하게 견제하고 있다.

이처럼 미국과 중국 사이에서 일어나고 있는 안전 보장 면에서의 몇 가지 현상을 나열해보면, 2018년 이후 개선되기 시작한 한반도 정세 변화는 넓은 의미에서 볼 때 동북아시아에서 동남아시아에 걸쳐 일어나고 있는 미국과 중국 사이의 영토 다툼이라고도 파악할 수 있다.

---

* '공해상에서는 자유롭게 항행할 수 있다'는 내용이다. 미국 해군은 남중국해 등에서 다른 나라가 과도하게 영해 등의 권리를 주장할 경우에 타국이 주장하는 영해 등에서 미국 해군의 선박을 항행시킴으로써 그 주장을 용인하지 않겠다는 의지를 전하고 있다.
** 후지모토 킨야, 다나카 야스토, '중국, 남중국해에서 사상 최대 관함식 타이완해협에서도 군사 연습', 〈산케이뉴스〉, 2018년 4월 12일자. https://www.sankei.com/world/news/180412/wor1804120033-n1.html

:: 경제를 넘어선 분쟁의 전초전

동일한 패권 다툼은 경제 면에서도 일어나고 있다. 그중 가장 큰 사건은 2018년 이후 급속히 격화되기 시작한 미국과 중국 사이의 무역 마찰이다.

역사를 거슬러 올라가보면 미국과 중국 간 통상 마찰이 확대되기 전에 일어난 큰 통상 마찰로는 미일 경제 마찰이 있었다. 이는 1955년 일본이 미국으로 값싼 블라우스를 대량 수출하자 미국 측이 일본에 수출 규제를 요구한 '원 달러 블라우스 사건'에서 촉발되었다. 이후에도 간헐적으로 발생한 미일 무역 마찰은 1980년대부터 1990년대 전반에 걸쳐 미일 관계 최대의 현안이었다.

[도표 P-1]에서 보이듯 1985년 미국의 무역적자(재화 한정)는 1,177억 달러였다. 이 중 일본에 대한 무역적자는 자동차와 TV 등 전자제품을 중심으로 하는 462억 달러 규모로 미국 전체 무역적자 중 39.2%를 차지했다. 1985년 9월에 이루어진 플라자합의* 이후 달러화가 약

---

* 1985년 미국, 프랑스, 독일, 일본, 영국(G5) 재무장관이 외환시장에 개입해 미국 달러를 일본 엔과 독일 마르크에 대해 절하시키기로 합의한 협정. 당시 레이건 정부가 들어서면서 개인 소득세를 삭감하고 재정지출은 유지함으로써 대규모 재정적자가 발생했는데, 이러한 재정정책은 대규모 무역수지 적자를 불러왔다. 그럼에도 불구하고 1980년 중반까지 미 달러화는 고금리정책을 유지하며 자금 유입이 끊이지 않았고, 미국의 정치·경제적 위상 때문에 강세를 유지하고 있었다. 이로 인해 통상에서 미국의 국제 경쟁력이 약화되었다. 미국은 자국 화폐가치의 하락을 막기 위해 외환시장에 개입할 필요가 있었고, 다른 선진국들은 미 달러화에 대한 자국 화폐가치의 하락을 막기 위해 과도한 긴축통화정책을 실시해야 했으며 그 결과 경제가 침체되고 말았다. 이에 미국, 영국, 프랑스, 독일 및 일본은 미 달러 가치 하락을 유도하기 위하여 공동으로 외환시장에 개입하기로 합의했다.

미국의 무역적자 규모 및 대일 · 대중 무역적자 비율 추이

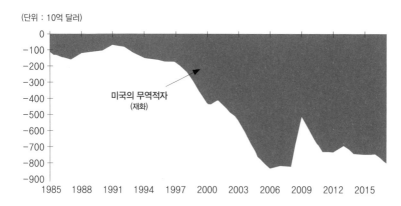

(단위 : 10억 달러)

미국의 무역적자
(재화)

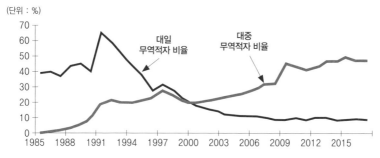

(단위 : %)

대일
무역적자 비율

대중
무역적자 비율

출처: 미국 상무부 통계국 데이터를 토대로 노무라종합연구소 작성.

세로 돌아서면서 가격 경쟁력을 얻은 미국의 무역적자 규모는 점차 줄어들었다. 하지만 대일 무역적자 폭은 크게 개선되지 않아 같은 해 미국의 대일 무역적자 금액은 미국 전체 무역적자의 65%를 차지하기에 이르렀다.

미일 무역 마찰은 1995년 이후 달러 약세와 일본 엔화 강세* 및 버블경제 붕괴로 인한 경제 침체의 심화로 인해 차츰 안정되어갔다. 그런데 그즈음부터는 중국이 일본을 대신해 미국으로부터 거액의 무역 흑자를 계상하기 시작했다. 미국의 무역적자는 1990년대 말 이후 다시 증가하기 시작했는데, 그중에서도 2001년 세계무역기구WTO, World Trade Organization에 가입한 중국과의 무역에서 적자가 급격히 증가하여 2009년 이후 미국 무역적자 중 40% 이상을 대중 무역적자가 차지하고 있다. 이렇게 보면 일본과 중국이 배턴터치를 하며 미국과 무역 마찰을 빚어온 것처럼 보일 수도 있다. 하지만 사실 미중 무역 마찰과 미일 무역 마찰에는 몇 가지 근본적인 차이가 있다.

우선 일본과 미국 간 경제 마찰은 미국과 구 소련에 의해 만들어진 냉전 구조하에서의 군사 동맹국 사이에서 일어난 경제 마찰이었다. 즉, 두 나라의 갈등이 물리적 전쟁으로 확대될 의식 및 가능성은 전혀 없었던 것이다. 사실 미일 무역 마찰이 가장 가열되던 1980년대 전반은 미국 레이건 정권이 소련과의 대결구도를 강화하던 시점이었고, 1985년 소련 최고 지도자로 미하엘 고르바초프가 등장하기 전까지 미국과 소련 사이의 관계는 극도의 긴장 상태였다. 당시 미국은 경제 문제에 대한 비난의 화살은 일본으로, 안전보장 문제에 대한 비난의 화살은 소련으로 각각 나누어 겨냥하고 있었다.

* 미국 달러와 일본 엔화의 대비 환율은 1985년 플라자합의 시점의 1달러당 232엔에서 1988년 일시적으로 120엔 수준이 되었을 정도로 엔화 강세가 진행되었다. 그러나 1980년 후반에 일어난 일본의 자산 버블로 투자처를 찾는 일본 기업의 해외투자가 확대되면서 1990년에는 1달러당 160엔 수준까지 엔화 약세가 진행되었다. 이후 1990년대 초 일본 버블경제 붕괴로 미일 무역 마찰 격화에 더해 일본 기업의 대외 투자가 감소함으로써 다시금 엔화 강세가 진행되었고, 1995년 4월에는 일시적으로 1달러당 79.75엔까지 떨어지기도 하였다.

한편 앞에서 언급한 바와 같이 최근의 미국과 중국 간 마찰은 통상 측면에서 보면 어디까지나 패권 다툼이지만 어디선가 단추를 잘못 끼우기라도 하면 전쟁이나 그와 가까운 상태로 발전할 수도 있는 긴장감이 존재한다. 이번에는 경제 문제와 안보 문제의 화살이 모두가 중국을 향해 있기 때문이다.

트럼프 정권의 인식 역시 이 연장선상에서 살펴볼 수 있다. 트럼프 정권은 2017년 12월 국가안전보장전략*을 공표하였다. 이는 '미국인, 국토, 생활양식의 보호', '미국 번영의 촉진', '힘에 의한 평화의 견지', '미국 영향력의 확대'라는 4가지 정책을 축으로 하고 있다. 구체적으로는 미사일 방위 및 국경 경비의 강화, 대량 파괴 병기의 근절, 사이버 범죄의 대처와 군 능력의 확장 및 현대화, 안보에 있어서 중요한 산업의 강화, 군사 관련 수출 촉진, 핵 전력의 현대화, 우주 공간의 주도권 견지라는 기존의 안전보장 테두리 외에도 이민법 강화, 규제 완화, 세제 개혁, 인프라 개선, 시대에 맞는 무역 투자 협정 체결 및 재검토, 수출 촉진, 불공정 무역 관행 대처, 지적재산권 · 데이터 보호 및 과학 · 기술 · 공학 · 수학 분야의 유학생 수 제한 검토라는 경제 · 사회 문제에 관한 사항까지 포함하고 있다.

이처럼 트럼프 정권은 기존의 개념을 넘어 국내용 경제정책과 무역정책까지도 미국을 지키는 '안전보장'의 범위 안에 포함시키고 있다.

---

* The White House, National Security Strategy of the United States of America, issued on December 18, 2017. https://www.whitehouse.gov/wp-content/uploads/2017/12/NSS-Final-12-18-2017-0905. pdf

백악관의 국가안전보장전략 공표시 덧붙인 설명 중 '전략적 경쟁의 새로운 시대에 있어 미국은 국익을 지키기 위해 외교 · 정보 · 군사 · 경제를 포함한 모든 정치적 수단을 이용할 것이다'라는 내용이 명시되어 있다.*

이러한 미국의 안전과 번영을 위협하는 경쟁 상대로 지명된 국가가 중국, 러시아, 이란, 북한 및 ISIS나 알카이다 같은 지하드주의의 테러리스트이다. 국가안전보장전략에는 다음과 같이 밝히고 있다.

"(중국과 러시아, 이란 등과의) 경쟁은 과거 20년간 미국이 추진해온 정책의 재고를 요구하고 있다. 그 정책은 경쟁 상대와 약속하고, 그들을 국제기관과 세계 경제의 테두리 안에 받아들인다면 언젠가는 정당한 행동을 취할 것이고, 신뢰할 만한 파트너가 될 것이라는 가정하에 만들어진 것이다. (하지만 현재 상황에서 볼 때) 이 전제는 대부분 틀렸다는 것이 선명해졌다."**

이처럼 트럼프 정권은 과거 미국 정권이 취해온 정책으로는 미국이 떠안고 있는 걱정거리를 해결할 수도 없고 국익도 지킬 수 없다고 생각하고 있다. 실제로 미국과 북한 사이의 비핵화 교섭 스타일만 보더라도 기존과는 전혀 다르다는 것을 알 수 있다. 이전의 정권은 북한의 비핵화에 대해 일본과 중국, 한국, 러시아를 참여시킨 6개국 협의를

---

* The White House, "President Donald J. Trump Announces a National Security Strategy to Advance America's Interests", released on December 18, 2017. https://www.whitehouse.gov/briefings-statements/president-donald-j-trump-announces-national-security-strategy-advance-americas-interests/
** The White House, National Security Strategy of the United States of America, p.3.

통해 실무적인 단계부터 문제를 해결해 나가려는 상향식 접근법을 채택해왔다. 이에 반해 트럼프 정권은 2018년 6월 12일 싱가포르에서 열린 트럼프 대통령과 김정은 위원장의 회담을 통해서는 두 정상 간의 신뢰관계 구축과 대국적인 방침만 결정하고, 회담 이후 실무자 간 협의가 진행되는 하향식 접근법으로 진행하고 있다. 이로써 트럼프 대통령과 김 위원장 중 어느 한쪽이 서로의 신뢰관계가 깨졌다고 말하지 않는 한 아무리 실무자 간 교섭이 난항을 겪더라도 비핵화의 테두리 자체는 남게 된다. 게다가 2018년말부터 미국과 북한의 움직임이 주목할 만큼 진전되고 있다는 사실을 주지해야 한다.

중국을 적대시하는 듯한 태도는 트럼프 정권과 공화당뿐 아니라 민주당 및 민주당과 가까운 외교 전문가들 사이에서도 확대되었다. 예를 들어 오바마 정권에서 국무부 차관보를 지낸 커트 캠벨Kurt M. Cambell과 바이든 전 부통령의 안보 담당 부보좌관을 지낸 엘리 래트너Ely Ratner는 공동 집필한 논문에서 "닉슨 대통령 때부터 중국이 언젠가는 미국과 상호 도움이 되는 방향으로 변화할 것이라는 기대를 근거로 정책을 펼쳤지만, 결국 중국은 미국이 바라는 방향으로 변하지 않았다"*고 기록하고 있다.

갤럽이 실시한 설문조사 결과에 따르면** 중국의 대미 무역정책이 공정하다고 답한 미국인은 30%로, 불공정하다고 답한 사람의 비율

---

* Campbell, Kurt M. and Ely Ratner, "The China Reckoning: How Beijing Defied American Expectation", Foreign Affairs, March/April 2018. https://www.foreignaffairs.com/articles/united-states/2018-02-13/china-reckoning

도표 P-2	각국 대미 무역의 공정성에 대한 인식		

(단위 : %)

	공정하다	불공정하다	잘 모르겠다/ 어느 쪽이라고 말할 수 없다
캐나다	65	24	10
EU	56	29	15
일본	55	33	12
멕시코	44	46	11
중국	30	62	9

출처 : Newport, Frank, "Americans Say China Trade Unfair, Trade with Canada, EU Fair", Gallup, posted on July 9, 2018.

(62%)에 비해 매우 낮았다. [도표 P-2]에서 보듯 이는 EU(56%)나 일본(55%)에 비해 낮은 것은 물론 북미자유무역협정NAFTA, North American Free Trade Agreement 대상국인 캐나다(65%)나 멕시코(44%)보다도 낮은 수치이다. 미국의 중국에 대한 불신감은, 정치 지도자들뿐 아니라 일반인들에게도 확대되었을 가능성이 높다.

이번 미국과 중국의 충돌을 무역 측면과 디지털 경제라는 제한된 분야에서의 패권 다툼으로 보는 시각도 적지 않다. 하지만 이 인식은 기술한 바와 같이 상황을 단순화시킨 해석이다. 트럼프 대통령은 2018년 8월 하순, 폼페이오 미 국무장관이 북한을 방문한다고 공표

** Newport, Frank, 'Americans Say China Trade Unfair, Trade with Canada, EU Fair', Gallup, posted on July 9, 2018. https://news.gallup.com/poll/236843/americans-say-china-trade-unfair-trade-canada-fair.aspx

한 다음날 트위터를 통해 이를 번복하였다. 이는 중국과의 통상 문제에 엄격한 태도를 취함으로써, 북한의 비핵화 과정에 이전처럼 협력하고 있지 않는 중국에 대한 불만*을 표출한 것인 동시에 중국과의 통상 문제가 해결된 후에 폼페이오 국무장관의 방북이 이루어질 것**임을 공표한 것이다. 한반도 비핵화 과정과 미중 간 통상 문제가 이처럼 연결되어 있는 것 자체가 현 시점의 미중 간 대립이 심각하다는 사실을 말해주는 것이다.

이와 동시에 일어나고 있는 군사 측면의 사건과 냉각된 미국 사회의 분위기 등을 종합해보면 경제라는 좁은 분야의 마찰이 아닌 장기적으로 (우발적인) 군사 충돌의 위험까지 내포한 대국 대 대국의 패권 다툼이 실제로 일어나고 있다고 볼 수 있다.

∷ 미중 무역전쟁의 부메랑 효과

미국과 중국의 마찰은 실제 물류와 교역 측면에서도 파급력이 이전과는 현저히 다르다. 미일 무역 마찰이 문제시되었던 1990년대 전반과 현재의 글로벌 공급사슬Global supply chain은 발전 정도가 매우 다르기

---

* Trump, Donald J. [realDonaldTrump], posted on Twitter, August 24, 2018. https://twitter.com/realDonaldTrump/status/1033045274866999297
** Trump, Donald J. [realDonaldTrump], posted on Twitter, August 24, 2018. https://twitter.com/realDonaldTrump/status/1033045280143355904

때문이다.

미일 무역 마찰이 발생하던 시기에는 일반적으로 하나의 국가에서 부품 조달부터 가공까지의 모든 생산 공정을 거쳐 수출되는 방식으로 상품이 공급되었다.* 예를 들어 일본 기업 J가 일본에서 100달러짜리 제품 X를 만들어 미국으로 수출할 경우, 제품 X의 모든 부품을 모두 일본 내에서 조달하여 일본 기업 J가 일본 내에서 제품 X로 완성하여 이를 미국으로 수출하는 과정을 거쳤다. 즉 당시 수출된 제품 X의 가치 100달러에는 일반적으로 부품과 조립 공임이 포함되는 것이었고, 제품은 모두 일본 국내에서 생산되었다. 이럴 경우 제품 X가 가진 100달러의 부가가치를 내는 장소도, 제품 X를 미국으로 수출하는 국가도 모두 일본이다. 이는 국가 단위의 교역 차원에서 보면 원유나 농산품 같은 1차 생산품의 생산·수출과 같은 구조이다.

그런데 오늘날과 같은 글로벌 공급사슬에서는 생산의 거점이 전 세계로 분산되어 있기 때문에 하나의 제품을 만든다 해도 모든 생산 공정이 한 국가에서 이루어지지 않는다. 오히려 국외에서 개개의 부품을 조달하는 경우도 적지 않다. 실제로 중국 최대의 통신장비 제조업체인 중싱통신ZTE은 2018년 4월 미국 상무부로부터 7년간 미국 기업과의 거래를 금지하는 제재를 받았다. 이로 인해 미국 기업으로부터 부품 공급을 받지 못해 스마트폰을 판매할 수 없는 상황에까지 처했다.**

---

* 이 책에서는 논의를 단순화하기 위해 광물이나 석유 등의 원재료의 수입은 제외하고 살펴보고자 한다.
** 그 후 7월 13일 미국 상무부는 해당 제재 조치를 해제했다.

게다가 하나의 제품이 중국에서 미국으로 수출된다 해도 그 제품을 중국에서 생산하고 있는 기업이 중국 기업이라고 한정할 수도 없다. 기업들은 여러 제반 요소를 고려하여 판단된 최적의 생산지에 공장을 이전시키고 있으며, 현재까지 최대의 집적지는 중국이다. 2018년 7월 5일 중국 상무부에서 열린 기자회견에서 담당자는 "(중국 상무부의) 분석에 따르면 미국이(같은 해 7월 6일에) 추가관세를 부과하겠다고 하는 중국으로부터의 수입물품 목록 340억 달러어치 중 약 200억 달러어치(약 59%)가 외국 기업에 의해 생산되었으며, 그중에는 미국 기업이 생산한 물품도 상당한 비율을 차지하고 있다"고 말했다.[*]

그렇다면 현재와 같이 공급사슬이 확대된 상황에서 상품의 흐름은 어떤 차이가 있는 것일까?

앞서 언급한 일본 기업 J는 이제 중국에 새롭게 건설한 공장에서 공임 10달러의 비용으로 최종 조립을 하고 있다. 또 부품의 조달선도 가격과 품질을 유지하기 위해 제품 X에 필요한 부품 B(40달러)는 한국에 있는 기업으로부터, 부품 C(50달러)는 타이완에 있는 기업으로부터 조달하고 있다. 정리하자면 중국에 있는 일본 기업 J의 공장에서 100달러짜리 제품 X를 생산해서 미국으로 수출하기 위해 중국은 타이완과 한국으로부터 총 90달러어치의 부품을 수입하고 있는 것이다. 이는 표면적으로는 무역통계상의 숫자를 놓고 미국과 중국 사이의 무역 불

---

[*] Ministry of Commerce, People's Republic of China, "Regular Press Conference of the Ministry of Commerce (July 5, 2018)", posted on July 6, 2018. http://english.mofcom.gov.cn/article/newsrelease/press/201807/20180702766291.shtml

균형에 대해 논쟁을 하고 있지만, 사실 현재의 복잡한 무역 구조하에서 그 피해는 미국과 중국 두 나라를 넘어서 직접적 논쟁의 대상이 아닌 국가 및 지역에까지 영향을 미친다는 것을 의미한다.

앞서 언급한 제품 X의 사례로 다시 보면 무역통계에는 100달러의 제품 X가 중국에서 미국으로 수출되었다고 기재되었다. 트럼프 정권은 이 통계를 바탕으로 중국과 통상 문제의 개선을 독촉하고 있다. 그러나 중국 입장에서 보면 제품 X의 전체 가치에 상당하는 100달러의 생산 작업이 모두 중국에서 이루어진 것이 아니다. 일본 기업 J가 다른 나라와 지역에서 만들어진 여러 부품을 사들여 단순한 조립 작업을 한 것에 불과하다. 중국이 얻는 부가가치는 중국에서 조립 작업을 하는 데 들어간 비용은 10달러뿐이다. 제품 X가 가지는 100달러의 가치 중 90달러는 사실 중국이 아닌 부품을 만든 국가 및 지역의 것이다.

이 사례에서 100달러의 제품 X 중 40달러를 차지하는 부품 B는 한국에서 제작되었기 때문에 해당 부가가치 40달러만큼은 한국에 귀속되는 것이다. 또 타이완 기업이 제작한 부품 C는 50달러의 가치를 가지지만, 이를 만드는 데 필요한 소재 A를 일본에 있는 기업으로부터 30달러에 사왔기 때문에 타이완에 귀속되는 부가가치는 50달러에서 30달러를 뺀 20달러이며 일본에 귀속되는 부가가치는 소재 A의 가격 30달러가 되는 것이다.

즉, 무역통계상으로는 중국에서 미국으로 100달러를 수출했다 하더라도 그 내막에는 타이완에서 중국으로 50달러 수출, 일본에서 타이완으로 30달러 수출, 그리고 한국에서 중국으로 40달러 수출이라

일본 · 한국 · 타이완 · 중국의 대미 무역수지 추이

(단위 : 10억 달러)

	1995년		2011년	
	명목치 기준	부가가치 기준	명목치 기준	부가가치 기준
일본	37.2	39.5	18.3	39.6
한국	−0.2	1.3	3.9	15.0
대만	12.2	8.7	9.9	16.6
중국	20.5	12.7	275.3	179.4

출처 : OECD 통계자료, 'Trade in Value Added(TiVA)', 2016. 12.

는 4개 국가 및 지역에 걸쳐 생산과 교역이 이루어지고 있는 것이다.

2016년 OECD는 기존의 표면적인(명목) 무역액이 아닌 제품에 포함된 부가가치를 실제로 생산한 국가와 지역별로 재정리해 부가가치 기준으로 무역통계를 시산試算한 바 있다. 이에 따르면([도표 P-3]), 2011년 한국, 일본, 타이완의 대미 무역흑자(재화 · 서비스)는* 명목치 기준보다 부가가치 기준이 높았다. 반면 중국의 대미 무역흑자는 부가가치 기준이 명목치 기준의 65% 수준에 머물렀다. 이는 중국이 무역을 통해서 미국에 제공하고 있는 부가가치 금액이 명목치 기준 무역흑자보다 적으며, 그중 30% 이상은 한국, 타이완 등 제 3국의 것이

---

* 이 책의 초고를 정리한 2018년 8월 기준으로 OECD에서 입수 가능 데이터는 1995년부터 2011년까지 이다.

라는 의미이다.

　만약 이 같은 상황이 지속된다면 향후 트럼프 정권의 무역 불균형에 대한 논쟁은 더욱 심화될 것이며, 추가관세를 부과하는 제품의 범위도 넓어질 것이다. 이는 결국 직접적인 교섭 상대국인 중국에 한정되지 않고 공급사슬상에 존재하는 주변국 및 지역에까지 영향을 미칠 것이다.

　다시 앞서의 예를 들어 설명하면 일본 기업 J의 제품 X가 추가관세 대상 품목이 되고 이로 인해 중국의 대미 수출이 감소할 경우, 제품 X에 들어가는 타이완과 한국의 부품 수출도 연쇄적으로 감소할 수밖에 없다. 뿐만 아니라 타이완 기업이 만드는 부품 C의 수요가 줄어들면 이에 필요한 일본 기업의 소재 A 수요까지 줄어들기 때문에 소재 A의 생산도 줄어들 것이다.

　그런데 이렇게 보면 중국에 거점을 둔 기업이나 그 기업과 거래를 하는 기업들에게만 악영향을 미칠 것처럼 보인다. 하지만 절대 그렇지 않다. 미국의 제재 관세는 중국에서 철강·알루미늄 제품 등의 제재 관세 대상 부품을 구입해 미국 내에서 제품을 조립하는 미국 기업에게도 악영향을 미친다. 예컨대 미국 기업 U가 중국에 있는 기업에서 만드는 부품 D를 수입해 부품 Y를 생산할 경우 부품 D에 수입 관세가 25% 정도 부과되면 Y의 생산비용도 상승한다.

　이렇게 되면 이익을 최대한 확보해야 하는 기업의 입장에서는 지금까지 중국에서 해오던 생산을 다른 나라로 옮기거나 중국에서 조달해오던 부품을 다른 나라의 부품으로 대체하는 등의 방법을 통해 수입 관세 부과의 영향에서 벗어나고자 할 것이다. 트럼프 대통령은 중국과의 무역 전쟁이 '무기한' 지속될 것이라고 하고 있는데,* 이 공언이 현실화된다면 외자 기업을 중심으로 무역 활동이 현저히 축소될 가능성이 높다.

그렇게 된다면 앞서 예로 든 일본 기업 J는 추가관세의 영향을 견디지 못하고 보다 생산비용이 낮은 동남아시아로 제품 X의 생산 공장을 옮기려 할 것이다. 미국 기업 U 또한 부품 D의 조달처를 한국 등 다른 나라로 변경하여 제조비용을 줄이려고 할 것이다. 또 만약 미국 기업 U가 생산하는 상품 Y가 실은 EU에 수출될 제품이었다고 하면 미국 기업 U는 상품 Y를 미국 내에서 제작하지 않고 소비 지역과 가까운 EU 지역의 공장에서 제조하려고 할 것이다. 실제로 미국의 오토바이 제조업체인 할리데이비슨Harley-Davidson은 2018년 7월에 EU 지역에 판매되는 상품의 제조 거점을 미국에서 국외로 이전할 계획을 발표했으며, 이러한 움직임은 앞으로도 미국 내에서 확대될 가능성이 있다.

결과적으로 봤을 때 미국과 중국의 무역 전쟁이 단계적으로 확대될수록 그 악영향은 수출국인 중국뿐 아니라 그 주변국, 심지어는 수입국인 미국에까지도 미칠 수 있다. 미국과 중국의 무역 마찰이 장기화되면 기업 측은 앞서 말한 바와 같이 중국을 제외한 공급사슬을 재구

---

* Mason, Jeff, and Steve Holland, 'Exclusive: Trump doesn't expect much from China trade talks this week', Reuters, August 21, 2018. https://www.reuters.com/article/us-usa-trump-china-exclusive/exclusive-trump-says-does-not-anticipate-much-from-china-trade-talks-this-week-idUSKCN1L5226

축함으로써 수입 관세에 따른 제조비용 상승분을 최대한 상쇄하려고 할 것이다. 때문에 이 무역 전쟁이 세계적인 수요 감퇴로 파급되지 않는 한 제품의 공급량이 크게 감소할 일은 없다. 그러나 생산지에 있어서는 수입 관세 대상국인 중국의 비율은 줄어들고 다른 국가의 비율이 높아지는 상대적인 변화가 일어날 것이다.

미국 입장에서 볼 때 수입 관세 범위의 확대 및 지속은 중국에서의 산업 집적과 중국 제조업의 고도화가 진행되는 것을 막고 산업 공동화를 재촉하는 효과가 있다. 이는 미국 달러와 위안화의 환율을 조작하지 않고도 위안화의 환율을 끌어올리는 것과 비슷한 효과로 작용한다. 그러나 수입 관세 범위의 확대 및 장기화는 미국의 수출 확대를 억제하거나 중국에서 활동하고 있는 미국 기업을 방해할 위험도 충분히 있다. 결국 미국에도 악영향을 미칠 수 있는 것이다. 그럼에도 불구하고 트럼프 대통령은 앞서 언급했듯이 무기한 무역 전쟁을 계속할 것이라고 표명하면서 중국 측을 몰아붙이고 있는 상황이다.

∷ 전 세계로 확대, 심화되는 제재

더욱이 미국은 이번 무역 마찰의 대상을 중국에 국한하지 않고 EU와 일본을 비롯한 전 세계로 확대하고 있다. 트럼프 정권은 2018년 3월 23일부터 안보를 이유로 철강 제품 수입에 25%, 알루미늄 제품 수입에 10%의 관세를 부과했다. 2018년 6월 1일 이후부터 아르헨티나,

브라질, 한국, 호주 제품은 수입 관세 부과에서 제외시키기는 했지만, 호주를 제외한 다른 국가에는 수입 할당제quota를 적용시키고 있어, 2018년 8월 기준, 이 범위에서 완전히 제외된 나라는 호주뿐이다.

　EU와 미국은 철강·알루미늄의 수입 관세뿐만 아니라 북대서양조약기구Nato, North Atlantic Treaty Organization의 비용 부담 비율을 둘러싸고도 이견을 보이고 있다. 그러나 관세 문제에 관해서는 2018년 7월 25일에 장 클로드 융커 유럽위원회EC, European Commission 위원장이 트럼프 대통령과 회담을 통해 자동차를 제외한 공업 제품의 수입 장벽 철폐를 위해 논의하기로 합의했다. 또한 트럼프 정권은 2017년 8월부터 캐나다 및 멕시코와 NAFTA를 재교섭했으나 역내 자동차 관세를 없애는 기준인 현지 부품 조달 비율 등을 비롯한 많은 부분에서 의견이 대립해 난항을 겪었다. 그런데 2018년 7월 1일 실시된 멕시코 대통령 선거에서 당선된 좌파 정당인 로페스 오브라도르가 대통령에 취임할 때까지 기존 NAFTA의 재교섭을 진행하도록 합의하면서 미국과 멕시코 사이의 교섭이 진척되기 시작해 2018년 8월 27일 대체적인 합의가 이루어졌다. 합의 사항 중에는 미국과 멕시코에서 조달하는 부품의 비율을 75%로 끌어올리는 것(기존 NAFTA에서는 62.5%였다)과 부품의 40%에서 45%를 시급 16달러 이상인 지역에서 생산한다는 조항이 추가되었다. 또한 멕시코에서 미국에 수출하는 승용차가 240만 대를 넘을 경우에는 안전보장을 이유로 25%의 수입 관세를 부과하는 수량 할당 조항도 덧붙여졌다.*

　그러나 이 합의는 NAFTA의 나머지 가맹국인 캐나다가 참여하지 않은 상태에서 이루어졌다. 합의 다음날인 2018년 8월 28일부터 미국과 캐나다의 협의가 진행되었으나 8월 중에는 매듭을 짓지 못했다. 트럼프 정권은 미국연방회의에 미국과 멕시코 양국 간에 무역협정 체결을 통지했으며, 캐나다를 포함한 3개국 협정은 아직 과제로 남아 있다.

트럼프 정권은 거듭 통상 문제에 관한 양국 간 교섭 개시를 요구해왔다. 때문에 2018년 8월에는 일본과 미국 사이에 새로운 무역협정(자유롭고 공정하며 상호적인 무역을 위한 협의FFR, Free Fair Reciprocal)이 개시되었다. 이때 일본은 미국에게 환태평양 경제동반자 협정TPP, Trans-Pacific Strategic Economic Partnership으로의 복귀를 촉구하였다. 그러나 대통령 취임 첫날 TPP에서 영구적으로 탈퇴한다는 대통령령에 서명한데다 다국 간 무역 협의를 극단적으로 꺼리는 성향이 더해진 트럼프 정권은 미일 FTA를 염두에 둔 양국 간 협의를 본격적으로 개시할 것을 강하게 요구하면서 논의는 평행선으로 끝나고 말았다.

이 회의에서 트럼프 정권은 일본의 자동차 시장 비관세 장벽 철폐와 농산품 시장 개방을 요구했다. 2017년 일본의 무역통계에 따르면** 일본의 자동차 수출은 전체 수출의 15.1%, 대미 수출의 30.2%를 차지하고 있다. 때문에 만약 미국 수출 자동차에 큰 폭의 관세가 부과되면 일본의 자동차 제조업체와 그 관련 산업뿐 아니라 일본 경제 전

---

* 로이터, '미 · 멕시코 합의, 멕시코의 무관세 자동차 수출에 상한', 2018년 8월 29일. https://jp.reuters.com/article/trade-nafta-autos-mexico-idJPKCN1LE024
** 일본 재무성, '2017년도 무역총계(확정)', 2018년 3월 13일. http://www.customs.go.jp/toukei/shinbun/trade-st/2017/2017_117.pdf

반에 영향이 확대될 것이라는 우려가 일어나고 있다. 농산품 시장의 광범위한 개방은 지방에지지 기반을 두고 있는 여당인 자민당을 정치적으로 매우 어려운 상황으로 몰아갈 수도 있다. 타협을 해버린다면 아베 총리와 자민당 정권의 기반이 크게 흔들릴 위험성도 있다. 이 때문에 아베 정권과 자민당 내에는 일찍이 TPP에서 미국과 합의한 범위 이상 농산품 시장을 개방하는 것은 반대한다는 목소리가 높다.

미국이 이렇게까지 수입 관세와 수량 할당에 집착하고 있는 것이 문제라면 분쟁에 휘말리게 된 무역 상대국 및 지역이 세계무역기구 WTO, World Trade Organization에 미국을 제소하여 미국의 공격을 철회시켜야 한다고 생각할 수도 있다. 하지만 WTO는 현재 제 기능을 발휘하지 못하고 있다. 제소한다 해도 미국이 국제법에 따른 '규범적으로 정당한' 행동을 했기 때문에 실질적으로 의미가 없는 상황이다.

WTO는 분쟁 처리시 2심제를 택하고 있기 때문에 한 국가나 지역이 제소할 경우 우선은 소위원회를 설치하여 화해를 촉구한 후, 그래도 해결되지 않을 경우는 재정안을 제시한다. 만일 분쟁국 및 지역의 어느 한쪽이 이 재정을 납득하지 못할 경우에는 상급위원회에서 재심을 신청할 수 있다. 그런데 현재 WTO가 제 기능을 하지 못하고 있는 가장 큰 원인이 바로 이 상급위원회에 있다. 상급위원회는 본래 위원 7명으로 구성되어 하나의 분쟁에 대해 3명이 담당하여 심의를 진행한다. 하지만 현재 상급위원회는 3명이 임기 만료로 퇴임했고, 2018년 9월 추가로 1명의 임기가 만료돼 3명 만 남았다. 수석위원의 선임은 164개 회원국 모두의 동의를 얻어야 하는데 현재 미국은 자국이 불공정한 대우를 받고 있다며 상급위원회 수석위원의 임명을 저지하고 있다. 이처럼 분쟁 처리 능력이 없는 WTO 심의체제하에서는 현재 빗발치고 있는 제소를 해결하지 못할 수밖에 없다. 즉 트럼프 정권이 아무리 국제적인 관행과 규정을 무시하고 무역정책 공격을 퍼부어도 상대국 및 지역은 보복 관세 등으로 대항하는 것 외에는 대처할 방법이 없는 상황이다.

트럼프 정권은 현재 WTO에 의한 분쟁 처리나 국제적 관세의 부과 방법에 관한 규정(이는 일찍이 자유무역을 목표로 하는 미국이 주도해서 작성된 것이다)에 큰 불만을 가지고 있다. 때문에 트럼프 대통령이 일본을 비롯한 각국 및 지역의 정상들과의 회담에서 WTO의 개혁 필요성에 대해 합의한 경우도 많다. 이런 사실을 종합해볼 때 트럼프 정권은 미국이 무역 불균형과 기술 이전 등의 문제를 극복한 후 국제 무역 규정을 재구축하려는 의도를 가지고 있는 것으로 보인다. 하지만 이 정권이 무역 관행을 무시하고 이를 담당하는 조직 기능을 마비시키기 위해 도를 넘는 행위를 한다면 언젠가는 이들 규정과 관행이 와해되어 새로운 것을 다시 만들기까지 상당한 시간과 노력을 필요로 하게 될 것이다.

현 시점에서 가장 큰 문제 역시 트럼프 정권이 현재 진행되고 있는 경제 및 안전보장의 균형과 규정을 파괴할 뿐 재구축에는 전혀 힘을 쏟지 않고 있다는 점이다. 장기적으로 보면 이는 미국이라는 국가에 대한 신뢰감과 존재감을 회복시키기 어려운 곳까지 추락시킬 것이다. 더불어 글로벌 사회의 중심이었던 국가가 리더로서 역할을 하지 않음으로써 세계 경제와 국제 정치의 균형을 현저하게 뒤흔드는 상황을 초래할 수 있다. 단적인 예로 2018년 8월 터키 리라화가 폭락한 요인 중 한 가지가 동맹관계에 있던 미국과의 관계가 악화된 것이었다고 보여진다. 터키는 2016년 7월에 일어난 쿠데타 미수 사건에 관여했다는 이유로 미국인 목사 앤드루 브런슨을 구속하고 가택에 연금했다. 트럼프 정권은 브런슨 목사의 인도를 요구했지만 터키 측은 이에 응하지 않았다. 터키는 이 쿠데타 미수 사건의 주모자가 미국에 거주 중인 무슬림 지도자 펫훌라흐 귈렌이라고 주장하며 그를 터키로 인도해줄 것을 미국 측에 요청했으나 미국 역시 이를 계속 거부하였다. 결국 이 사태로 인해 트럼프 정권은 브런슨 목사의 조기 석방을 요구하며 제재 발동을 경고했고, 2018년 8월 1일 술레이만 소일루 터키 내무장관과 압둘하미트 귈 법무장관의 미국 내 자산을 동결하는 제재를 가했다. 에르도안 터키 대통령은 이에 반발하여 이에 상응하는 제재를 가할 것이라 표명했다. 이러한 보복성 제재의 연쇄는 한층 더 가열되어 2018년 8월 10일 트럼프 대통령이 트위터를 통해 철강과 알루미늄 제품에 부과하는 수입 관세를 터키의 경우 2배로 올리겠다고(철강 50%, 알루미늄 20%) 발표했고, 8월 15일에는 터키 정부가 미국산 승용차와 주류, 담배 등에 추가관세를 매기겠다고 발표했다.

이 밖에도 터키는 1952년 NATO에 가입하였는데, 2016년 쿠데타 미수 사건 이후 러시아와 급속하게 가까워지더니 2017년 12월에는 러시아로부터 지대공 미사일 시스템(S400)을 구입했다고 공표했다. 이러한 움직임에 경계심을 품은 미국은 2018년 8월 13일, 2019 회계연도 국방 예산의 골격을 정하는 국방 권한법에 S400의 배치가 미국이 터키에 인도한 F35 전투기 등에 미치는 영향을 자세히 조사할 때까지 F35 전투기를 터키에 추가 인도하지 않겠다는 내용을 포함시켰다.

다만 터키의 경우에는 리라화 폭락 전부터 에르도안 대통령이 중앙은행의 금융정책에 개입하여 저금리정책을 강요하는 등 은행의 독립성에 대한 우려가 컸다는 문제가 있었다. 뿐만 아니라 계속적으로 재정적자국이기도 했다. 결국 터키 리라화 폭락은 긴축금융 정책을 펼쳐 통화가치를 안정시키고, 인플레이션을 가라앉혀야 하는 '중앙은행의 정도'를 계속 무시해온 결과이다. 이는 경상적자에서 비롯되는 인플레이션 경향을 지속시키고, 이에 따른 통화가치의 하락에 영향을 주었다. 때문에 터키가 미국과의 외교 관계를 단단하고 양호하게 구축했더라도 리라화 가치의 불안정은 피할 수 없었을 것이다.

하지만 이보다 중요한 것은 미국과 터키의 관계가 악화되는 와중에 트럼프 정권이 관세 인상을 상대국에 대한 제재 수단으로 사용하면서 터키에게 경제적인 공격을 가하려고 했다는 점이다. 이는 앞서 말했듯이 트럼프 정권이 미국의 국익을 지키기 위해서라면 외교와 군사 문제에 경제를 관련시키는 등 어떠한 수단이든 쓸 것이라는 사실을 명확히 보여주는 일이다. 결국 작금의 현실 인식에서 중요한 것은 현재 트럼프 정권의 가장 큰 적은 중국일지 몰라도, 미국(이나 트럼프 정권)의 이익에 위배되는 '적'으로 간주될 경우 그것이 어떤 나라, 지역이든 트럼프 정권이 실질적인 문제 분야 외의 여러 수단을 사용하여 상대국 및 지역을 공격할 수 있다는 점이다.

물론 여러 국가와 통상 및 안전보장 관련 문제로 계속 싸움을 벌이는 것은 미국에게도 도움이 되지 않는 일이고, 이에 부담을 느끼고 있는 것으로 보인다. 2018년 7월 이후 미국이 EU와의 무역 마찰 악화를 저지하고 멕시코와의 재교섭을 서두르기 시작한 것도 통상 교섭과 관련된 마찰을 축소해야 할 필요성을 인지했기 때문으로 보인다. 그러나 간과해서는 안 될 것이 있는데, 중국 외의 국가와의 통상 교섭에서 일시 정전이 이루어지면 그만큼 중국과의 통상 교섭에 집중할 수 있게 된다. 즉 중국과의 무역 전쟁이 격화될 가능성이 높아진다는 뜻이다.

:: 승자는 누구일 것인가

미국이 일으킨 여러 마찰들 중 가장 큰 미중 무역 전쟁은 앞으로 어떻게 전개될까?

트럼프 정권은 중국이 미국의 지적재산권을 계속 침해하고도 이에 대한 개선의 여지를 보이지 않는다는 이유로 보복 관세를 단계적으로 발동시키고 있다. 신호탄으로 2018년 7월 6일에 340억 달러 상당의 수입품에 25%의 추가관세를, 2탄으로 8월 23일에 160억 달러 가치의 수입품에 25%의 추가관세를 부과했다. 그러자 중국도 그에 대응하여 바로 당일 동액 규모의 보복 관세를 미국 수입품에 부과했다.

미국은 2018년 9월 24일에도 2,000억 달러 상당의 중국산 수입품에 대해 10%의 관세를 부과했으며, 2019년부터는 25%로 오를 것이라고 예고했다. 처음에는 10%의 관세를 부과하려고 했으나 2018년 6월 이후 위안화가 미국 달러에 비해 상당한 속도로 하락하면서 추가 관세를 부과해도 그 비용이 줄어드는 결과가 되자 이 소실 부분을 충당하기 위해 단계적으로 인상폭을 확대시키기로 했다. 앞서 서술했듯 이 수입 관세의 인상은 환율을 조작하지 않고도 달러화 대비 중국 위안화의 가치를 절상시키는 것과 비슷한 효과를 발휘하기 때문이다. 즉, 이 사례에서 위안화가 하락한 것에 따라 중국의 수출 경쟁력이 회복되자 위안화 절상과 같은 효과가 있는 관세율 인상으로 상쇄시키고자 한 것이다.

미국의 이와 같은 움직임에 중국은 추가관세에 대응하여 600달러 가치의 미국산 수입품에 5~10%의 보복 관세를 부과하겠다고 선언했다. 미국의 추가관세 대상 규모는 2,000억 달러인데 중국의 보복 관세 대상은 600억 달러로 미국보다 적은 규모이다. 이는 2017년 중국이 미국으로부터 수입한 금액이 미국이 추가관세를 부과 대상액인 2,000억 달러보다 적은 1,539억 달러였기 때문이다. 이에 반해 미국의 중국으로부터 수입한 금액은 2017년 기준 약 5,055억 달러 수준으로 중국이 미국으로부터 수입하는 금액의 3배가 넘었다.

결과적으로 중국이 미국산 제품에 관세를 부과할 수 있는 금액에는 한계가 있고, 중국 입장에선 아무리 미국이 일방적인 조치를 취한다고 할지언정 계속 보복하기는 쉽지 않을 것이다. 중국의 손해가 더 클 수밖에 없기 때문이다. 중국은 이 같은 상황을 인지하고 보복 관세 수

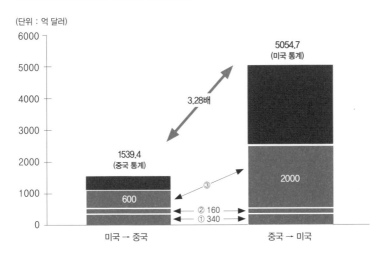

도표 P-3 미국과 중국의 상호 보복 관세 구도

(단위 : 억 달러)

출처 : 중국 해관총서, 미국 상무부 통계국 자료를 토대로 노무라종합연구소 작성.

준을 정했을 것이고, 미국 역시 이 같은 상황을 충분히 인지하고 관세 대상 금액을 중국이 미국에서 수입하는 금액을 웃도는 수준으로 단번에 늘린 것으로 보인다.

이런 상황을 해결할 방법은 당사자인 미국과 중국이 교섭을 통해 타협점을 찾아내고 신뢰관계를 재구축하여, 지금까지 상호 공격에 사용해온 관세를 철회하는 것뿐이다. 그 단초가 될 수 있는 것 중 하나는 미국이 중국을 비롯한 무역 상대국 및 지역에 대해 강한 불만을 토로하고 있는 불공정한 무역 관행에 대해, 중국 측이 미국 의견을 어느 정도 수용하는 형식으로 수정하는 것이다.

윌버 로스Wilbur Ross 미국 상무장관은 2018년 5월 14일에 열린 강연*에서 중국은 23개의 제품군 중 생활용품과 석유를 제외한 21개의 부문에서 미국보다 높은 관세를 부과하고 있으며 이 같은 경향은 EU에 대해서도 마찬가지라고 지적한 후, 이런 높은 관세 장벽이야말로 '보호주의'라고 갈파하였다. 또한 트럼프 정권이 취하고 있는 무역 정책의 주된 목표는 중국과 EU 등 무역 상대국이 사실상 취하고 있는 (보호주의적인) 행동을 그들이 말하고 있는 '자유무역'으로 바꾸어가는 것이라고 했다.

2018년 2월에 공표된 '미국 대통령 경제보고'**에 따르면 미국의 수출업체는 미국이 수입업체에 부과하고 있는 무역 장벽의 약 3배나 되는 높은 장벽에 직면해 있다. 앞서 제시한 미국 상무장관의 강연 당시 미국은 수입 승용차에 2.5%의 관세를 부과하고 있지만 EU는 수입 승용차에 10%의 관세를 부과하고 있으며 중국은 25%의 관세를 부과하고 있다고 일갈하기도 했다.*** 또한 미국은 멕시코 및 캐나다와 NAFTA를 체결하고 있는데, 멕시코는 별도로 EU와 FTA를 체결하고 있어서 무관세로 EU에 자동차를 수출할 수 있다고 강조했다. 자동차 제조사뿐만 아니라 모든 기업은 가급적 수출 비용이 낮은 곳에서 생

---

* US Department of Commerce, 'Remarks by Secretary Wilbur L. Ross at the National Press Club Headliners Luncheon', May 14, 2018. https://www.commerce.gov/news/secretary-speeches/2018/05/remarks-secretary-wilbur-l-ross-national-press-club-headliners
** The White House, 'Economic Report of the President: Together with The Annual Report of the Council of Economic Advisers', February 2018. https://www.whitehouse.gov/wp-content/uploads/2018/02/ERP_2018_Final-FINAL.pdf
*** 중국은 2018년 5월 21일, 같은 해 7월 1일부터 수입 승용차에 부과하는 관세를 15%로 인하할 것을 표명했다. 참고로 일본은 승용차에 수입 관세를 부과하지 않고 있다. 한편 미국의 승용차 수입 관세는 2.5%이지만 미국에서 일반적으로 많이 타는 픽업트럭에는 25%의 수입 관세가 부과된다.

산하고자 하기 때문에, 이러한 상황에서 미국의 제품 수출은 더욱 불리해진다. 트럼프 정권은 이러한 관세 차이가 미국의 수출 장벽이 되고 있다고 파악하고 있다.

이와 같은 일은 관세 차이뿐만 아니라 (미국에서 불필요하다고 느끼는) 여러 가지 규제나 상관습법(상관행)이라는 비관세 장벽에서도 볼 수 있다. '미국 대통령 경제보고'에서는 미국의 수출업자가 받는 비관세 장벽의 높이는 미국 수입업자들이 받는 것보다 36%나 높다고 지적하고 있다.[*]

지금까지 트럼프 정권이 시행해온 교섭 태도는 자국이 들이댄 과제에 대해 상대가 진지하게 받아들이는 자세를 보이지 않으면 어떻게든 자세를 되돌리기 위해 즉시 공격 수단을 확대하는 방식을 따른다. 그러므로 중국을 비롯한 다른 교섭 상대국 및 지역들은 미국의 공격을 어물쩍 피하기보다는 적절한 '선물'을 던지고 미국을 만족시켜 조기에 교섭을 타결하는 것이 오히려 유리할 수 있다.

단, 이번 미국과 중국의 무역 전쟁과 관련해서는 이런 간단한 방식으로는 해결되기 어려울 것이다. 서로 일보도 양보하지 일선의 태도는 지속적인 마찰의 불씨가 되고 있는 상황이다. 미국은 중국의 지적 재산권 침해에 대한 보복 관세를 단행했다. 중국은 이에 대해 무역 불균형 시정에 대하 강하게 의식하고 있으며, 자국의 내수를 증대시켜 미국으로부터의 수입을 확대하겠다고 밝히고 있다. 하지만 미국은 이

---

[*] 위 보고서, p.237.

정도 수준으로는 자신들의 요구가 전혀 받아들여지지 않고 있다고 판단하는 상황이다.

　백악관 무역제조업 정책국White House Office of Trade and Manufacturing Policy은 2018년 6월 '미국과 세계의 기술·지적재산에 위협을 가하는 중국의 경제적 침략'*이라는 표제의 보고서를 공표했다. 이 보고서를 작성한 무역제조업 정책국 국장은 대중 강경화로 정평이 나 있는 피터 나바로Peter Navarro이다. 이 보고서에는 그동안 중국이 국가적 차원에서 도난·스파이 행위, 기술 이전 강요, 미국 기업의 매수 등 다양한 수단을 통해 미국의 첨단기술과 지적재산을 침해해온 경위가 자세하게 기록되어 있다.

　표제로 '경제적 침략'이라는 자극적인 표현이 사용된 점에서도 알 수 있듯이, 트럼프 정부는 이 보고서에서 지적하고 있는 중국의 기술·지적재산의 획득이 미국에게는 자국의 존망과 관련될 만큼 매우 중대한 사안이라고 파악하고 있다. 실제로 2018년 8월 13일에 통과된 '국방권한법'에서는 중국의 통신 대기업과 미국 정부와의 거래를 금지했다. 동시에 안보를 이유로 외국 기업의 직접 투자를 심사하는 미 외국인투자심의위원회CFIUS, Committee on Foreign Investment in the United States의 권한을 강화했다. 결국 무역 분야 마찰에 한정지어 말하자면 미국은 중국에 대해 단순 무역 불균형을 시정하는 데 그치지 않을 것이며,

---

* How China's Economic Aggression Threatens the Technologies and Intellectual Property of the United States and the World

중국으로부터의 '경제적 침략'이 명확하게 저지된다는 확신을 가질 수 있는 내용이 아니라면 중국과의 거래를 성사시키지 않을 것이라는 의지를 보여준 셈이다.

이런 강경한 태도는 중국 역시 마찬가지다. 중국은 농업정책에 대한 기조를 쉽게 바꾸려고 하지는 않을 것으로 보인다. 2015년 5월 국무원이 통지한 '중국 제조 2025'에서는 중국이 '제조 대국'이 아닌 '제조 강국'이 되기 위한 수단으로 이노베이션 능력과 산업의 기초 능력의 강화 등을 들고 있다. 이러한 산업정책의 근저에는 자국의 경제 규모가 세계 2위이기는 하지만 여전히 1인당 GDP는 1만 달러에도 미치지 못하는* 중소득국이라는 중국의 문제의식이 자리 잡고 있다.

지금까지의 중국은 전 세계 기업들의 수많은 공장들을 끌어들이며 경제를 발전시켜왔다. 하지만 이러한 노동 집약적인 경제모델은 조만간 인건비 상승에 따라 정체 상태에 빠질 확률이 높다. 이 상태를 그대로 방치했다가는 다른 많은 신흥국과 마찬가지로 1만 달러 전후에서 1인당 GDP의 성장을 멈추고 경제 발전의 한계를 맞이하는 '중소득국의 덫'에 빠져버릴 수도 있다(그리고 이러한 경제 침체에 따라 중국 국내 정치도 불안정해질 수도 있다)는 위기감을 갖고 있는 것으로 판단된다. 중국 정부는 '중국 제조 2025'에서 제시한 일련의 정책이 자본·지식 집약형 산업구조로 변모하여 중소득국에서 고소득국으로 올라서기 위해 필요 불가결한 것으로 생각하고 있을 것이다.

---

* IMF의 통계(2018년 4월 기준)에 따르면 2017년 중국의 1인당 GDP는 8,643달러이다.

2018년 8월 17일자 〈월 스트리트 저널Wall Street Journal〉 보도*에 따르면 미국과 중국은 양국의 관계가 더 악화되어 제어 불능의 상태가 되는 것을 우려하고 있으며, 11월에 트럼프 대통령과 시진핑 국가주석과의 정상 회담을 열기 위해 실무자급 조정이 시작되었다고 한다. 이 보도는 시진핑 국가 주석이 미국과의 관계 개선을 서두르도록 지시했다고 밝히고 있으며, 앞으로 교섭이 진행되는 동안 중국은 미국의 주의와 주장에 대해 스스로의 체면을 지키는 범위 내에서 타협점을 찾아내려고 할 것이다. 반면 트럼프 정권은 원점으로 돌아가 중국에 대한 대결 자세를 강화하고 있다. 때문에 이 타이밍에 중국이 타협 의사를 나타낸다면 조금이라도 더 많은 것을 얻기 위해 한층 더 강경한 교섭 태도로 임할 것으로 예상된다.**

:: 중국은 위안화 절상을 선택할 것인가

이와 같은 상황을 종합해볼 때 미국과 중국 간 교섭은 쉽지 않을 것

---

* Wei, Lingling Wei and Bob Davis, 'U.S., China Plot Road Map to Resolve Trade Dispute by November', Wall Street Journal, August 17, 2018. https://www.wsj.com/articles/u-s-china-plot-road-map-to-resolve-trade-dispute-by-november-1534528756

** 2018년 12월 1일 도널드 트럼프 미국 대통령과 시진핑 중국 국가주석은 정상회담을 가지고 향후 90일 동안 상대국 수출품에 관세를 추가로 부과하지 않기로 합의했다. 앞서 설명한 보복 관세를 당분간 부과하지 않는다는 것인데, 90일간의 유예기간 동안 미·중은 강제적인 기술이전, 지적재산권, 비관세 장벽 등의 문제에 대해 협상하기로 했으며, 만약 합의가 이뤄지지 않을 경우 현행 10%인 관세를 25%로 인상하기로 했다.

이다. 실제로 2018년 8월 22일부터 중국 상무차관이 미국 재무차관과 실무 교섭을 진행하여 2개월 만에 교섭이 재개되었지만 논의는 평행선으로 끝났다. 이 시점에서 주의할 것은 만일 양국 간 수입 관세의 응수나 산업정책에 관한 어떤 합의도 이뤄지지 않을 경우 달러 약세와 위안화 강세를 촉진하는 환율정책이 전면으로 나올 가능성이 있다는 사실이다.

미국 중앙은행인 연방준비은행FRB, Federal Reserve Bank은 정책 독립성을 가지고 있기 때문에 미국 정부의 압력을 그대로 받는 일이 거의 없다. 이에 트럼프 대통령은 2018년 7월 20일 트위터로 중국과 EU가 저금리와 통화 약세 정책을 펼치고 있는데도 미국만이 계속 금리 인상을 해오고 있으며, 이로 인해 달러 강세가 진행되고 있다고 불만을 나타냈다.* 또한 2018년 8월 20일 진행된 로이터통신과의 인터뷰에서도 중국과 EU가 환율 조작을 하고 있다고 비판하며, FRB는 무역전쟁에서 미국이 승리할 때까지 저금리정책으로 협력해주기 바란다는 요지의 발언을 했다.**

트럼프 정권의 이 같은 태도는 현재까지는 이 정도 수준에 머무르고 있지만 향후 달러 강세 및 위안화 약세가 더 진행되거나, 미중 간

---

* Trump, Donald J. [realDonaldTrump], posted on Twitter, July 20, 2018. https://twitter.com/realdonaldtrump/status/1020287981020729344?s=11
** Mason, Jeff, Steve Holland, 'Exclusive: Trump demands Fed help on economy, complains about interest rate rises', August 21, 2018. https://www.reuters.com/article/us-usa-trump-fed-exclusive/exclusive-trump-demands-fed-help-on-economy-complains-about-interest-rate-rises-idUSKCN1L520

교섭 결과가 원하는 방향으로 도출되지 않아서 중국의 무역·산업정책에 대한 불만을 다른 수단으로 해소하려고 나설 경우 강경책으로 전환될 수 있다. 즉 트럼프 정권이 보다 노골적으로 달러 강세와 위안화 약세를 비판하면서 FRB의 금융정책에 압력을 가할 가능성이 있다.

달러 강세와 FRB의 금리 인상에 대한 비판이나 중국과 EU의 통화 약세 정책(양국 및 지역이 실제로 이를 의도했는지 명확한 근거는 없으나)에 대한 비판과 개입은 어느 방향에서든 달러를 끌어내리려는 압력이 된다. 실제로 환율 조작에 개입을 했는지 여부에 상관없이 미국의 환율 정책에 대한 개입이 계속된다면 관세 대응과 같은 형태로 증폭될 위험성도 있다. 달러 약세는 위안화뿐 아니라 각국 및 지역의 통화가치를 상승시키는 부작용도 일으키기 때문에, 특히 선진국 및 지역, 수출 의존도가 높은 국가 등에서 통화 약세를 지향하는 움직임이 커질 위험성이 있다.

한편 중국을 비롯한 주요 무역 상대가 통화 약세 정책을 취한다 해도 미국 정부는 앞서 살펴본 바와 같이 이를 수입 관세의 인상으로 상쇄하려고 할 것이다. 물론 중국 역시 이에 대응하기 위한 움직임으로 중국 인민은행이 2018년 8월 3일 금융기관의 환율 선도환 거래 준비금 비율을 20%로 끌어올렸다.*

또한 8월 24일에는 위안화 거래의 매일 기준치를 산출할 때 가격

---

* The People's Bank of China, 'The PBC Decided to Adjust the Risk Reserve Requirement on Financial Institutions FX Forward Sales to 20 Percent', August 3, 2018, http://www.pbc.gov.cn/english/130721/3601156/index.html

변동 제어 요소$^{counter-cyclical\ factor}$를 부활시켜 위안화의 달러 대비 하락세에 일정 수준 제동을 걸고자 대비하고 있다.

정리해보면 미국이 중국에서 수입하는 물품에 대해 제재 관세를 매기면 중국에서의 생산비용 상승으로 이어지기 때문에 중국에서 다른 나라로 제조업의 유출 움직임이 가속화된다. 결국 제재 관세는 위안화 강세와 같은 효과를 가져오는 것이다. 이런 상황에서 위안화의 급격한 상승을 허용하게 되면 위안화는 이중으로 강세 압력을 받게 되기 때문에, 중국에서는 산업 공동화가 진행될 뿐만 아니라 제조업의 고도화에 있어서도 큰 장애가 될 가능성이 높다.

다만 위안화 상승은 중국에 있어서는 달러로 표시되는 1인당 GDP를 끌어올려 국제적으로는 구매력 상승으로 이어지는 이점도 있을 수 있다. 하지만 제재 관세는 단순히 생산비용을 상승시킬 뿐 국제적 구매력 향상이라는 부차적인 효과는 불러오지 못한다는 차이가 있다. 결국 제재 관세가 발동하는 기간이 장기화되고 자국의 산업 공동화와 경제 침체가 한층 더 심해질 것이 명백해진다면, 부차적인 이점이라도 있는 환율 절상 쪽이 좀 더 나은 대안이 될 것이다. 그렇다면 보복 관세에 대한 응수를 중단하고 미국과 협조하여 위안화와 달러의 환율 개입을 통해 달러 약세 및 위안화 강세의 방향으로 유도하는 선택지를 택할 가능성도 완전히 무시할 수는 없는 상황인 것이다.

1장

미국은 세계 경제를
얼마나 뒤흔들 것인가

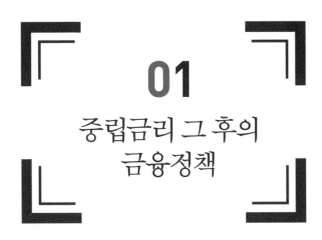

01
중립금리 그 후의
금융정책

2018년 기준 미국 경제는 순항하고 있다. 2018년 7월 기준 실업률(계절조정치)은 3.9%로 2000년 말 이후 가장 낮은 수준이다. 또한 2018년 2분기 경제성장률(개정치)은 계절조정 후 전기 대비 연율 환산으로 +4.2%로 매우 높은 수준이다. 리먼사태 직후 10%에 달했던 실업률과 가계의 주택담보대출 상환으로 인해 회복이 더뎠던 미국 경제를 고려할 때, 현재의 미국 경제는 성장의 지속성과 그 속도 면에서 매우 견실한 상태이다.

이러한 경제 상황에 입각하여 미국 중앙은행인 FRB는 지속적으로 정책금리를 인상하여 경기 과열 현상을 억제하려고 할 것이다. 2018년 2월 초 FRB 의장이 교체되었지만, 당분간은 재닛 옐런^{Janet Yellen} 전

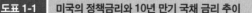

| 도표 1-1 | 미국의 정책금리와 10년 만기 국채 금리 추이 |

(단위 : %)

출처 : FRB

의장이 2016년 말부터 시작한 대로 3개월에 한 번 금리를 인상하는
노선을 유지할 가능성이 높을 것으로 보인다.

　그 한편으로 FRB에서 금융정책을 결정하는 연방공개시장위원회
FOMC, Federal Open Market Committee 위원들은 중장기적인 정책금리 전망도
내놓고 있으며 그 중앙치는 2018년 6월 기준 2.875%이다. 이 시기
기준 정책금리 분포는 1.75%에서 2.00%(중앙치는 1.875%)이므로 이대
로 0.25%p의 금리 인상이 3개월에 한 번씩 앞으로 4회 금리 인상을
한다면 2019년 6월에는 목표 수준인 2.875%에 도달한다는 계산이
나온다.

　뿐만 아니라 2018년 6월에 열린 FOMC 의사록을 보면 "2019년 또

는 20년까지 장기적인 목표 또는 이를 웃도는 수준까지 연방기금 금리(FF금리)* 범위를 인상하는 것이 적절하다는 데 위원들의 의견은 대체로 일치했다"는 기록이 있다.** 실제로 FOMC 위원들이 전망하는 2020년 말 정책금리의 중앙치는 3.375%로 장기 목표치 2.875%를 상회한다. FOMC 위원 중 한 명인 브레이너드 FRB 이사는 2018년 5월 31일 열린 강연에서 정책금리 전망에 대해 언급하면서 정책금리는 서서히 중립금리***에 가까워진 후 일정 기간 중립금리를 웃돌 것이라고 말한 바 있다.****

중립금리란 실물경제를 긴축시키는 영향도 완화시키는 영향도 주지 않는다고 생각되는 금리 수준을 말하며, FOMC가 공표한 '중장기적 목표 정책금리의 수준'과 이론적으로는 일치한다. 결국 브레이너드 FRB 이사 또한 2019년부터 2020년에 걸쳐 2.875%를 웃도는 수준으로 정책금리를 인상할 것으로 전망한다는 것은 긴축정책이 필요할

---

* 미국의 대표적인 단기금리로 한국의 은행 간 콜금리와 같은 것이다. 이 금리는 미국 정부의 통화정책 방향을 나타내는 지표로 활용된다. FOMC는 연간 8회에 걸쳐 위원회를 개최하고, 공개시장 조작을 통해 미국 통화정책의 방향을 결정한다.

** Board of Governors of the Federal Reserve System, 'Minutes of the Federal Open Market Committee June 12–13, 2018', p.8. https://www.federalreserve.gov/monetarypolicy/files/fomcminutes20180613.pdf

*** 경제가 인플레이션이나 디플레이션 압력이 없는 잠재성장률 수준을 회복할 수 있도록 하는 이론적 금리 수준을 말한다. 중립금리는 정책적으로 경기부양 정책이지만 다른 인플레이션에 대비한 긴축정책을 선택하는 것이 아니라, 물가상승률과 잠재성장률 그리고 정책금리와 실질금리 사이의 스프레드 등을 감안하여 중립적인 상태로 FF금리를 유지하는 것이다.

**** Brainard, Lael, 'Sustaining Full Employment and Inflation around Target', At the Forecasters Club of New York, on May 31, 2018. https://www.federalreserve.gov/newsevents/speech/brainard20180531a.htm

정도로 미국 경제가 호조 상태라고 보고 있는 것이다.*

반면 FRB 내에는 다른 의견도 존재한다. 로버트 카플란 달라스 연방 은행 총재는 2018년 8월 21일 발표한 리포트에서 2.5%에서 2.75% 수준으로 추계되는 장기적인 중립금리까지 금리 인상을 한 후에는 일단 인상을 멈추고 신중하게 장기금리 추이와 경제 전망 등 여러 가지 요소를 세밀히 조사해야 한다고 주장했다.**

이처럼 정책금리를 2% 후반의 정상 수준으로 조정한 후의 대응 방식에 대한 의견은 FRB 내에서도 이견이 존재한다.

그렇다면 2019년이나 그 이후의 미국 경제를 전망하는 데 있어 중요한 포인트는 FRB의 금리 인상 속도가 어떻게 변할 것인가, 그중에서도 정책금리 수준이 중장기적 목표에 도달한 이후의 금융정책이 어떻게 될 것인가 하는 것으로 좁혀진다.

미국 금융정책의 향방은 미국 경제뿐 아니라 세계 경제에 있어서도 매우 중요한 포인트가 된다. 미국 통화인 달러는 국제적인 금융 거래나 자원 매매 시 가장 많이 사용되는 통화로 그 금리 수준과 전망은 글로벌 자금 흐름뿐 아니라 세계 각국, 그중에서도 재정적자를 안고 있는 신흥국의 금융정책에 큰 영향을 미치기 때문이다.

---

* 현재의 정책금리 인상과 양적완화 정책의 해제라는 긴축금융 정책을 FRB는 '금융정책의 정상화'라고 부르고 있다. 이는 정책금리 조작은 본래 경기를 활성화시키지도 않고, 경기를 억제시키지도 않는 중립 금리를 기본으로 하여 상하로 경제를 컨트롤한다는 발상에 입각한 것임을 반증하는 내용이다.
** Kaplan, Robert S., 'Where We Stand: Assessment of Economic Conditions and Implications for Monetary Policy', August 21, 2018. https://www.dallasfed.org/news/speeches/kaplan/2018/rsk180821

:: 금리 인상 영향이 나타나기 시작한 미국의 실물경제

한 나라의 금융정책은 국외 경제나 자국의 재정정책이라는 외적인 요인을 제외하면 기본적으로 물가나 자산 가격 전망, 또는 은행의 대출 행태를 참고하여 시행된다. 미국처럼 다른 나라 금융정책의 영향을 쉽게 받지 않는 나라는 특히 그런 성향이 강하다. 따라서 미국의 물가와 임금의 동향을 확인해보기 위해 FRB가 물가동향을 나타내는 지표로 중시하는 개인소비지출 물가지수PCE deflator와 그 지표에서 가격 변동이 큰 에너지와 식료품 가격을 제외한 코어 베이스에서의 PCE 지수(근원 개인소비지출 물가지수core PCE deflator)를 보면 둘 다 금융정책 운영상 주요한 기준이 되는 2% 전후로 상승이 계속 이어지고 있는 것을

도표 1-2   미국의 인플레이션율 추이

(단위 : %, 전년 동월 대비, 계절조정치)

— 개인소비지출 물가지수
— 근원 개인소비지출 물가지수(식료품 · 에너지 제외)

출처: 미국 상무부 경제분석국

(단위 : %, 전년 대비)

시간당 임금(관리직 제외)

시간당 임금(관리직 포함)

1996　1998　2000　2002　2004　2006　2008　2010　2012　2014　2016　2018

출처 : 미국 노동부

알 수 있다.([도표 1-2])

　또한 임금 상승을 살펴보면 리먼사태 이전의 4%대까지 미치지는 못하지만 2018년 이후 그 수준이 서서히 높아지고 있으며 2%대 중반에서 후반대로 상승률이 정착되고 있는 것을 알 수 있다.([도표 1-3]) 이 밖에도 미국 소비자심리 지표 또한 경기나 고용 상황의 안정화를 배경으로 IT 버블기 이후 높은 수준에 머물며([도표 1-4]), 가계의 소비 활동을 뒷받침하고 있다. 이러한 현상이 미국 경제의 상승 분위기와 함께 일어나고 있다는 것은 향후 물가나 임금을 현재와 같은 수준

| 도표 1-4 | 미국 소비자심리 추이 |

(1985년=100, 계절조정치)   (1966년 1분기=100)

출처 : 미국 Conference Board, 미시간대학교

으로 유지하기 위해서 FRB가 어느 정도의 속도로 정책금리를 인상해 제품이나 서비스, 노동 수요와 공급의 균형을 조정해나가야 하는지 판단해야 하는 과제와 당면해 있다는 의미로 해석할 수 있다.

한편으로 실제 경제의 움직임을 자세히 살펴보면 지금까지 계속되어온 정책금리 인상과 양적완화의 해제가 가시적인 효과를 내기 시작한 분야도 조금씩 나타나고 있다. 미국의 주택 판매 건수 추이를 예로 살펴보면 2017년 말 경부터 신축 주택과 중고 주택 모두 완만한 둔화 경향을 보이고 있다.([도표 1-5])

도표 1-5　미국의 신축 주택 및 중고 주택 판매 건수 추이

(단위 : 1,000건, 계절조정치, 연율환산)　　　　　(단위: 1,000건, 계절조정치, 연율환산)

— 신축 주택 판매 건수(왼쪽 눈금)
— 중고 주택 판매 건수(오른쪽 눈금)

출처 : 미국 상무부, 전미부동산업자협회

이러한 현상이 나타나는 원인은 크게 두 가지로 살펴볼 수 있다.

첫째, 2007년의 주택 버블 붕괴로 계속 하락하던 주택 가격이 2012년을 기점으로 대폭 상승세로 돌아섰고 최근까지 상당히 높은 수준까지 오른 데 있다. 중고 주택 판매 가격의 중앙값이 어떻게 변해 왔는지를 확인해보면, 1999년 2월에는 13만 1,500달러(1달러=1,100원으로 환산했을 때 1억 4,465만 원)였던 중고 주택 판매 가격의 중앙값이 주택 버블로 계속 급등하여 2006년 7월에는 23만 400달러(2억 5,344만 원)로 7년 6개월 만에 75%나 상승했다. 그 후 미국의 주택 가격은

62

주택 버블의 붕괴와 함께 하락하기 시작했고, 2012년 1월에는 15만 4,600달러(1억 7,006만 원)에 이르렀다. 하지만 버블 붕괴로 인해 과잉 재고의 조정이 진행되고, 미국 경제의 침체와 금융완화 정책으로 장기금리가 대폭 인하되자 다시 상승하기 시작하여 2018년 6월 중고 주택 판매 가격의 중앙값은 27만 3,800달러(3억 118만 원)에 이르렀다.

이는 1999년 2월 기준 가격의 2.1배나 되며 주택 버블기 정점과 비교해봐도 19% 가까이 높다. 그런데 거의 같은 기간(1999년 1월부터 2017년 7월까지) 동안 근로자(관리직 제외)의 시급은 70.7%밖에 오르지 않았다. 따라서 주택 구입에 대한 가계 부담감이 상대적으로 증가했다는 것을 알 수 있다. 이 때문에 미국의 주택시장은 가계 소득이 증가하여 주택 가격의 상대적 과열 현상이 해소될 때까지는 약세가 이어질 전망이다.

둘째, 주택시장이 둔화되기 시작한 또 하나의 이유는 장기금리의 상승이다. 특히 2016년 11월 트럼프가 대통령에 당선되면서 [도표 1-1]에 보이는 것처럼 장기금리가 대폭 상승하였으며, 이는 2018년 주택담보대출 금리까지 끌어올렸다.* 그 결과 사람들이 주택을 구입할 수 있는 여유의 정도를 나타내는 주택구입능력지수Housing Affordability Index**는 2016년 말 이후 급격하게 저하되었다.([도표 1-6]) 2018년 초

---

* 미국에서는 30년, 혹은 15년 장기에 걸친 고정금리의 주택담보대출이 일반적이다.
** 연평균 가구 소득 대비 주택담보대출의 원리금을 상환할 수 있는 능력을 나타낸 지표다. 국가별로 산출식은 다르지만 100을 기준으로 숫자가 낮을수록 소득에 비해 주택담보대출이 과중하다는 것을 의미하며, 이는 원리금 상환이 어려움을 나타낸다.

도표 1-6　미국의 주택구입능력지수 추이

(단위 : HAI, 계절조정치)

출처 : 전미부동산업자협회 데이터를 토대로 노무라종합연구소 작성.
주 : 중앙값의 소득이 있는 가계가 중고 주택 가격 중앙값의 80%를 대출로 자금 조달 가능한 상황을 100으로 한다.
계절조정은 노무라종합연구소가 시행.

반부터 8월까지의 장기금리 추이는 전반적으로 보합 상태이지만 앞으로 주택 가격이 상대적으로 급등하면서 동시에 장기금리가 크게 상승한다면 주택담보대출 기준은 더욱 높아져 미국 주택시장은 한층 더 둔화될 것으로 보인다.

최근의 미국 신차 판매 대수는 [도표 1-7]에서 볼 수 있듯 연간 1,600만 대 후반에서 1,700만 대 범위에서 한계에 다다른 것으로 보인다. 최근에는 리스를 통해 신차를 구입하는 경우가 많아져, 미국 중고차 시장에는 3년간의 리스 기간이 끝나 충분히 성능은 좋지만 가격이 크게 내린 중고차가 많아졌다.

에드먼드Edmunds의 중고차리포트Used Car Report*에 따르면 2013년 2분기에는 신차 평균 거래 가격이 3만 1,392달러, 이용기간 3년인 중고차 평균 거래 가격은 2만 761달러로, 신차와 중고차의 가격 차이가 1만 632달러였다. 그런데 5년 후인 2018년 2분기의 신차 평균 거래 가격은 3만 5,828달러로, 5년 만에 4,436달러가 올랐다. 연평균 2.8%씩 가격이 상승한 것이다. 반면 이용기간 3년인 중고차의 평균 거래 가격은 2만 2,489달러로 5년 전에 비해 1,728달러, 연평균 1.7%밖에 오르지 않았다. 그 결과 2018년 2분기 기준 신차와 이용기간 3년인 중고차의 가격 차는 1만 3,339달러로 벌어졌다. 이처럼 중고차의 가격이 상대적으로 싸게 느껴지면서 중고차 수요는 증가하고, 신차 수요는 제자리걸음을 하고 있는 것으로 볼 수 있다.

미국에서는 승용차보다 픽업트럭과 같은 소형 트럭의 경우 신차 대비 중고차 가치 하락이 적다. 게다가 원유 가격이 최근 상승 경향이기는 해도 2014년처럼 높은 수준은 아니다. 그 때문에 [도표 1-7]에서 볼 수 있듯이 소형 트럭은 신차 판매가 증가 추세를 보이는 반면, 승용차의 판매량은 둔화되고 있는 것을 알 수 있다.

이러한 구조적인 요인과 더불어 앞으로 신차 판매에 영향을 미칠 가능성이 있는 것이 오토론 금리 상승이다. [도표 1-8]에서 알 수 있

---

* https://www.edmunds.com/industry-center/data/used-car-market-quarterly-report.html

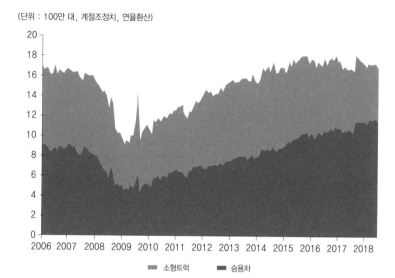

(단위 : 100만 대, 계절조정치, 연율환산)

■ 소형트럭   ■ 승용차

출처 : HAVER, Autodata

듯 오토론 금리는 최근 2년간 1% 가까이 상승했고, 이로 인해 신차 수요가 억제될 가능성이 있다. 금리 상승 경향이 더 심화된다면 자동차 수요 억제 경향은 신차뿐 아니라 상대적으로 가격이 저렴한 중고차로 확대될 가능성이 있다.

특히 신차를 대상으로 하는 오토론 금리는 2001년 초 9%대 수준이었지만, 2014년부터 2017년에 걸쳐 3%대까지 큰 폭으로 하락했다. 이처럼 큰 폭의 금리 하락은 [도표 1-3]에서 볼 수 있듯이 임금이 비교적 오르지 않은 상황에서도 신차 수요를 이전 수준으로 되돌린 하나의 요인이었을 것으로 판단된다. 따라서 향후 오토론 금리가 조금

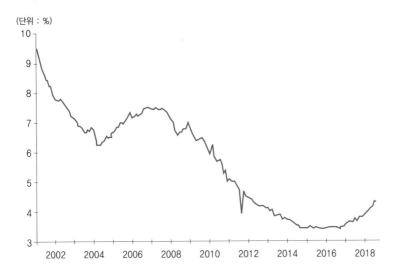

| 도표 1-8 | 미국의 오토론 금리 추이 |

(단위 : %)

출처 : RateWatch, HAVER
주 : 2만 5,000달러, 4년 만기 기준

더 상승한다면 지금까지의 저금리가 자동차 수요를 미리 당겨 써버린 것과 마찬가지의 효과가 나타날 수 있으며, 이는 자동차 수요를 필요 이상으로 위축시킬 위험성이 있다.

이렇게 살펴보면 최근의 미국 경제가 고용을 중심으로 상당히 호조를 보이고는 있지만, 주택시장이나 자동차 판매와 같이 대출 필요성이 높은 분야와 관련해서는 이미 금리 상승 영향이 조금씩 나타났거나 곧 표면화될 가능성이 높다는 것을 알 수 있다. 이는 미국 경제를 다소라도 하향세로 전환시키는 요인으로 작용할 수 있다는 점에 주의를 기울일 필요가 있다.

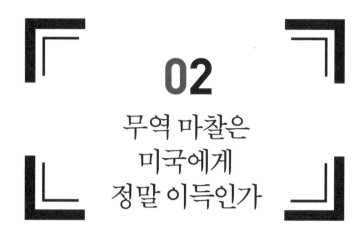

02
무역 마찰은
미국에게
정말 이득인가

지금까지 살펴본 논의는 상대적으로 단순한 것이다. 이에 반해 트럼프 정권의 행보가 향후 실물경제에 어떤 영향을 끼칠 것인가 하는 문제는 전망이 매우 불투명하다. 지금까지 트럼프 정권은 2017년 말 세제 개혁 법안을 통과시키고 2018년 3월에는 세출의 확대를 승인했다. 이러한 감세와 정부의 세출 확대는 경기나 물가를 끌어올리는 방향으로 작용하기 때문에 예측이 쉬운 편이었다. 하지만 앞서 다룬 것처럼 트럼프 정권은 중국을 비롯한 여러 나라와의 무역 면에서 의도적으로 마찰을 확대시키고 있다. 그리고 그 영향력이 미국 경제와 물가에도 작용할 가능성도 무시할 수 없다. 이 무역 마찰의 영향이 실제로 어떤 형태로 실물경제에 작용할지에 대해서는 어떤 품목이 추가관세 대상이 될지에 따라 상당히 달라질 것이다.

만일 수입 관세 대상 품목 및 수량 할당이 소비재까지 확대된다면 소비재 수입 가격이 크게 상승해 이른바 코스트 푸시 인플레이션^{cost-}push inflation*이 발생해 소비를 침체시키게 될 것이다. 2018년 8월 기준, 아직까지는 그 영향이 가시화되지는 않았지만 일련의 무역정책으로 인해 이미 가격이 크게 오른 품목이 있다. 그중 하나가 세탁기이다. 트럼프 정권은 2018년 1월 22일 태양광 패널과 가정용 대형 세탁기 수입에 대해 세이프가드^{safeguard**}를 발동하여 추가관세를 부과했다. 이중 대형 세탁기 완성품에 대해서는 120만 대까지 1년째 20%, 2년째 18%, 3년째 16%의 추가관세를 부과하고, 120만 대 이상에 대해서는 1년째 50%, 2년째 45%, 3년째 40%의 추가관세가 부과된다. 이에 따라 미국의 세탁기 가격은 급격하게 상승했으며, 최근의 소비자가격 통계 중 가격이 가장 낮았던 2018년 3월부터 7월 사이에 가격이 20%나 상승했다.([도표 1-9])

이미 언급한 바와 같이 주택 가격 상승에는 무역정책도 영향을 미쳤다. 미국 정부는 캐나다산 침엽수 자재의 수입에 대해 상쇄 관세 및 반덤핑관세***를 부과했는데 이것이 결국 주택 건설 비용 증가라는

---

* 임금 인상, 수입 원자재 가격 상승, 감가상각의 증대, 이자율 상승 등 비용 증가로 인해 물가가 상승하는 현상.
** 특정 품목의 수입이 급증하여 자국 업체에 심각한 피해가 발생할 우려가 있을 때 수입국이 관세 인상이나 수입량 제한 등을 통해 수입 물품에 대한 규제를 할 수 있는 무역 장벽의 하나.
*** 부당하게 낮은 가격으로 수출된 제품으로 수입국 산업이 피해를 입었을 때 수입국에서 부당 가격에 관세를 부과하는 것.

도표 1-9 　미국의 세탁기 가격 추이

(단위 : 1982년~1984년 =100)

출처 : 미국 노동부

결과를 낳았다. 만일 앞으로 미국과 중국 간의 보복 관세 응수가 소비재까지 확대된다면 급격한 가격 상승이 가계와 밀접한 영역에서부터 한층 더 확대될 것이다. 특히 중국에서 수입하는 제품들은 소비재가 많아, 만일 중국으로부터 수입하는 모든 물품에 추가관세를 부과하게 된다면 소비자의 부담이 단숨에 늘어나면서 인플레이션에 대한 우려도 높아질 것이다.

　그렇다면 FRB는 인플레이션을 억제하기 위해 정책금리를 필요 이상으로 높여야 할 수도 있다. 수입 관세가 부과되는 범위가 소비재까지 확대될 경우 미국 국내로 생산 거점을 회귀하는 방안도 고려해

볼 수 있지만 이것이 현실화되는 데까지는 시간이 걸린다. 살펴본 것처럼 현재 미국의 소비자심리는 매우 양호한 수준이지만 앞으로 무역 마찰의 격화로 인플레이션에 대한 불안감이 높아진다면 금융정책을 필요 이상으로 긴축해야만 하는 상황이 될 수 있고, 이는 소비자심리를 급격하게 냉각시킬 것이다. 필연적으로 소비는 줄고 실물경제가 둔화될 위험성이 있다는 뜻이다.

한편 수입 관세나 수량 할당 대상 품목이 완제품이 아닌 부품 등의 생산재, 제조설비와 같은 자본재가 된다면 미국에서 제품을 생산하는 비용이 올라간다. 이럴 경우 국내 생산능력을 (관세 대상국 이외의) 해외로 이전시키려는 움직임이 강해져 노동시장이 긴장되는 방향으로 흘러갈 수 있다. 이런 상황이 더 어려운 까닭은 그 영향이 공급사슬의 복잡함, 그리고 대체품이나 대체 경로를 통한 조달이 어느 정도 가능한지에 따라 크게 바뀌기 때문에 실제로 어느 정도의 영향을 끼칠지도 판별하기 힘들기 때문이다.

그러나 2018년 8월 28일 타결된 멕시코와의 무역협정에서 미국은 관세 철폐의 조건으로 시급 16달러 이상인 지역에서 부품 40%~45%를 생산하도록 멕시코에 요구했다. 이는 미국과 멕시코의 임금 격차로 인해 생산 거점이 이전되는 것을 방지하고, 역으로 미국 내 생산 거점이 늘어나도록 하려는 조처이다. 하지만 이런 방식은 생산비용을 상승시킬 뿐만 아니라 미국 내 노동시장을 긴축시켜 이중으로 물가 상승을 촉진시킬 위험이 있다.

이와 같은 복잡한 구도는 기업 측면에서 보면 높은 불확실성, 특히 투자처의 선정을 지연시키는 등 자생적인 경제 활동을 억제시켜 경제 성장을 억제하는 상황으로 이어질 수 있다. 미국이 무역 문제로 중국에 강경한 태도를 보일 때마다, 그 영향은 최종적으로 미국 기업과 소비자에게 되돌아갈 것이라고 중국이 반복해서 말하고 있는 이유가 바로 이 때문이다.

:: 미국 경제의 구조 변화가 시작되었는가

향후 미국 경제의 향방을 좀 더 면밀하게 전망하기 위해서는 미국 경제의 구조적인 변화에도 주목할 필요가 있다. 카플란 달라스 연방 은행 총재는 중장기적으로 중립금리(2.5%~2.75%)까지 금리를 인상한 후는 일단 금리 인상을 중지해야 한다고 밝히고 있다. 그는 2018년의 미국 경제에 대해 세계적으로 경기가 상승 분위기를 탄데다 트럼프 정권이 세제 개혁과 세출 확대를 시행함으로써 잠재적인 성장률을 웃도는 '지나치게 잘되고 있는' 상태라고 보았다. 하지만 향후 이러한 상승 요인이 점차 퇴색하여 2020년에서 2021년 미국의 잠재성장률은 낮아질 것이며 경제가 둔화될 것이라고 전망하고 있다. 그는 미국의 고령화, 교육 및 훈련 수준의 저하, 정부 채무의 유지 가능성, 글로벌화 등으로 인해 미국의 잠재성장률이 낮아질 것이며, 그 수준은 1.75%~2%까지 떨어질 것으로 보았다. 그렇기 때문에 중립금리 수준으로 정책금리를 인상한 다음에는 일단 인상을 멈추고 정책 운영 방

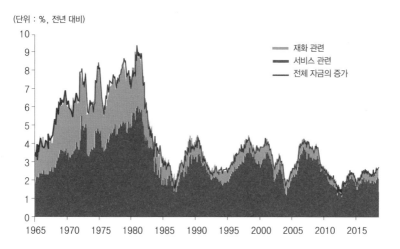

(단위 : %, 전년 대비)

재화 관련
서비스 관련
전체 자금의 증가

출처 : 미국 노동부 데이터를 토대로 노무라종합연구소 작성.

항을 다시 세워야 한다고 주장하는 것이다.

[도표 1-3]에서 볼 수 있듯 미국의 이번 경기 상승 국면은 이전과 비교해볼 때 상대적으로 임금 상승 폭이 낮았다. 그 원인에 대해서는 아직 정확하게 진단을 하기 어려운 상황이다. 처음에는 2008년부터 경기 후퇴에 따른 고용 감소가 너무나 심각했기 때문에 잉여 노동 자원이 존재하여 일어난 현상이며, 이것만 해소된다면 점차 임금상승률이 높아질 것이라고 기대되었다. 필자 역시 그 요소가 많이 작용한다고 보았다. 하지만 이 정도로 실업률이 떨어지면 임금이 완만하게 높아지고 있다고 해도 리먼사태 이전과 같은 상황으로는 돌아가기 힘들 것이다.

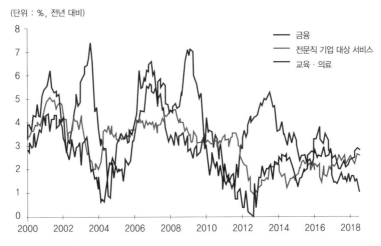

(단위 : %, 전년 대비)

금융
전문직 기업 대상 서비스
교육 · 의료

출처 : 미국 노동부 데이터를 토대로 노무라종합연구소 작성.
주 : 2000년대 대비 하락 업종

　관리직을 제외한 노동자의 임금을 끌어올리는 정도(기여도)를 제조업과 건설업 등, 재화의 생산과 관련된 산업goods-producing(이하 재화 산업)과 서비스 관련업private service-producing으로 나눠 살펴보면([도표 1-10]), 1980년대 초까지는 재화 산업이 전체 임금을 끌어올리는 영향력을 가졌으나 이후에는 미국 노동자 임금 상승에 거의 기여하지 않았고, 현재는 서비스 관련업의 임금 상승이 미국 전체 임금 상승의 대부분을 결정짓고 있다는 것을 알 수 있다,

　그렇다면 서비스 관련업 중 임금상승률이 상대적으로 하락한 업종은 무엇일까? 경기 상승 시기인 2018년 8월 기준 임금상승률이 2000

년대 호황기보다 확연하게 떨어진 업종은, 금융, 전문직 및 기업 대상 서비스, 교육 및 의료 등이다.([도표 1-11]) 이들의 임금 상승이 둔화된 이유를 정확히 파악하기는 어렵다. 다만 앞서 제기한 것처럼 미국의 구조적인 문제들이 작용한 결과라면 노동시장이 바뀌지 않는 한 임금 상승률이 저하된 상태가 이어질 것이다.

이처럼 현재 미국의 금융정책 동향을 전망하기란 매우 어려운 상황이다. 앞서 살펴본 다양한 요인들이 서로 복잡하게 얽힌 퍼즐과 같기 때문에, 2019년 이후 미국의 금융정책에 대한 의견은 실로 다양한 상황이다.

03
미국의 장기금리가
보내는 이상 신호

향후 경제 전망을 위해서 주목해야 할 것 중 하나는 미국의 장기금리(10년 만기 국채 이율)이다. 앞서 중립금리는 잠재 경제성장률과 기대인플레이션을 합산해서 정해진다고 했으나, 그와 달리 채권시장에서의 거래로 결정되는 장기금리는 시장 참가자의 경제 전망에 대한 견해를 짙게 반영한다. 그렇게 시장 참가자의 다양한 견해를 반영하여 정해진 장기금리도 이론적으로는 장기적인 경제성장률과 기대인플레션, 그리고 국채의 신용 리스크(리스크 프리미엄)를 종합한 것이다. 여기서 일단 리스크 프리미엄을 차치하고 본다면 앞으로 경제성장의 가속이나 인플레이션이 심화된다고 기대한다면 그에 맞춰 장기금리도 상승하게 될 것이고, 거꾸로 향후 경기가 둔화되고 인플레이션이 안정될 것으로 시장이 예측한다면 장기금리는 하락하기 시작할 것이다.

[도표 1-1]을 보면 미국의 장기금리는 트럼프 대통령이 당선된 2016년 11월 8일 직후와 2017년 12월 22일 세제 개혁 법안이 통과된 이후 상승하였다. 이는 트럼프 대통령이 시행한 감세와 인프라 투자 등으로 미국 경제의 성장 속도가 빨라져 인플레이션이 심화될 것이라는 기대심리가 반영된 결과이다. 하지만 트럼프 대통령이 무역 문제로 중국 측에 공세를 펼치면서 미국의 경기가 더 좋아질 것이라는 기대가 사라진 이후부터 더 이상 상승하지 않고 있다.

한편 현재와 경기가 계속 양호한 상태로 이어지면 FRB는 실제 인플레이션이 지나치게 심화되거나 경기의 지나친 과열을 막기 위해 금융완화 정책의 정상화를 서두르게 될 것이다. 이렇게 된다면 정책금리 및 그 전망에 영향을 많이 받는 2년 만기 국채 이율과 10년 만기 국채 이율의 격차가 점점 줄어들 것이다.

[도표 1-12]는 10년 만기 미국 국채 이율과 2년 만기 미국 국채 이율의 추이를 나타내며 [도표1-13]은 두 가지 국채 이율의 차(수익률 분포도)를 나타내고 있다. 이 두 개의 도표를 살펴보면 그림자가 드리워진 시기가 있는데 이는 전미경제연구소NBER, The National Bureau of Economic Research가 인정한 미국 경제의 경기 후퇴 시기이다. 특히 [도표 1-13]을 보면 알 수 있듯이 적어도 1976년 이후 두 국채의 이율 격차가 제로에 가까워지거나 마이너스가 된(역수익률) 후 얼마 지나지 않아 미국 경제가 경기가 둔화된 것을 확인할 수 있다.

단기금리와 장기금리의 이율이 같거나 단기금리 이율이 보다 높다

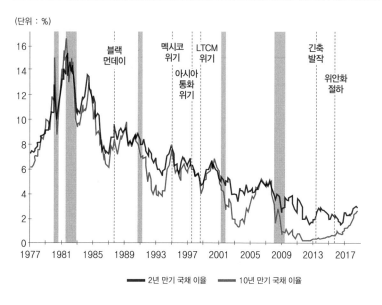

도표 1-12 | 미국 국채의 금리 추이

도표 1-12 | 미국 국채의 금리 추이

(단위 : %)

블랙
먼데이

멕시코
위기

아시아
통화
위기

LTCM
위기

긴축
발작

위안화
절하

━━ 2년 만기 국채 이율   ━━ 10년 만기 국채 이율

출처 : FRB 데이터를 토대로 노무라종합연구소 작성.

는 것은 중앙은행이 시장에 형성된 장기 경제성장과 인플레이션 기대
수준보다 높은 수준으로 이를 상정해 금리를 설정했다는 의미이다.
이런 경우 기업이 자금을 조달해 투자를 해도 수익성이 맞지 않는 경
우가 많아지기 때문에 투자를 자제하게 되고 경기는 그 시점부터 둔화
되기 마련이다.

똑같은 현상이 금융시장의 투자가와 금융기관 사이에도 일어난다.
투자가와 금융기관은 낮은 금리로 자금을 조달하여 그 자금을 보다
높은 이율로 운용하여 차익을 얻고 수익을 실현한다. 일반인들이 맡

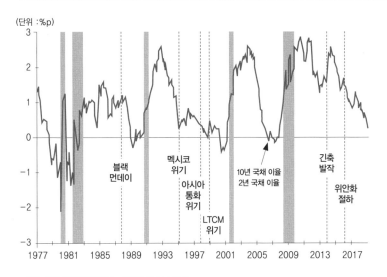

도표 1-13 미국 국채의 수익률 분포도

(단위 : %p)

블랙
먼데이

멕시코
위기

아시아
통화
위기

LTCM
위기

10년 국채 이율
2년 국채 이율

긴축
발작

위안화
절하

출처 : FRB 데이터를 토대로 노무라종합연구소 작성.

긴 예금을 은행이 대차대조표의 부채로 계상하고 있듯이 은행 예금은 은행에 있어서 중요한 자금 조달원이다. 이 때문에 금융기관과 투자가에 있어 금융상품과 부동산 같은 운용 자산의 이율 기준이 되는 장기국채 이율과 예금과 채권과 같은 형태로 자금 조달시 최저 기준이 되는 정책금리와의 차이(스프레드)는 매우 중요한 것이다.

이러한 차이가 크게 벌어져 있는 동안은 조달 금리, 즉 낮은 비용 대비 운용 이율, 즉 총이익이 높기 때문에 금융기관이나 투자가들이 차익을 확보할 수 있는 절호의 기회가 된다. 그러나 장기금리가 저하되거나 정책금리가 상승해 장·단기금리 사이의 차이가 줄어들면 똑같은 수준의 투자나 운용을 하더라도 돌아오는 이익이 줄어든다.

장·단기금리 차가 거의 없을 때 금융기관은 손실을 막기 위해 두 가지 방향으로 움직이게 된다. 첫째는 리스크가 큰 투자처에서 자금을 회수하는 것이고, 둘째는 보통의 경우라면 선택하지 않을 리스크가 높은 금융상품을 운용하여 이익을 확보하려고 나서는 것이다.

위의 두 가지 중 첫 번째 경우 많아지면 자금 수요가 억눌려 경기가 둔화되고, 두 번째 경우가 많아지면 금리가 올라도 금융시장이 당장은 위축되지 않고 경기는 당분간 유지된다. 그러나 고위험 자산의 리스크 요인이 표면화되면 자산 가치가 폭락하고, 금융기관이나 투자가는 곧바로 리스크가 큰 자산을 매각하려 나설 수밖에 없다.

이와 같은 상황이 벌어진 전형적인 예가 2000년대 중반에 걸쳐 발생한 미국의 주택 버블 붕괴이다. 당시 통상적인 심사 기준으로는 주택담보대출 차입이 불가능한 서브프라임 모기지가 급증하여 이들 대출 채권을 리스크 계층별로 나눈 증권화 상품이 수많은 투자가들에게 판매되었다. 통상 미국에서는 장기 고정금리의 주택 대출이 주류를 이루지만, 서브프라임 모지기론의 경우에는 금리 부담을 줄이기 위해 대개 보다 낮은 변동 금리로 구성되었다. 이 경우 대출 후 몇 년이 경과하고 주택의 자산 가치가 오르면 장기 고정 주택 대출로 바꾸는 것 등을 전제로 한 것이다.

그런데 버블의 팽창을 억제해야 하는 정책금리가 서서히 오르자 주택시장에서도 주택 가격 상승을 전제로 한 가수요로 인해 과도한 수량의 주택이 건설되었고, 결과적으로 재고가 쌓였다. 공급의 증가로 인해 미국의 주택 가격은 2006년경부터 하락하기 시작했으며, 그 결과 서브프라임 모기지론을 받은 사람들이 대출금 상환과 변제를 하지 못하는 경우가 속출했다. 결국 이는 서브프라임 모기지의 채권 가치를 폭락시켰다.

주택담보대출 중 서브프라임 모기지의 점유율은 많아야 10% 정도이다. 그러나 이 대출 채권을 바탕으로 만들어진 여러 금융상품을 보다 많은 수익을 확보하려는 전 세계의 투자자들이 보유하고 있었던 것이다. 때문에 서브프라임 모기지론의 채무 불이행 증가가 증권화 상품을 통해 여러 투자가들에게 파급되자 일부 금융기관의 자금 융통이 어려워졌고, 결국 2008년 9월 리먼사태로 이어진 것이다.

장기금리와 단기금리의 차이가 줄어들었을 때 실물경제의 주체인 기업과 금융시장의 주체인 투자자 중 어느 쪽에 영향을 미치는지는 그때그때 다르지만, 어느 쪽이든 이들 경제 주체의 행동에 큰 변화를 일으켜 결국 경제 조정으로 이어지고 만다. 그렇기 때문에 장기금리와 단기금리의 격차 축소는 경제를 전망할 때 큰 지표 중 하나로 간주돼왔다.

이렇게 볼 때 앞으로 FRB가 정책금리를 중립금리인 2%대 후반에서 3%정도까지 서서히 인상해간다면, 경제성장의 재가속이 예상되거나 인플레이션에 대한 기대가 커져 장기금리가 상승 경향을 보이지 않는 한 앞으로는 [도표 1-13]이 보여주는 바와 같이 장기금리와 단기금리의 차이가 사라지거나 오히려 마이너스로 돌아설 가능성이 높아질 것이다. 다만 미국의 채권시장 본래의 상황을 고려한다면 장기금리가 더 상승한다 해도 이상하지 않을 것이다.

2017년 1월 출범한 트럼프 정권은 감세와 국방비 확대를 강행했으며, 이로 인한 재정적자의 (일시적인) 확대를 용인하고 있다. 예산을 심의하는 연방회의도 그 정도로 논의가 분규로 번지는 것을 우려하여 여·야당과 함께 재정적자의 확대를 묵인하는 경향을 보이고 있다. 더욱이 FRB는 2017년 10월부터 양적완화를 단계적으로 해제하기 시작했으며 그 과정에서 FRB가 보유하고 있는 국채 중 상환이 다가온 국채의 일정액을 재투자하지 않게 될 것이다. 이는 양적완화 정책을 실시할 때에는 미국 국채시장의 매우 큰 구매자였던 FRB가 서서히 발을 뺀다는 것을 의미한다.

∷ 글로벌 투자자가 견인하고 있는 미국 국채 이율

이론적으로 보면 미국 국채시장의 수요와 공급의 균형은 위 두 가지 요인으로 악화될 것이고 미국 국채 이율은 그로 인해 상승해야 한다.* 하지만 실제로는 [도표 1-1]에서 볼 수 있듯 2018년 8월까지 미국 장기국채의 이율은 공급량이 늘고 있는(또는 늘 것이 확실한) 상황임에도 불구하고 2%대 후반으로 추이하고 있다. 이런 수치는 미국 국채

---

* 이 책에서는 자세히 기술하지 않았으나, 채권 가격은 이율과 반비례 관계이며 수요와 공급이 균형을 이루어 채권 가격이 오르면 이율은 떨어지고 수요와 공급의 균형이 악화되면 그 반대가 된다.

의 공급이 늘어난 현 시점에서 FRB가 아닌 다른 투자자가 국채를 구입하지 않았다면 일어나지 않았을 상황이다.

그렇다면 누가 미국 국채의 금리를 견인하고 있는 것일까? 얼핏 보기에 미국의 10년 만기 국채 이율이 2% 후반이라고 하면 매우 낮다고 볼 수도 있다.(실제로 1970년대와 비교하면 매우 낮은 수준이다) 하지만 최근 세계적인 추세를 살펴보면 얘기가 다르다. 예컨대 한국의 10년 만기 국채 이율은 2018년 8월 이후 경기에 대한 불안이 확산되면서 2.5%대를 밑돌고 있다. 또한 호주의 10년 만기 국채 이율도 2018년 8월 기준 2.5%대 후반을 유지하고 있다. 이러한 저금리 경향은 유럽에서는 더욱 현저해 동일 시점 영국의 10년 만기 국채 이율은 1.3% 전후, 독일은 0.3%대를 기록하고 있다. 이 같은 저금리(그리고 저성장) 경향이 전 세계적으로, 특히 선진국 중심으로 심화되는 시점에 미국 국채 이율이 2%대 후반을 유지하고 있다는 것은 글로벌 투자자들에게는 매력적인 시장이라는 뜻이다. 즉 현재의 상황은 글로벌 금융 면에서 미국 국채 이율의 하락을 막아 수준을 유지하고 있다고 해석할 수 있다.

그런데 이처럼 현재 낮은 수준의 장기금리가 국제적인 투자 요인에 의해서만 유지되는 것이며, 이 부분이 크게 작용하고 있다면 2%대 후반의 장기금리 수준은 통제된 거짓이다. 따라서 본래의 좀더 높은 장기금리 수준을 넘어 금리 인상을 해도 어느 정도는 문제가 없을 것이다. 하지만 저금리의 근본적인 원인인 세계 경제의 저성장은 무역의 성장 둔화나 직접투자의 수익 저하 등을 통해 최종적으로는 미국 기업의 투자 행동과 경제성장 속도에 악역향으로 되돌아올 것이다. 즉 단기적으로는 장기금리가 필요 이상으로 내려가더라도 보다 장기적인 관점에서 미국의 경제성장 속도나 투자 수요가 장기금리의 수준을 결정한다고 봐야 한다.

이렇게 살펴봤을 때 무역 마찰의 불투명한 향방과 미국 경제의 장기적인 성장 속도 둔화로 인해 미국 국내에 실제로 수익이 창출될 만한 투자 안건이 생각보다 늘지 않는 것이고, 그 결과 이율은 적지만 좀 더 무난한 국채 투자로 자금이 돌고 있어서 지금의 미국 국채가 낮은 것일 수도 있다. 만약 이 요인이 크게 작용해 미국 국채 이율이 2%대 후반에 머문다면 장기금리가 나타내는 것처럼 이 이상의 큰 경제성장은 기대하기 어려워져 장기금리를 웃도는 지점까지 정책금리를 인상하는 것은 필요 이상으로 경기를 냉각시킬 위험성을 높인다. 이렇게 본다면 FRB의 정책금리가 장기금리 이상으로 오르는 것 역시 경계해야 하는 현상으로 보인다.

:: 복잡하게 얽혀 있는 금융정책 시나리오

이와 같은 일들을 두고 살펴봤을 때 향후 미국과 글로벌 경제에서 벌어질 수 있는 상황을 몇 가지로 정리해보면 다음과 같다.

첫째, 만약 트럼프 정권이 무역정책에 대한 강경한 자세를 서서히 완화시키거나 트럼프 대통령의 지도력이 본인과 관련된 요인으로 약화되는 일이 발생할 경우 FRB는 경기 상황을 보면서 (그들의 표현으로는 '향후 데이터'를 보면서), 담담하게 중립금리 수준으로 금리를 인상해갈 것이다. 그 사이 미국 경제는 당장은 호조를 보이며 중립금리는 2%대 후반에서 조금 더 오를 수도 있다. 그러나 이러한 금리 인상 과정에서 앞서 말한 금융정책의 누적 효과로 인해 경기가 약화되면 FRB는 데이터에 순순히 반응하여 그 속도를 늦출 수도 있다.

둘째, 반대로 미국 무역정책이 더욱 격렬해져 관세나 수량 할당 대상이 소비재까지 확대되거나 지금까지 존재하던 무역협정이 깨질 경우, 수입 비용의 상승으로 미국 내의 인플레이션 기대심리가 높아지고 FRB는 이에 따른 금리 인상을 가속화, 또는 장기화시킬 가능성이 있다. 장기금리 또한 인플레이션 기대가 높아진 만큼 일시적으로 상승할 것이라고 보인다. 이런 경우, 금리 인상, 혹은 금리 인상에 대한 기대감이 커진다면 금리가 높은 달러로의 자금 유입을 초래하기 때문에 달러 강세를 보이게 될 것이고, 이로 인해 어느 정도 물가 상승을 억제할 수 있을 것이다.

셋째, 금리 인상은 앞서 언급한 바와 같이 자동차를 비롯한 내구재 소비를 억제하기 때문에 최종적으로 미국 경제를 둔화시킬 가능성이 있다. 이 경우 미국의 장기금리가 서서히 하락할 것이므로 정책금리나 2년 만기 국채 이율은 10년 만기 국채 이율을 상회하여 역수익률이나 이에 가까운 수준으로 오를 수 있다. 이와 같은 반응은 향후 자동차나 자동차 부품의 수입에 관해 큰 폭의 관세가 부과되었을 경우에도 일어날 것이다.

넷째, 마찬가지로 미국의 무역정책이 더욱 격렬해질 경우, FRB는 물가 상승보다 기업의 투자 판단의 불확실성으로 인한 경기 둔화 상황을 크게 의식해 금리 인상을 중단하거나 그 속도를 늦출 것이다. 이는 지금까지의 금리 인상 속도에서 크게 후퇴하는 것을 의미하기 때문에, 환율의 방향은 완전히 바뀌어 달러는 약세로 돌아설 것이다. 주가도 미국 경기가 둔화될 조짐이 보이지 않는다면 다시 오름세가 될 가능성이 있다.

다만 이러한 환율의 움직임은 외환시장에서 결정되는 것이므로, 거기에는 복잡한 요소가 작용한다. 예를 들어 미국 달러의 강세는 최대 거래 상대인 유로화의 움직임에 의해서도 크게 좌우된다. 때문에 유럽중앙은행ECB, European Central Bank의 차기 총재가 누구인지, EU의 금융 정책 정상화 속도가 어떻게 되는지에 따라 달러 환율의 움직임이 달라질 것이다. 한편 유로화 추이보다 더 불확실한 외부 요인은 트럼프 대통령의 존재이다. 앞서 언급했듯이 트럼프 대통령은 2018년 7월 20일 자신의 트위터를 통해 중국과 EU는 저금리에 통화 약세 정책을 펼치고 있는데 미국만이 금리 인상을 계속하고 있으며, 이로 인해 달러 강세가 진행되고 있다며 다음과 같은 불만을 분명하게 표출했다. "중국, EU 및 기타 국가들은 자국 통화 및 금리를 낮추는 반면, 미국의 달러는 하루가 다르게 강세를 보이고 있어 경쟁력이 약화되고 있다. 이는 공정한 경쟁의 장을 무너뜨리고 있다.* 미국은 지금까지 잘해왔기 때문에 이런 불리한 상황에 처하지 않을 것이다. 긴축은 지금껏 해온 일들에 손해를 줄 것이다. 미국은 불법적인 환율 조작, 부당한 무역

협정을 바로잡을 것이다. 부채의 만기가 도래하고 있는데 정말로 금리를 올릴 것인가?"**

앞서 살펴본 로이터와의 인터뷰에서도 트럼프 대통령은 중국이나 EU가 환율 조작을 하고 있다고 비판하고 무역 전쟁에서 미국이 끝내 이길 때까지 FRB는 저금리정책에 협력해달라는 요지의 발언을 했다.*** 결국 그가 주장하는 바는 자신은 미국 경제를 다시 재건시키기 위해 형편없는 무역협정을 고치려고 고군분투하고 있으니 FRB는 이에 대해 발목을 잡지 말라는 뜻으로 보인다.

복잡한 문제는 또 있다. 2018년 8월 트럼프 대통령의 지명으로 제롬 파월Jerome Powell이 FRB 의장에 취임했다는 점이다. 만약 FRB의 금융완화적인 행동에 시장이 납득하지 못할 경우, FRB가 트럼프 정권에 대해 배려로 금리 인상 속도를 늦춘 것이 아닌가 하는 불필요한 소문이 퍼질 수도 있다. 이는 트럼프 정권이 금융정책의 독립성을 침해하고 금융정책에 개입했다는 해석이 될 것이며, 이런 소문이 확대되면 사실 여부와 상관없이 필요 이상으로 달러 약세가 진행될 위험성이 있다. 그렇게 되면 FRB는 스스로의 독립성을 과시하기 위해서라도

---

* Trump, Donald J. [realDonaldTrump], posted on Twitter, July 20, 2018. https://twitter.com/realdonaldtrump/status/1020290163933630464?s=11

** Trump, Donald J. [realDonaldTrump], posted on Twitter, July 20, 2018. https://twitter.com/realdonaldtrump/status/1020290163933630464?s=11

*** Mason, Jeff, Steve Holland, 'Exclusive: Trump demands Fed help on economy, complains about interest rate rises', August 21, 2018. https://www.reuters.com/article/us-usa-trump-fed-exclusive/exclusive-trump-demands-fed-help-on-economy-complains-about-interest-rate-rises-idUSKCN1L5207

금융정책을 완화할 수 없게 된다. 경우에 따라서는 미국 경제 전망이 다소 어두운 상황에서도 금리 인상을 고려해야 할지도 모른다. 하지만 이는 미국 경제를 필요 이상 둔화시켜버릴 수 있으며, 이것으로 트럼프 대통령의 불만을 사게 될 수도 있을 거라고 생각된다.

한편으로는 정말로 트럼프 정권의 의향을 배려해서 FRB가 금융정책의 방향성을 정해버리게 된다면 달러 약세와 인플레이션에 대한 기대가 높아질 것이다. 하지만 이를 금융정책으로 막으려면 역시 정책금리를 시장의 기대 이상으로 인상할 수밖에 없기 때문에 이들은 어느 쪽이든 정책금리나 2년 만기 국채 이율을 10년 만기 국채 이율을 웃도는 수준까지 올릴 필요가 있으며, 이렇게 될 경우 결국은 과도하게 미국 경제를 냉각시키게 될 것이다.

어느 쪽이 됐든 FRB 입장에서는 스스로의 정책 판단에 정치적 고려가 없다는 것을 명확하게 내보이는 것이 중요하다. 그러한 태도에 조금이라도 틈이 생기면 자율권을 빼앗기고, 이로 인해 과도하게 긴축적인 금융정책을 취할 수밖에 없어져 미국 경제를 필요 이상으로 냉각시키게 될 것이기 때문이다. 트럼프 정권 역시 필요 이상으로 FRB의 금융정책에 비판적인 태도를 나타낼 필요는 없을 것이다. 저금리의 달러 약세가 자국의 통상정책 측면에서 쉽게 전개될 수는 있으나, 그렇다고 해서 금융정책에 참견할수록 장기적 관점에서 볼 때 미국 경제를 얼어붙게 만들 수 있으며 이는 정권 기반을 흔드는 부메랑이 될 수 있기 때문이다.

이렇게 본다면 경제적인 이유로든 정치적인 이유로든 트럼프 정권이 무역정책에서 강경한 태도를 보이면 보일수록 정책금리는 본래 수준보다 높은 수준까지 인상되기 쉽고, 이로 인해 달러도 인상될 가능성이 높아질 것이다. 하지만 이는 무역 불균형의 시정을 호소하는 트럼프 정권의 의도와는 반대 방향으로 환율이 움직이게 되는 것이다. 트럼프 정권은 금융정책을 비판하지 않고 중국과 협조한 뒤 환율을 움직이는 방향으로 힘을 쏟는 편이 나을 것이다. 미국의 환율정책에 대한 권한은 재무부에 있다는 것을 잊어서는 안 되는 상황이란 뜻이다.

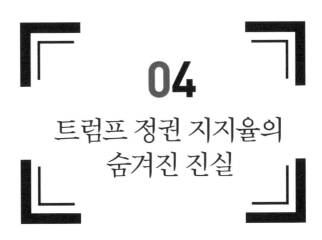

04
트럼프 정권 지지율의
숨겨진 진실

향후 경제를 전망하기 위해서는 미국의 정치 동향을 살펴봐야만 한다. 2018년 8월 기준, 당초 30%대까지 하락했던 트럼프 대통령의 지지율이 2018년에 들어서며 조금이나마 반등한 상황에서, 2018년 11월 6일에 치러진 미국 중간선거의 결과에 주목하고 있다.

[도표 1-14]은 트럼프 정권 출범 이후 대통령 지지율 추이를 나타낸다. 매우 흥미로운 점은 트럼프 대통령 지지율 등락과 정권 운영상 고비가 이상할 정도로 겹친다는 것이다. 우선 정권이 출범한 직후부터 2017년 8월까지([도표 1-14]의 ①)는 지지율이 계속 떨어지기만 했다. 이 당시 트럼프 정권은 렉스 틸러슨 국무부 장관을 비롯해 외교나 경제 모두 다른 나라와의 협조를 중시하는 인물들과 스티브 배넌 당

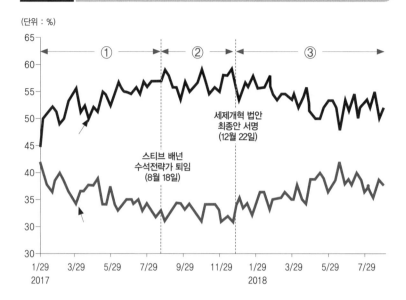

도표 1-14 트럼프 대통령 지지율 추이

(단위 : %)

스티브 배넌
수석전략가 퇴임
(8월 18일)

세제개혁 법안
최종안 서명
(12월 22일)

1/29
2017
3/29
5/29
7/29
9/29
11/29
1/29
2018
3/29
5/29
7/29

출처 : Gallup, 'Presidential Approval Ratings–Donald Trump'에서 공표한 데이터를 토대로 노무라종합연구소 작성.
http://www.gallup.com/poll/203198/presidential-approbal-ratings-donald-trump.aspx

시 수석전략가와 피터 나바로 백악관 국가무역위원회 위원장과 같이
내향적이고 보호주의적인 외교 자세와 경제 운영을 중시하는 인물들
이 정권의 주도권을 두고 대립하여 혼란이 두드러지던 시기였다. 이
로 인해 트럼프 대통령의 지지율도 계속 추락했다. 결국에는 같은 해
7월 31일에 국토안전보장 장관을 지냈던 군인 출신 존 켈리를 백악관
비서실장에 임명하며 백악관 내의 통솔력을 재정비하고, 8월 18일에
는 큰 혼란을 초래했던 스티브 배넌을 수석전략가에서 해임함으로써
혼란을 수습하려 했다.

그 후 트럼프 정권의 운영은 표면적으로는 차츰 안정감을 보여주기 시작한다. 한편으로는 정책에 있어 중국과도 협력 관계를 유지하는 등 트럼프가 대통령 선거에서 승리할 때까지 계속 주장해왔던 과격한 행동이 일단 자취를 감추었다.([도표 1-14]의 ②) 이 당시 트럼프 대통령에 대한 지지율 하락은 주로 공화당 지지자들에 의한 것이었다. 한편 [도표 1-15]는 지지 정당별로 본 트럼프 대통령의 지지율 추이이다. 이 데이터에 따르면 공화당 지지자들의 트럼프 대통령에 대한 지지율은 정권 출범 이후 한동안 80% 이상을 유지하였지만, 배넌 수석전략가 퇴임 이후에는 80%를 밑도는 경우도 많아졌다.

아마도 이때는 트럼프 정권의 운영상 국제 협력이나 시장주의적인 경제정책에 무게를 두는 온건한 성향의 국제파Globalist가 주도권을 잡고 있었던 것으로 짐작된다. 예를 들어 같은 해 12월에 세제 개혁을 통과시킨 게리 콘 당시 국가경제위원회 위원장은 2017년 8월 백인지상주의자들과 그 반대파가 버지니아 주 샬롯빌에서 충돌을 일으켰을 때, 트럼프 대통령이 차별주의자를 분명히 비판하지 않았던 것에 반발하여 위원장직을 사임하려 했던 인물이다.

한편 내향적이고 보호주의적인 외교 자세와 경제 운영을 중시하는 국민파Nationalist 성향의 사람들은 그다지 표면화되지 않았다. 하지만 트럼프 대통령은 2017년 8월 통상법 301조에 근거하여 중국이 미국의 지적재산권을 침해하고 있는지에 대해 조사하도록 미국 무역대표부USTR, Office of the United States Trade Representative에 지시하는 등 2018년 이후 통상정책을 강경한 자세로 바꾸기 위한 포석을 놓았다.

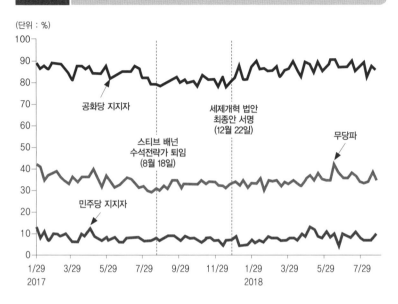

| 도표 1-15 | 지지 정당별 트럼프 대통령 지지율 추이 |

(단위 : %)

출처 : Gallup, 'Presidential Approval Ratings-Donald Trump'에서 공표한 데이터를 토대로 노무라종합연구소 작성.
http://www.gallup.com/poll/203198/presidential-approbal-ratings-donald-trump.aspx

이러한 흐름이 크게 바뀐 계기는 2017년 12월 통과된 세제 개혁이
다.([도표 1-14]의 ③) 그 내용 자체는 트럼프 대통령의 공약 전부가 달
성된 것이 아니었다. 법인세율 인하폭 등에서는 당초의 주장에서 후
퇴하기도 했고, 소득세 감세의 재원 확보를 위해 주택대출의 이자 공
제가 적용될 수 있는 대출 잔액의 상한을 내리는 등 실질적으로 증세
로 이어진 부분도 있었다. 그렇기는 하지만 트럼프 정권이 공화당 지
지자들을 위해 내세운 공약을 정책으로 실행에 옮기자 [도표 1-15]
에서 볼 수 있듯이 공화당 지지자를 중심으로 트럼프 대통령에 대한

지지율이 회복되기 시작했다.

이에 박차를 가한 것이 2018년 통상정책에서의 강경 자세와 핵미사일의 위험성을 낮추기 위한 북한 김정은 위원장과의 정상회담이다. 북한과의 정상회담은 표면적으로는 한반도의 비핵화 프로세스를 진전시켰다는 점에서 안전보장상 위험을 줄이는 행보로 보이지만 앞서 언급했듯이 이 회담의 실현은 중국과의 패권 다툼에서 압박을 가하기 위한 것으로 보인다. 즉 안전보장상의 위험을 줄였다고 볼 수는 없다는 뜻이다.

이러한 통상정책이나 중국과의 대립 강화는 트럼프 정권 내 국제파들의 활동을 저하시키는 방향으로 작용했다. 예를 들어 게리 콘Gary Cohn 전 백악관 국가경제위원장은, 2018년 3월 1일 안전보장상의 이유로 철강과 알루미늄 제품 등의 수입에 추가관세를 부과하는 방안이 발표되자 이에 반발하여 같은 달 6일 사임을 표명했다. 그 후임에는 트럼프 대통령의 경제 브레인 중 한 사람인 래리 커들로Larry Kudlow가 지명되었다. 이러한 움직임은 외교나 안전보장 부문 인사에서도 일어났다. 트럼프 대통령은 3월 13일 틸러슨 국무장관을 해임하고 그 후임으로 마이크 폼페이오Mike Pompeo CIA 국장을 지명했다. 또 3월 22일에는 허버트 맥마스터 국가안보 보좌관을 해임하고 후임으로 존 볼턴John Bolton 전 UN 대사를 임명했다. 폼페이오나 볼턴은 모두 외교정책에서는 강경파로 알려져 있는 인물이다.

결국 2017년 12월 이후 벌어진 일련의 사안들은 트럼프 대통령이 내세운 공약이나 의향, 즉 미국 제일주의를 가능한 한 충실히 실현하기 위해 실행된 원점으로의 회귀로 볼 수 있다. 이러한 태도 변화가 공화당 지지자들을 중심으로 트럼프 정권의 지지율을 끌어올린 원인이다.

:: 트럼프 정권은 왜 공약을 충실히 이행하려고 하는가

이와 같은 강경한 통상정책이나 법인세 및 소득세 감세 외에도 트럼프 정권은 대통령 선거 중 내세운 공약을 충실히 이행하려는 경향을 매우 강하게 보이고 있다. 예를 들면 TPP는 대통령 취임 첫날 영구 탈퇴 대통령령에 서명했으며, 주 이스라엘 미국 대사관의 예루살렘 이전도 여러 분야에서 반대에 부딪혔음에도 최종적으로는 2018년 5월 14일에 실현시켰다. 뿐만 아니라 한미 FTA의 재검토(2018년 3월에 합의)와 NAFTA의 재검토에도 착수했다.*

이러한 면은 자신의 공약 이행뿐 아니라 다른 측면에서도 강하게 나타난다. 그중 하나가 오바마 정권의 성과에 대한 부정이다. 트럼프 정권은 출범 초기부터 오바마 정권 때 비준된 의료보험제도 개혁, 이른바 오바마케어의 폐지를 위해 열심히 움직였고, 폐지되지는 않았지만 큰 폭의 변경을 가져왔다. TPP나 불법체류 청년추방유예DACA,

---

* 2018년 11월 30일 미국, 멕시코, 캐나다는 NAFTA를 대체하는 '미국 · 멕시코 · 캐나다합의U.S.-Mexico-Canada Agreement · USMCA'라는 명칭의 새 무역협정에 서명했다. 이로써 NAFTA는 24년 만에 끝이 났다.

Deferred Action for Childhood Arrivals*도 오바마 정권의 성과였지만, 전자인 TPP에서는 영구적으로 탈퇴했고, 2017년 9월에는 DACA의 폐지에 대한 의향을 표명하기도 했다.**

또한 2017년 6월에는 오바마 정권에서 채택하고 합의한 환경 보호의 국제적인 틀인 파리협정에서의 탈퇴하겠다고 밝혔다. 이듬해인 2018년 5월에는 이란과의 핵 합의에서도 탈퇴를 표명했다. 트럼프 대통령이 이런 행보를 보이는 이유는 무엇일까.

지금까지 트럼프가 보여준 언행으로 볼 때 이런 상황이 트럼프 개인의 성향에 의한 것이라고 보일 수도 있다. 하지만 그렇게 단정하기에는 어려운 면이 있다. [도표 1-16]은 역대 미국 대통령의 재임기간 중 평균 지지율을 표로 만든 것이다. 표 우측 끝부분의 평균 지지율과 지지율차를 살펴보자. 수치 부분(오른쪽 끝부터 좌측으로 4칸) 가장 왼쪽은 미국 전체의 대통령 지지율을 나타낸다. 그리고 가장 오른쪽 줄은 공화당원의 지지율과 민주당원의 지지율 중 큰 수치와 작은 수치 사이의 격차를 구한 것이다.

보통은 자신이 지지하는 정당에서 대통령이 배출된 경우 그 대통령을 지지하고, 반대하는 정당에서 대통령이 배출된 경우에는 좀처럼

---

* 16세 이전에 부모를 따라 미국에 불법 입국한 뒤 5년 이상 거주하고, 재학 중이거나 취업 중인 31세미만 청년의 강제 송환을 유예하는 제도. 2012년 버락 오바마 당시 미국 대통령이 내린 행정명령으로 불법체류자의 자녀라도 미국에서 아메리칸 드림을 꿈꿀 수 있다며 이 제도에 '드리머Dreamer' 프로그램이라는 이름을 붙이기도 했다
** 그 후 많은 반대에 부딪쳐 2018년에는 이민 제한 등의 조건을 추가함으로써 지지하는 방향으로 바꾸었다.

성명	재임기간	당파	재임중의 평균 지지율(%)			양당원의 지지율차 (절대치)
			전체	공화당원	민주당원	
드와이트 아이젠하워	1953년 1월-1961년 1월	공화	65	88	49	39
존 케네디	1961년 1월-1963년 11월	민주	70	49	84	35
린든 존슨	1963년 11월-1969년 1월	민주	55	40	70	30
리처드 닉슨	1969년 1월-1974년 8월	공화	49	75	34	41
제럴드 포드	1974년 8월-1977년 1월	공화	47	67	36	31
지미 카터	1977년 1월-1981년 1월	민주	46	31	57	26
로널드 레이건	1981년 1월-1989년 1월	공화	53	83	31	52
조지 부시	1989년 1월-1993년 1월	공화	61	82	44	38
빌 클린턴	1993년 1월-2001년 1월	민주	55	27	82	55
조지 부시 2세	2001년 1월-2009년 1월	공화	49	84	23	61
버락 오바마	2009년 1월-2017년 1월	민주	48	13	83	70
도널드 트럼프	2017년 1월-현재	공화	39	84	8	76

출처 : Gallup, 'Presidential Approval Ratings – Gallup Historical Statistics and Trends', 'Presidential Approval Ratings ; Donald Trump', Jones, Jeffery M, 'Obama approval ratings still historically polarized', Gallup, posted on February 6, 2015, and 'Obama Job Approval Ratings Most Politically Polarized by Far', Gallup posted on January 25, 2017의 데이터를 토대로 노무라종합연구소 작성.

지지하지 않는다. 이 때문에 [도표 1-16]의 가장 아래에 있는 트럼프 대통령 지지율 수치에서도 알 수 있듯이 정당에 따라 호불호가 확실히 나뉘는 대통령 지지율 경우에는 여·야당별 대통령 지지율 격차가 매우 크다.

주목할 것은 양당의 대통령 지지율 격차가 레이건 대통령 이후 커지고 있다는 점이다. 이는 대통령에 대한 지지가 정당에 따라 극단적으로 양분되는 경향이 트럼프 대통령 때부터 시작된 것이 아니라, 공화당 보수화 등의 큰 흐름 속에서 시간을 두고 일어났음을 시사한다. 다만 개성이 강한 트럼프 대통령이 취임하면서 정점에 이르렀을 가능성이 있다. 그런데 레이건 대통령 이후 정당별 대통령 지지율을 살펴보면 공화당 출신인 레이건 대통령, 두 명의 부시 대통령, 그리고 트럼프 대통령에 대한 공화당원 지지율이 82%에서 84%로 매우 높다. 마찬가지로 민주당 출신인 클린턴 대통령과 오바마 대통령에 대한 민주당원 지지율(82~83%)도 비슷하다. 크게 다른 점은 야당의 지지율이다. 특히 클린턴 정권 이후 야당의 지지율이 30%대를 깨고 서서히 하락해가는 경향에 있다. 그중에서도 트럼프 대통령의 야당, 즉 민주당 지지자들의 지지율은 8%로 매우 낮다. 전임인 오바마 대통령 역시 당시의 야당인 공화당 지지자들에게 얻은 지지율은 13%에 불과하다. 이전에는 미국의 정치나 국민의 의식 속에도 어느 정도의 중용과 타협의 여지가 있었지만, 지금은 반대 측 정당의 대통령은 단호히 반대한다는 의사표현으로 해석할 수 있다.

똑같은 현상을 다른 조사 결과를 통해서도 확인해볼 수 있다. [도표 1-17]은 미국의 조사기관인 퓨리서치센터Pew Research Center가 설문조사를 통해 미국 국민의 정치의식을 점수화하여 이를 정당 지지율(당원은 아니지만 정당을 지지하는 사람 포함)로 누적 집계한 것이다.*

---

* Pew Research Center, 'The Partisan Divide on Political Values Grows Even Wider', October 5, 2017. http://www.people-press.org/2017/10/05/the-partisan-divide-on-political-values-grows-even-wider/

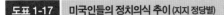

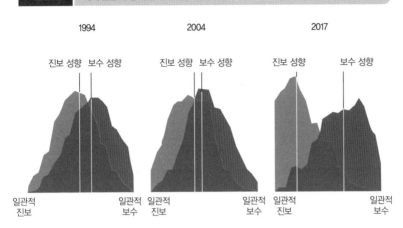

출처 : Pew Research Center, June 8~18, 2017 설문조사 결과.
주: 정치적 신념의 측정은 10개의 정치 가치에 관한 질문에 기초했다. 도표의 파란색 영역은 민주당 지지자와 성향을 가진 이들의 분포율이며, 회색 영역은 공화당 지지자와 성향을 가진 사람들의 분포율이며, 진한 파란색 영역은 두 가지 성향을 모두 가진 사람의 비율이다.

이 도표에서 알 수 있듯이 1994년과 2004년 민주당 지지자는 진보 성향(도표에서는 왼쪽에 가까움), 공화당 지지자는 보수 성향(도표에서는 오른쪽에 가까움)으로 산 형태의 분포를 만들고 있지만, 두 개의 산이 겹치는 부분도 적지 않아 양당 지지자들 간에 타협의 여지가 어느 정도는 있었다. 하지만 2017년 공화당 지지자와 민주당 지지자의 산은 양쪽으로 크게 나뉘어 양자 간 접점이 생겨날 여지가 적어진 것을 알 수 있다.

미국인들의 이 같은 정당 및 대통령 지지에 관한 의식 변화는 다음의 두 가지 점에서 중요한 의미를 갖는다.

첫째, 대통령에 관한 호불호가 이렇게 확실히 나뉘는 상황에서는 대통령이 아무리 노력해도 전체 지지율은 결코 높아지지 않는다는 점이다. 만약 미국인의 지지율이 공화당 지지자와 민주당 지지자로 정확히 나뉘어 전자의 대통령 지지율이 100%이고 후자의 대통령 지지율이 0%라면 전체 지지율은 50%밖에 되지 않는다. 이러한 상황에서 [도표 1-14]에 나와 있는 트럼프 대통령의 지지율이 50%를 넘을 가능성은 극히 적다. 따라서 전체 지지율은 각종 신문과 미디어가 트럼프 대통령에 대해 비판을 하는 데 사용될 수는 있겠지만 트럼프 정권의 진짜 상황을 파악하기에는 적합하지 않다.

둘째, 이렇게 호불호가 명확하게 나뉘었을 때 최고 권력자가 어떻게 행동할 것인가 하는 점이다. 예를 들어 유권자 의식이 [도표 1-17]의 1994년과 같은 상황에서는 민주당 지지자와 공화당 지지자의 정치의식이 겹치는 부분이 많기 때문에, 정치가는 가능한 한 많은 지지자를 모으기 위해 양 정당의 지지자가 모두 허용할 수 있는 입장(중도적)을 고려하여 정책을 입안할 것이다. 그런데 2017년의 상황처럼 양쪽 정당 지지자의 정치의식이 극명하게 다른 경우 양쪽 정당의 지지자가 모두 수용할 수 있는 중도적인 입장을 취하면 오히려 이도 저도 아닌 것으로 간주되어 많은 사람들의 지지를 얻기 힘들다. 그런 상황에서 정치가는 상대편 지지자의 지지를 얻기 위해 자신의 정책을 뒤집기보다는 스스로의 정치 기반을 보다 견고히 하여 자신의 지지자들에게 통할 수 있는 정책을 수행하는 편이 낫다고 생각할 수 있다. 예를 들어 트럼프 정권은 민주당과 마찬가지로 도로 등의 인프라 정비를 공약으로 내세우기는 했다. 하지만 큰 정부를 긍정하는 민주당은 예산의 확충을 통해 공약을 실현하려 한 것과 달리, 트럼프 정권은 환경 평가 등의 인허가 프로세스에 걸리는 시간을 2년 내로 조정할 것 등을 명기한 대통령령에 서명하여 쌓여 있는 안건의 실행을 촉구하는 방법을 택했다. 민주당과 공화당 사이에 진보와 보수로 양극화가 진행되어 정치적인 합의가 이루어질 여지가 적어졌기 때문에, 자신의 공약을 충실히 이행하면서 동시에 자신과 자신의 지지자들의 가치관으로는 도저히 용납할 수 없는 오바마 정권의 정책을 모조리 부정하는 트럼프 정권의 태도는 어떤 의미에서는 매우 합리적인 행동이라고 할 수 있다.

:: 국민 정치의식 양극화가 야기하는 정책 일관성 상실

이처럼 미국 국민의 정치의식이 분열된 상태로는 2020년 또는 2024년의 대통령 선거에서 민주당이 정권을 잡는다고 해도 여러 정책의 사상적인 입장이 중도적 입장으로 바뀌는 것이 아니라 한쪽으로 치우칠 가능성이 더 커질 것이다.

예를 들어 앞서 언급한 퓨리서치센터의 조사에 의하면([도표 1-18]), 민주당 지지자와 공화당 지지자의 세제에 대한 생각은 서로 완전히 반대이다. 공화당 지지자 중에서는 대기업이나 고소득자(연소득 25만 달러 이상)에게 부과하는 세율을 내려야 한다고 답한 사람들의 비율이 세율을 올려야 한다고 답한 사람들의 비율보다 10%p 정도 높았다.

　미국인의 지지 정당별 정책에 대한 의견

대기업에 부과하는 세율에 대한 의견

(단위 : %)

	내려야 한다	올려야 한다	현 상태 유지
공화당 지지자	41	32	23
민주당 지지자	11	69	19

고소득자에게 부과하는 세율에 대한 의견

(단위 : %)

	내려야 한다	올려야 한다	현 상태 유지
공화당 지지자	36	26	33
민주당 지지자	14	57	26

출처 : Pew Research Center, 'The Partisan Divide on Political Values Grows Even Wider', October 2017.

반면 민주당 지지자는 법인세율과 고소득자의 소득세율 모두 올려야 한다는 의견이 압도적으로 많았다. 트럼프 정권은 2017년 말 전체적으로 감세 방향으로 법인세와 소득세 개혁에 성공했다. 하지만 향후 민주당이 집권하게 된다면 재분배 기능 강화와 더불어 법인세 및 소득세 증세를 골자로 하는 세제 개혁이 가장 중요한 과제 중 하나가 될 것이다. 트럼프 대통령이 오바마 전 대통령의 정책을 계속 부정하는 것과 마찬가지로, 미래의 민주당 정권은 트럼프 대통령의 정책을 계속 뒤엎을 것이기 때문이다.

민주당 지지자와 공화당 지지자의 정치적 가치관 차이가 나타나는 분야는 세제만이 아니다. 규제나 정부 본연의 모습, 이민에 대한 개방 정도와 군사 문제 등 너무나 다양하고([도표 1-19]), 격차도 이전에 비해 훨씬 커졌다. 향후 민주당 정권이 탄생한다면 트럼프 정권이 추진하고 있는 규제 완화와 이민 제한 등을 민주당의 가치관에 따라 수정

(단위 : %, %p)

	공화당 지지자			민주당 지지자		
	1994년	2017년	변화폭	1994년	2017년	변화폭
정부의 비즈니스에 대한 규제는 공공의 이익을 지키기 위해서도 있는 편이 좋다	33	31	-2	49	66	+17
정부는 대체로 불필요하며 비효율적이다	74	69	-5	59	45	-14
환경에 관한 법률이나 규제의 강화는 고용이나 경제에 부담이 된다	39	58	+19	29	20	-9
현재의 정부는 더 이상 가난한 사람들을 지원할 여유가 없다	58	69	+11	37	24	-13
대다수의 기업은 공정하고 적절한 금액의 이익을 얻는다	54	52	-2	35	24	-11
이민자는 근면함과 높은 능력을 바탕으로 국가에 공헌한다	30	42	+12	32	84	+52
군을 통한 힘의 과시가 평화 유지에는 가장 적절한 방법이다	44	53	+9	28	13	-15

출처 : Pew Research Center, 'The Partisan Divide on Political Values Grows Even Wider', October 2017.

할 것이 자명하다.

단, 향후 민주당이 집권한다고 해도 크게 달라지지 않을 부문이 몇 가지 있다. 그중 하나는 중국에 대한 인식이다. 앞에서도 언급했듯이 오바마 정권에서 국무차관보를 지낸 커트 캠벨과 바이든 전 부통령의 안전보장 문제 담당 부보좌관을 지낸 엘리 래트너는 공동 논문에서, 중국이 머지않아 미국에 바람직한 방향으로 변할 것이라는 기대에 기반한 정책으로는 결코 중국을 바꿀 수 없을 것이라고 일갈했다. 이는 중국이 독자적인 가치관에 따라 새로운 세계 질서를 구성하는 방향으로 움직이기 시작한 것에 대해 강력한 경계심을 드러낸 것이다. 이런 인식은 현재 트럼프 정권이 가지고 있는 중국에 대한 인식과 일맥상통한다. 다만 현재의 트럼프 정권은 역대 정권에 비해 인권의식을 중시하지 않는 편인데 반해 민주당 지지자들의 의식은 보다 진보적인 편으로 인권 문제를 강하게 의식하고 있어 미국과 중국의 대립은 더욱 복잡해질 가능성이 있다.

무역 문제에 대해서도 민주당의 지지 기반 중 하나인 노동조합은 자국 노동자의 보호로 이어지는 무역협정의 재검토 등을 주장하고 있는데 이 역시 근간은 트럼프 정권과 크게 다르지 않다. 실제로 2016년 대통령 선거에서 젊은 층의 지지를 받아 민주당 태풍의 눈이 된 버니 샌더스는 TPP에 반대하였으며, 민주당 대통령 후보가 된 힐러리 클린턴 역시 이런 분위기 때문에 자신이 오바마 정권의 국무부장관으로 근무했을 때 추진했던 TPP에 대해 반대 의견을 표명할 수밖에 없었다. 버니 샌더스가 주장하는 이 같은 사회민주주의적인 논조는 민주당 내에서도 젊은 층을 중심으로 확산되고 있다. 예를 들어 2018년 6월 26일 뉴욕 주에서 치러진 민주당 하원의원 예비선거에서 버니 샌더스와 같은 주장을 하는 알렉산드리아 오카시오 코르테즈가 10선의 민주당 거물급 정치인 조셉 크롤리 의원을 꺾는 파란을 일으켰다.

같은 해 8월 25일에 열린 민주당의 전국 대회에서는 민주당의 대통령 후보를 정할 때 각 지역의 예비선거 결과에 영향을 받지 않고 자유롭게 투표할 수 있는 권한을 가지는 슈퍼대의원superdelegates의 영향력을 없애도록 개정되었다.*

슈퍼대의원은 민주당의 연방의회 의원과 주지사 중에서 선출되며, 대통령 후보를 결정하는 투표에서 15% 정도의 영향력을 행사하고 있었다. 그런데 이번 개정을 통해 대통령 후보를 정하는 첫 투표에서는 슈퍼대의원이 투표할 수 없으며 각 지역의 예비선거 결과가 반영되도록 바꾸었다.

2016년 민주당에서 힐러리 클린턴이 대통령 후보로 결정되었을 때에는 대부분의 슈퍼대의원이 힐러리 클린턴을 지지했으며, 이것이 그가 대통령 후보로 선출된 요인 중 하나였다. 이러한 민주당의 내부적 변화는 2018년 11월 6일에 치러진 미국 중간선거에서 민주당 내의 판도를 크게 바꾸어, 2020년에는 보다 진보적인 주장을 전면에 내세우는 대통령 후보를 내세울 가능이 높아지고 있다.

:: 정권이 바뀌어도 트럼프 무역정책은 지속될 수 있다

그런데 일부에서는 2020년 대통령 선거에서 트럼프 대통령이 재선에 실패한다면 미국의 통상정책은 보호주의에서 자유무역을 중시하는 이전의 자세로 돌아갈 것이라는 낙관론이 나오고 있다. 지금의 폭풍우는 어디까지나 일시적인 것으로(그렇다 해도 앞으로 아무리 짧아도 2년

---

* Shaw, Adam, 'DNC votes to limit influence of superdelegates in presidential nominating process', FOX News, August 26, 2018.

은 걸리겠지만), 가만히 참고 견디면 조만간 수습될 것이라는 견해이다. 일본의 아베 정권은 TPP 등 지금까지의 다국 간 자유무역 체제를 유지 및 발전시켜간다면 언젠가 미국이 돌아올 것이라고 기대하고 있는 듯하다.

2018년 11월 6일에 치러진 미국 중간선거에서 야당인 민주당이 특히 하원에서 압도적인 승리를 거두었다. 이와 함께 [도표 1-14]에서도 볼 수 있듯이 트럼프 대통령의 지지율이 낮기 때문이기도 하고, 새로운 대통령이 선출되고 2년 후 치러지는 중간선거에서는 현직 대통령에 대한 불만으로 여당 측이 불리해지기 쉽다는 징크스도 이러한 견해를 뒷받침하고 있다.

한편 공화당은 오랜 세월에 걸쳐 자신의 당에 유리하도록 선거구를 할당해왔으며(게리맨더링), 그것은 민주당에 불리하게 작용해왔다. 또한 [도표 1-16]에서 볼 수 있듯이, 공화당 지지자들의 트럼프 대통령에 대한 지지율은 역대 공화당 출신 대통령과 비교해도 낮지 않다. 즉 공화당 지지자들이 트럼프 대통령을 싫어하는 것이 아니라는 점에 주의해야 한다는 뜻이다.

한편 민주당이 중간선거 이후 주도권을 잡았지만 무역정책이 쉽게 바뀔 수는 없을 것이다. 주지하듯 2018년 중간선거 결과로 의회의 주도권이 공화당에서 민주당으로 옮겨갔기 때문에 향후 연방의회에서는 트럼프 대통령이 원하는 대로 예산안이 통과되기 어려워질 것이다. 수정된 무역협정 또한 승인이 지연되는 등 미국의 정책 결정 프로세스 운영은 지금까지보다 더 어려워질 것이다. 민주당이 하원의 주도권을 잡은 현 상황에서 트럼프 개인에 대한 의혹이 제기되는 일 등을 계기로 트럼프 대통령의 탄핵 문제가 부상될 가능성도 적지 않아 보인다. 실제로 하원 의장으로 선출된 낸시 펠로시는 〈뉴욕타임스〉와의 인터뷰에서 그 가능성을 열어두었다.

그럼에도 민주당 내에서는 트럼프 대통령의 무역정책을 긍정하는 분위기도 있다. 지금까지의 대 중국 정책의 태도가 잘못되었다는 인식이 확산되고 있다는 것도 간과할 수 없는 조건 중 하나이다. 트럼프 대통령과는 무역정책의 수단과 교섭 전술 등에서 격렬하게 대립하고 있지만, 보호주의적이고 중국에 대해 강경한, 대략적인 방향성은 크게 변하지 않을 것이기 때문이다.

때문에 트럼프 정권이 사라지면 중국을 적대시하는 정책이나 보호주의적인 무역정책이 끝날 것이라는 생각은 경솔한 판단이다. 결국 트럼프 대통령이 퇴임할 때까지 어떻게 해서든 버티겠다는 '마감시한 전략'은 적어도 통상정책에서는 통용되지 않는다고 보아야 할 것이다.

2장

선진국 경제는
성장 기조를 유지할 것인가

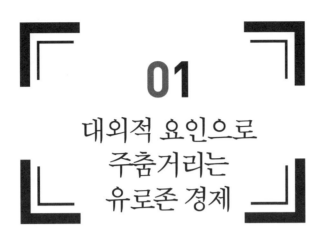

01

대외적 요인으로
주춤거리는
유로존 경제

2018년 전반기 유로존의 경제는 성장률이 높았던 2017년에 비해 둔화되고 있기는 하지만, 완만한 회복 및 확대 기조는 무너지지 않았다. 2018년 2분기 실질GDP(계절조정치)는 전기 대비 연율 +1.5%였다. 유로존의 실질GDP는 2013년 2분기부터 플러스 성장을 계속하고 있는데, 2016년 1분기부터 1년간을 제외하면 대체로 연율 환산 플러스 1.5% 전후의 성장 속도를 보이고 있다.([도표 2-1]) 이러한 움직임에 맞추어 실업률도 회복되고 있어 2018년 7월 수치는 8.2%(계절조정치)로 리먼사태 직후 수준까지 회복하고 있다.

또한 유럽위원회가 EU 28개국을 대상으로 정기적으로 조사하고 있는 유로바로미터Eurobarometer에 따르면, 자국의 경제 상황이 '좋다'

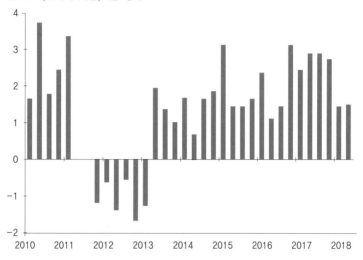

(단위 : %, 전기 대비 연율, 계절조정치)

출처: EU 통계청 데이터를 토대로 노무라종합연구소 작성.

고 답한 사람의 비율(EU 28개국 대상)은 2018년 3월 시점에 48.9%로, '나쁘다'고 답한 47.7%보다 많았다. '좋다'는 답이 '나쁘다'는 답보다 많았던 것은 2007년 4월 이후 처음 있는 일이다. 이러한 현상 또한 유로존의 전체적인 경제가 리먼사태와 유로화 위기에서 비롯된 침체에서 벗어나고 있음을 나타내고 있다. 2017년에 비하면 2018년 전반의 경제성장 속도가 느려진 것처럼 보일 수 있으나, 보다 장기적인 관점에서 보면 경제성장 기조가 무너지지 않았다는 뜻으로도 해석할 수 있다.

하지만 향후 유로존의 경제를 전망해보기 위해 2018년에는 왜 성장이 둔화되었는지 확인할 필요가 있다. [도표 2-2]와 [도표 2-3]에

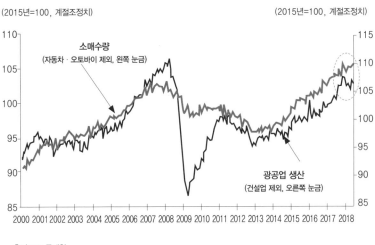

(2015년=100, 계절조정치)   (2015년=100, 계절조정치)

소매수량
(자동차·오토바이 제외, 왼쪽 눈금)

광공업 생산
(건설업 제외, 오른쪽 눈금)

110
105
100
95
90
85

115
110
105
100
95
90
85

2000 2001 2002 2003 2004 2005 2006 2007 2008 2009 2010 2011 2012 2013 2014 2015 2016 2017 2018

출처 : EU 통계청

나와 있는 유로존의 광공업 생산(건설업 제외)과 소비량(자동차·오토바이 제외), 수출수량의 움직임을 비교해보자. 먼저 광공업 생산량은 유로존 제조업의 공급 측 움직임을 나타내는 통계이며, 소매수량(소매판매고)과 수출수량은 수요를 나타내는 통계이다. 또 소매수량은 유로존의 내수를 대표하는 소비의 움직임을, 수출수량은 유로존 외의 외수의 움직임을 추이한다.

우선 광공업 생산과 소매수량의 수치를 비교해보면 유로화 위기로 유로존 경제가 가장 어려웠던 2011년부터 2014년까지 소매수량의 하락과 광공업 생산의 하락 시점이 일치한다는 것을 알 수 있다. 반면 수출수량은 동일 기간 중 완만하게 성장했다. 이러한 차이는 당시 광

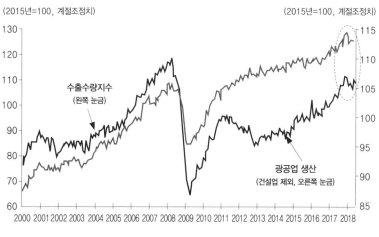

도표 2-3 유로존의 광공업 생산량과 수출수량 추이

(2015년=100, 계절조정치)   (2015년=100, 계절조정치)

수출수량지수
(왼쪽 눈금)

광공업 생산
(건설업 제외, 오른쪽 눈금)

출처 : EU 통계청, ECB

공업 생산 하락이 내수 침체로 인해 일어났다는 것을 말해준다.

　그러나 2017년 후반부터 2018년까지의 기간에는 2010년대 전반과 다른 움직임을 보인다. [도표 2-2]와 [도표 2-3]에서 살펴볼 수 있듯이 순조롭게 성장해오던 광공업 생산은 2017년 말부터 보합 상태로 진입했다. 같은 시기 소매수량은 계속 늘어난 반면, 수출수량은 광공업 생산과 같은 시점에 성장을 멈춘 것을 확인할 수 있다. 그렇다면 2017년 말 이후 생산의 증가가 부진한 것은 해외 소비량이 기점이 되었을 가능성이 높다. 이는 유로존 외의 경제나 환율 같은 외부 요인으로 눈을 돌릴 필요가 있다는 것을 의미한다.

:: 유로존 경제의 향방을 좌우할 환율정책

국제적으로 이동하는 자본의 흐름에는 실제 물건이나 서비스의 매매(무역·서비스지수)를 통해 일어나는 자본의 흐름과, 국내와 해외의 금리 차이나 정치의 안정성과 같은 투자 환경에 의해 정해지는 투자 자금의 움직임이 있으며, 환율은 이 두 가지의 균형으로 정해진다.

유로화와 미국 달러의 움직임을 되짚어보면 [도표 2-4]에 나타나듯이 2017년에는 달러 약세 및 유로화 강세가 진행되었다. 일반적으로 통화가치의 상승은 그 국가 및 지역의 상대적 수출 경쟁력을 떨어뜨리는 방향으로 작용한다.

유로존에서는 2012년부터 경상수지 흑자가 이어지고 있어 재화나 서비스의 움직임으로 본다면 장기적으로 유로화 강세가 이어질 것으로 예측되었다. 하지만 그리스를 비롯한 유로존 각국의 재정 및 금융 시스템이 불안정해지고 유로화의 미래가 불안해지면서 자금 투자 측면에서 약세로 돌아설 만한 상황이 펼쳐졌다. 그러나 2012년 7월 마리오 드라기 ECB 총재가 "유로화를 구하기 위해서는 무엇이든 한다 whatever it takes"며 강한 결의를 나타내자 시장의 불안감이 차츰 해소되면서 유로화 약세는 일단 해소되었다. 유로화는 2014년 후반에 다시 대폭적인 약세로 돌아섰는데, 유로존의 경제 침체로 ECB가 2014년 6월 정책금리를 마이너스까지 인하한데다, 그해 여름부터 유가가 하락하며 물가가 인하될 경우 ECB가 디플레이션을 막기 위해 양적완화를 시작할지도 모른다는 예측이 시장으로 확산된 것이 원인이었다.

도표 2-4 유로화와 달러화의 명목실효 환율 추이

(2010년=100)

(1유로=달러)

유로화/미국 달러
(오른쪽 눈금, 역눈금)

달러 강세
유로화 약세

같은 방향

미국과 유로존의
금융정책

반대 방향

속도 차가
확대

미국 달러 명목실효환율
(왼쪽 눈금)

출처 : BIS, FRB의 데이터를 토대로 노무라종합연구소 작성.

실제로 2014년에 유로존의 대표적 장기금리인 독일의 10년 만기 국채 이율이 큰 폭으로 하락했다.

미국 달러화의 강세가 큰 폭으로 진행된 것은 2014년 당시 미국의 금융정책이 정상화되기 시작한 것이 원인이었다. 2013년 5월 당시 벤 버냉키 FRB 의장은 양적완화를 위해 구입하는 채권의 액수를 줄이겠다는 계획을 시사하고, 같은 해 12월부터 실제로 구입액을 줄이기 시작했다. 즉 FRB가 채권시장에서 채권을 사서 그 대가로 금융기관 등에게 달러를 건네는 금융완화의 정도를 단계적으로 축소시키겠

도표 2-5 독일 및 미국의 10년 만기 국채 이율 추이

(단위 : %)

미국

긴축 발작
(2013년 5월~) → 테이퍼링
(2013년 5월~) → 금리 인상
(2015년 12월~)

세제 개혁 법안 통과
(2017년 12월~)

미국 10년 만기
국채

트럼프 당선
(2006년 11월~)

유로존 경제
감속 우려

독일 10년 국채

유로존

마이너스 금리
(2014년 6월~)

양적완화 개시 예측

마이너스 금리폭 확대

양적완화 규모 축소
(2016년 12월)

출처 : 〈월 스트리트 저널〉, 〈파이낸셜 타임스〉의 데이터를 토대로 노무라종합연구소 작성.

다는 것이었다(때문에 '금융정책의 정상화'라 말하고 있다). 사실 이것은 엄밀히 말해 금융정책의 긴축인 셈이다.

즉, 당시 유로존과 미국의 금융정책은 완전히 반대 방향으로 진행되고 있었다. 그 차이는 유로화를 낮추고 미국 달러가 상승하게 만들었다. 더구나 당시 긴축 방향으로 금융정책을 움직이고 있었던 것은 미국뿐이었기 때문에*, 유로화 약세와 달러 강세의 폭이 더 커졌고 그만큼 미국 달러의 실효환율(달러의 절대적인 수준)도 크게 상승했다. 이러한 달러 강세는 신흥국의 통화 약세 및 위안화 상승까지 일으켜

2015년 8월 중국 정부가 위안화를 절하하는 원인이 되었다.

2017년에는 그와 반대로 달러 약세, 유로화 강세가 진행되었는데, 이 역시 미국의 정책과 유로존의 금융정책 방향이 달랐던 것이 원인으로 작용했다. 미국의 변화 중 가장 주요한 것은 트럼프 대통령의 당선이었다. 2016년 11월, 예상을 뒤엎고 대통령에 당선된 트럼프는 자신의 지론으로 인프라 투자와 감세에 대해 말했고, 시장에서는 재정지출이 확대될 것으로 인식하여 장기금리가 대폭 상승했다. 장기금리의 상승이 시사하는 경제성장과 인프라 투자에 대한 기대감 상승은 금융정책을 담당하는 FRB에게는 금리 인상을 할 환경이 조성되었다는 것을 의미했다. [도표 2-4]를 보면 2016년 말에 일시적으로 급속하게 달러 강세와 유로화 약세가 진행되었는데, 이 역시 이런 요인이 작용한 것이다.

2017년 미국은 세 차례에 걸쳐 금리를 인상했고, 양적완화 정책 시행으로 매입한 채권 보유액을 단계적으로 줄여나가는 등 빠른 속도로 금융정책의 정상화를 위해 노력했다. 하지만 양적완화의 해제에 대해서는 옐런 FRB 의장이 오래 전부터 예고해왔기에 시장에서 느끼는 당혹감은 거의 없었다. 게다가 저금리정책을 선호하던 트럼프가 대통령에 당선된 후에는 스스로의 존재를 과시하기 위해 2016년 중에 오히려 금리 인상이 용이한 환경을 만들어버린 것이 효과가 있었다.

---

* 당시 신흥국도 금융정책을 긴축 방향으로 움직이고 있었지만 이는 자국에서 미국으로 자금이 유출되어 가는 상황에서 자국의 통화가치를 유지하기 위해서 경제의 둔화(감속)를 각오하고 수동적으로 금리를 인상한 것이 원인으로 작용했다.

사실 트럼프 대통령은 전부터 무역 불균형의 시정을 주장해왔으며, 2017년 4월에 이뤄진 〈월 스트리트 저널〉과의 인터뷰에서 "달러가 지나치게 올라 있다"*고 말하는 등 달러 강세에 대한 우려를 수차례 표명했다. 금리 인상이나 달러 강세로 진행될 만한 환경을 스스로 만들어내고는, 대통령이 특별한 고려도 없이 그런 상황이 마음에 들지 않는다고 가볍게 내뱉는 것은 매우 트럼프 대통령다운 방식이다. 어쨌든 대폭적인 무역적자를 떠안은 미국의 통화인 달러에 하락 압력이 가해지는 것은 자연스러운 일이기 때문에 달러 하락 압력이 가해질 것이다.

한편 2016년 마이너스금리 폭을 확대시키는 등 금융완화를 계속 이어가던 유로존은, 2016년 12월부터 정책 방향이 완전히 바뀌었다. 양적완화의 규모를 축소하기 시작하면서 서서히 금융정책 정상화로 돌아서기 시작한 것이다. 이는 유로존 금융정책이 긴축 방향으로 돌아서면서 정책 방향이 미국과 같은 방향으로 향했다는 뜻이다. 이는 유로존의 금융정책이 지속적인 양적완화를 지향할 것이라고 생각했던 사람들의 행동을 180도 바꾸는 계기가 되었으며, 그만큼 유로화가 강세로 돌아설 가능성도 높아졌던 것이다.

결과적으로 유로존의 경제는 2018년에 들어서며 상승 기조가 계속

---

* Baker, Gerard, Carol E. Lee and Michael C. Bender, "Trump Says Dollar 'Getting Too Strong,' Won't Label China a Currency Manipulator", 〈Wall Street Journal〉, on April 12, 2017. https://www.wsj.com/articles/trump-says-dollar-getting-too-strong-wont-label-china-currency-manipulator-1492024312

이어졌지만, 스스로 초래한 유로화 강세의 효과로 감속을 의식하게 되었다. 그 와중에 이탈리아에서는 선거가 치러져 포퓰리즘적 언행으로 알려진 정당 '오성운동'과 반이민정책을 내세우는 정당 '동맹'의 연립정권이 수립되었다. 그로 인해 이탈리아의 장기금리가 일시적으로 크게 상승하며 유로존에 대한 비관적인 견해가 확대되는 결과를 낳았다. 더욱이 2018년 6월, 드라기 ECB 총재가 양적완화 정책을 2018년 말에 종료하겠다고 발표하면서, 동시에 드라기 총재의 임기가 끝나는 2019년 여름까지는 현재의 정책금리를 유지한다는 선제 전망(포워드 가이던스)까지 발표하며 금융정책 정상화 속도를 늦추고 있다.

반면 2018년 미국은 앞서 살펴본 것처럼 경제의 순조로운 성장이 계속 이어져 금리 인상을 어느 정도의 속도로 어느 선까지 시행할지에 대한 논의가 진행되고 있다. 특히 2018년에 들어 트럼프 정권이 중국에 대한 무역 분쟁을 일으키기 시작하면서 달러 강세가 진행될 확률이 높아진 것 역시 영향을 미치고 있다.

이처럼 유로존은 금융정책을 정상화시키기 위한 발걸음을 보다 천천히 옮기는 데 비해 미국에서는 마치 달러 상승을 목표로 전력질주하는 것 같은 기세였기 때문에 금융정책이나 환율정책의 방향이 상호 달라졌고, 이에 다시금 유로화 약세와 달러 강세의 흐름이 형성되었다. 결국 미국과 유로존의 금융정책과 통상정책의 방향성 차이가 외환이라는 변수를 통해 유로존의 수출 경쟁력을 변화시켜 앞으로의 유로존 경제성장의 속도를 좌우할 것임을 암시하고 있다.

[도표 2-2]에 나타난 소매수량의 움직임에서도 알 수 있듯이 유로

존의 내수는 차분하게 증가해가고 있다. 따라서 유로존 경제성장의 기복은 수출의 성장 정도, 즉 환율 동향이 상당한 부분을 결정하고 있는 상태이다. 결국 현재의 유로화 약세는 2019년을 지나며 유로존의 수출 경쟁력을 높이는 방향으로 작용하여 유로존 경제를 뒷받침하게 될 것이다.

이처럼 미국 달러의 역학 관계뿐 아니라 유로존의 금융정책에 따라서도 달러의 환율 방향이 좌우될 수 있다면, 신흥국의 통화 불안감 상승 문제 역시 미국뿐만 아니라 유럽에도 원인이 있다고 볼 수 있다. 지금까지 살펴본 것처럼 신흥국의 통화 약세를 일으킨 2014년 후반이나 2018년의 달러 강세, 그리고 2017년 세계적인 경기 확대의 원인 중 한 가지로 작용한 달러 약세에 따른 국제 금융의 완화는 미국 달러에 대응하는 유로화의 움직임과 밀접하게 관련되어 있기 때문이다. 따라서 세계의 주요 통화인 달러화나 유로화를 다루는 금융정책과 환율정책 담당자는 그 변화의 세계적인 파급 효과를 충분히 고려하고, 자국 및 지역의 사정뿐만 아니라 국제적인 금융 환경까지 충분히 감안하여 정책을 검토해야 할 것이다.

:: 유로존 경제의 최대 변수, ECB 차기 총재

그런데 유로존 전체의 경제를 보면 확실히 회복 및 성장의 방향으로 가고 있다고 보여진다. 하지만 유로존 회원국 각각은 여전히 매우

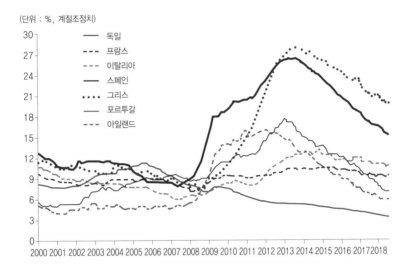

(단위 : %, 계절조정치)

출처 : EU 통계청

큰 차이를 보이고 있다. [도표 2-6]은 독일, 프랑스, 이탈리아, 스페인, 그리스, 포르투갈 그리고 아일랜드의 실업률 추이를 나타낸다. 이를 살펴보면 금융기관 외에는 리먼사태나 유로화 위기의 영향을 그다지 받지 않은 독일은 고령화로 인한 일손 부족 때문에 실업률이 꾸준히 개선되어 2018년 8월 기준 3%대에 이르렀다. 독일 국민도 좋은 경기를 실감하고 있어서, 유로바로미터의 조사에서도 경기가 좋다고 답한 비율이 89.5%에 달했다. ([도표 2-7])

실업률이 큰 폭으로 개선되어 리먼사태 이전 수준에 가까워지고 있는 포르투갈과 아일랜드에서도 최근의 경기가 나아졌다고 느끼는 사

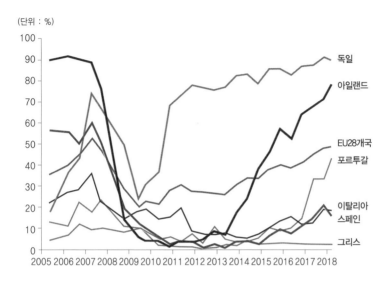

(단위 : %)

출처 : EU, 유로바로미터

람의 비율이 높아졌다. 경기가 '좋아졌다고 느낀다'고 답한 포르투갈 국민은 43.2%, 아일랜드 국민은 78.6%에 이르는 수준이다. 하지만 그리스나 스페인은 경기 회복을 느끼는 국민들의 수가 많지 않다. 실업률이 지속적으로 회복되고는 있지만 여전히 리먼사태 이전에 비해서는 높기 때문이다. 유로바로미터 조사에서도 스페인 국민은 겨우 15.8%만이 '경기가 좋다'고 답했으며 그리스에서는 그 비율이 2.3%밖에 되지 않았다. 실업률 회복세가 거의 나타나지 않고 있는 이탈리아에서도 '경기가 좋다'고 답한 비율은 전체의 18.4%에 불과했다.

이처럼 유로존 전체적으로는 경제가 꾸준히 회복되고 있는 것처럼 보이지만 각국의 상황을 들여다보면 독일과 같이 경제 상황이 매우 좋은 국가와 그리스나 스페인, 이탈리아와 같이 아직 경제가 회복되지 않은 나라의 경제 상황이 뒤엉켜 있다. 때문에 유로존은 다른 선진국들보다 금융정책의 방향성을 정하기가 매우 어렵다. ECB는 2%대의 물가상승률을 전제로 두고 정책을 운영하고 있는데, 이때 변동이 심한 에너지, 식료품 가격을 포함한 소비자물가 전체의 변화를 기준으로 하고 있기 때문에, 2014년 후반처럼 원유 가격이 큰 폭으로 떨어졌을 때에는 기준물가 상승이 급격하게 둔화되었다. 즉 유로존은 외부적 요인으로도 경제가 크게 휘둘릴 수 있기 때문에 금융정책의 일관성을 유지하는 것 또한 어려운 면이 있다.

더불어 유로존의 경제성장 속도(달러화 추세까지)를 좌우하는 유로화의 환율 또한 ECB의 금융정책에 영향을 많이 받는다는 점까지 감안한다면 2019년 10월 말 임기가 끝나는 드라기 ECB 총재의 후임이 누구인지가 2019년 이후의 유로존 경제를 점치는 데 매우 중요한 변수가 될 것으로 보인다.

맨처음 차기 ECB 총재로 거론되었던 인물은 독일의 중앙은행 도이치분데스방크Deutsche Bundesbank의 총재 옌스 바이트만Jens Weidmann이었다. 1998년 6월 유로화 탄생과 함께 ECB가 발족한 지 20년이 흐르는 동안 독일은 한 번도 ECB 총재를 배출하지 못했고,* 이 때문에 차

---

* 초대 총재인 빔 두이젠베르크는 네덜란드, 2대 총리인 장 끌로드 트리셰는 프랑스 출신이며 현재의 마리오 드라기 총재는 이탈리아 출신이다.

기 ECB 총재로 바이트만 총재가 취임하리라는 관측에 힘이 실렸다. 바이트만 총재는 금융정책에 대해 강경 노선을 펼치는 인물로 알려져 있다. 때문에 그가 차기 ECB 총재로 취임한다면 금융정책 정상화 속도는 빨라질 것이고, 이는 유로화 상승으로 이어져 앞으로의 유로존 경제성장의 걸림돌이 될 수도 있다.

그럼에도 바이트만 총재가 금융정책에 대해 강경한 태도를 취하는 데에는 충분한 근거가 있다. 기본적으로 도이치분데스방크는 과거 세계대전 후에 겪은 하이퍼 인플레이션hyper inflation*의 경험 때문에 금융정책에 대해 보수적인 성향을 가지고 있다. 하지만 이보다는 [도표 2-6]에서 보이는 것처럼 독일의 현재 경제가 매우 견실한 상승 상태이며, 최근 몇 년간 부동산 가격이 폭등하고 있다는 점이 금융정책을 더 보수적으로 만드는 요인으로 작용하고 있는 것으로 판단된다.

예를 들어 독일 펀드브리프은행협회의 조사 결과**에 따르면 독일 전체의 2018년 2분기 부동산 가격(주택, 상업용 부동산)은 전년 동기 대비 8.3% 상승했다. 그중에서도 베를린, 함부르크, 프랑크푸르트 등 주요 도시의 부동산 가격 상승 속도가 상당히 가팔랐다. 이 조사에 따르면 주요 7개 도시***의 주택 가격은 전년 동기 대비 10.7%나 상승하

---

* 초超인플레이션이라고도 하며, 통제 상황을 벗어나 연간 수백 퍼센트 이상으로 물가상승이 일어나는 경우를 말한다. 통상적으로 정부나 중앙은행이 과도하게 통화량을 증대시킬 경우에 발생하는데, 하이퍼인플레이션이 발생하면 물가상승으로 인한 거래비용의 급격한 증가를 불러와 실물경제에 타격을 미치게 된다.
** https://www.pfandbrief.de/site/en/vdp/statistics/statistics_overview.html
*** 베를린, 함부르크, 프랑크푸르트, 뮌헨, 슈투트가르트, 뒤셀도르프, 쾰른

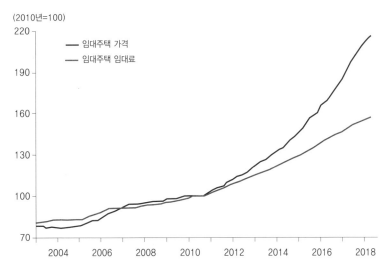

도표 2-8 　독일 7개 주요 도시의 임대주택 가격 및 임대료 추이

(2010년=100)

— 임대주택 가격
— 임대주택 임대료

출처 : The German Pfandbrief Banks(vdp), vdp property price index

였다. 이 수치는 2017년 후반에 비하면 둔화된 것이지만 여전히 매우 높은 수준이다. 주목할 것은 이 7개 도시의 임대 주택multi-family houses 가격은 전년 동기 대비 11.2%나 상승한데 비해 같은 기간 동안 임대료는 전년 동기 대비 5.2%밖에 오르지 않아 주택 가격의 폭등감이 매우 강하다는 사실이다. 이는 독일 정부가 도시 주택 정책으로 신규 공급을 제한한 것도 원인이 되었지만, 이 외에도 영국의 EU 탈퇴(브렉시트Brexit)로 런던에서 이전해 온 사무실 수요와 이에 따른 주거 수요의 증가가 영향을 미쳤다. 그러나 [도표 2-8]에서 볼 수 있듯이 임대료 상승이 가격 상승을 밑도는 상황은 2013년경부터 현저해졌고, ECB

의 금융완화 정책이 필요 이상으로 주요 도시의 부동산 가격을 상승시켰다는 것 역시 부정할 수 없는 사실이다.

실제로 독일의 주택 가격과 부동산 가격이 실제 경제 규모에 비해 너무 높다는 점은 이미 여러 차례 지적되었다. 도이치분데스방크의 분석에 따르면 2017년 도시부의 주택 가격은 적정 가격에 비해 15~30%, 대도시의 경우 35% 정도 높게 형성되어 있다고 추계했다.[*] 또한 IMF도 'IMF 협정 4조'에 근거한 독일 경제 보고서에서 주택 가격 폭등에 대해 분석하면서 2017년 기준, 주요 7개 도시에서는 21%, 그 중에서도 뮌헨과 함부르크, 프랑크푸르트, 하노버에서는 25~50% 정도 높게 거래되고 있다고 지적했다.[**] 이런 상황에서 독일 정부가 현재의 ECB 금융정책이 너무 완화되어 있다고 느끼는 것은 당연하다.

그러나 최근 보도된 바에 따르면 독일의 앙겔라 메르켈Angela Merkel 총리는 ECB 총재보다 유럽위원회 위원장을 독일 출신이 맡아야 한다고 생각하고 있는 것으로 파악된다.[***]

메르켈 총리는 트럼프 대통령의 존재로 인해 앞으로 통상 교섭 등

---

[*] Deutsche Bundesbank, 'House Prices in Germany in 2017', Deutsche Bundesbank Monthly Report February 2018, pp.51~53. https://www.bundesbank.de/Redaktion/EN/Downloads/Publications/Monthly_Report_Articles/2018/2018_02_economic.pdf?__blob=publicationFile
[**] International Monetary Fund. European Department, 'Germany: 2018 Article IV Consultation -Press Release; Staff Report and Statement by the Executive Director for Germany', July 4, 2018. http://www.imf.org/en/Publications/CR/Issues/2018/07/04/Germany-2018-Article-IV-Consultation-Press-Release-Staff-Report-and-Statement-by-the-46049
[***] Handelsblatt Global, 'Merkel may sacrifice ECB post to clinch EU Commission presidency', Handelsblatt Global, August 23, 2018. https://global.handelsblatt.com/politics/merkel-sacrifice-ecb-weidmann-eu-commission-presidency-956722

을 시행하는 유럽위원회 의장의 영향력이 강해질 것이라고 보고 있는 듯하다. 현재의 융커 위원장의 임기는 2019년 가을까지이며, 그는 이미 은퇴 의사를 표명한 상황이다. 이런 분위기에서 2018년 9월에는 메르켈 총리와 관계가 두터운 맨프레드 웨버Manfred Weber가 차기 유럽 위원회 위원장 후보에 이름을 올렸다. 메리켈 총리의 이 같은 움직임으로 인해 ECB의 금융정책의 정상화 속도가 2019년 가을 이후로 빨라질 가능성도 있다. 그러나 ECB의 새로운 총재가 구체적으로 압축되기 전까지는 향방을 쉽게 예측할 수 없는 것도 사실이다.*

따라서 향후 후보로 거론될 인물의 금융정책에 대한 견해를 제대로 살펴볼 필요가 있다.

---

* 이 책의 집필 시점에서는 드라기 ECB 총재와 가까운 에르키 리카넨 전 핀란드 중앙은행 총재 등이 후보로 이름이 거론되고 있다.

02
브렉시트를 둘러싼
정치적 갈등

영국에 관해 논의하기 위해선 2019년 3월 말로 예정된 EU 탈퇴가 어떠한 형태로 이루어질 것인가에 가장 주목해야 할 것이다. 2018년 8월 기준 EU 탈퇴에 대한 영국과 EU의 교섭은 그 전망이 전혀 보이지 않았다. 영국 측은 2018년 7월에야 겨우 EU와 교섭 방침을 정했는데, 그 내용은 이민의 유입을 제한하기 위해 형식적으로는 EU의 관세동맹에서 탈퇴하지만 EU가 정하는 농작물과 공업 제품의 규칙은 그 후에도 준수한다는 것이었다. 이것은 농업 부문의 의견을 반영한 '온화한 탈퇴Soft Brexit'이다. 하지만 강경파는 이에 강하게 반발하고 있고, 테리사 메이 총리의 정치 기반이 흔들리기도 했다. 이민 수용의 자유도와 경제 개방도의 트레이드오프에 대해서는 논쟁이 수습되지 않았다. 2016년 영국의 EU 탈퇴 방침이 국민투표에 맡겨지면서 탈퇴를 주제로 한 정치적인 세력 다툼이 여당인 보수당 내에서 시작된 이래 여전히 격렬하게 이어지고 있으며, 야당인 노동당의 제레미 코빈 Jeremy Corbyn 당수도 그 문제에 대해 명확한 태도를 보이지 않고 있어 논쟁의 흔들림에 박차를 가하고 있다. 그럼에도 EU와 영국의 이른바 위자료 문제는 생각보다 쉽게 합의안이 도출되었다. 하지만 정작 문제는 다른 데서 불거졌다.

영국과 EU 사이의 합의안 중 가장 쟁점이 되고 있는 것은 영국 연방에 소속되어 있는 북아일랜드와 EU 가입국인 아일랜드와의 국경 문제이다. 1998년에 영국과 아일랜드는 평화합의(벨파스트 합의)를 맺고 북아일랜드와 아일랜드 사이의 국경에 물리적인 벽을 설치하지 않기로 했다. 하지만 향후 영국이 EU를 탈퇴하게 되면 양국 간 사람과 자원의 이동을 관리할 필요성이 대두된다.

2018년 12월 테레사 메이 총리는 당초 하원에서 치러져야 할 의회 의결을 2019년 1월로 미루고 EU와의 의견 조율에 나섰지만 EU는 합의안의 수정은 없다며 강경한 입장을 내놓았다. 2019년 테레사 메이 총리는 아무런 협의 없이 EU를 탈퇴하는 이른바 노딜 브렉시트에 대한 준비를 병행하겠다는 의견을 내놓으며 의회와 맞서고 있는 상황이다.*

---

* 2019년 1월 영국 의회는 EU와의 브렉시트 합의안을 부결했다. 이에 따라 노딜 브렉시트에 대한 의견이 지배적인 상황이다.

:: 세 가지 브렉시트 예상 시나리오

만약 EU와 영국이 아무런 합의도 이루지 못한 채 영국이 EU를 탈퇴하게 된다면 사람의 이동과 무역 면에서의 절차뿐 아니라 기업 간 결제나 금융 파생상품(디리버티브)을 포함한 금융 거래 등 여러 측면에서 문제가 발생할 우려가 있다. 그런데 2018년 9월 5일자 블룸버그의 보도에 따르면* 영국과 독일은 상세한 조항을 넣기보다는 원활한 탈퇴를 위한 합의에 우선순위를 두고 있는 것으로 보인다. 결과적으로 결정해야 할 일들에 대한 논의를 뒤로 미루는 것인 셈인데, 사실 남은 시간 안에 구체적인 내용을 확실하게 정리하여 원활하게 2019년 3월에 EU를 탈퇴하는 것은 현실적으로 불가능한 상황이기에 이런 방식을 선택한 것으로 판단된다. 우선은 애매모호한 문제들을 먼저 진행시켜 매듭짓고, 영국이 EU에서 실제로 탈퇴한 후에 실질적인 이행 기간을 마련하여 그 사이에 상세한 사항을 확실히 논의해나가는 방향을 고수하고 있는 것이다.

프랑스와 영국 정부 간의 합의가 이루어지지 않은 채 영국이 EU에서 탈퇴했을 경우에 대한 시나리오 역시 준비되고 있는데, 이는 교섭이 결렬되어 아무런 합의도 못한 채 노딜 브렉시트가 진행될 가능성도 분명 존재한다는 것을 의미한다. 물론 그 가능성이 많지는 않지만

---

* Jennen, Birgit, Ian Wishart, and Tim Ross, 'Germany and U.K. Drop Key Brexit Ask, Easing Path to Deal', Bloomberg, September 5, 2018. https://www.bloomberg.com/news/articles/2018-09-05/germany-u-k-said-to-drop-key-brexit-ask-easing-path-to-deal

만에 하나 이 리스크 시나리오가 표면화될 경우, 유럽 금융시장에 상당한 충격이 가해질 것이다. 따라서 향후 야기될 수 있는 금융시장의 혼란에 충분히 주의를 기울여야 할 것이다.

한편 영국중앙은행Bank of England의 마크 카니Mark Carney 총재는 이미 한 번 퇴임 시기를 연장해 영국의 EU 탈퇴가 예정된 2019년 3월의 3개월 후인 6월로 조정한 바 있다. 그런데 여론이 마크 카니의 퇴임을 미루는 것으로 모아지자, 2018년 9월 영국 하원 위원회에 출석해 퇴임 시기를 조정할 의사가 있음을 밝히기도 했다. 이는 금융시장의 주체들을 안심시키기 위한 방법 중 하나로 보인다. 중앙은행의 수장이 바뀌는 것으로 금융정책의 방향이 얼마나 바뀔지는 확실하게 점칠 수는 없다. 다만 수장이 바뀌면 소통의 방식이 달라지게 마련이고, 그 차이에 시장은 과민하게 반응할 수도 있다. 특히 새로운 수장이 취임한 직후에는 그가 말하는 정확한 의도를 파악하는 것이 상대적으로 더 어렵기 때문에 시장 주체들과 새로운 총재의 의사소통이 원활해질 때까지(정확히 말하면 그의 말버릇까지 파악이 가능해질 때까지) 불안감이 조성될 수밖에 없다.

제 3의 시나리오는 영국이 단기간 내에 국민투표를 실시하고 자신들의 자존심을 벗어던진 뒤 EU에 잔류하기로 결정하는 것이 세계 경제에 가장 좋은 방식일 것이다. 하지만 현실적으로는 2019년 3월에 질서 없는 상황이나 방침만이 선행되는 애매한 상황에서 영국이 EU에서 탈퇴하게 될 가능성이 더 높다. 이럴 경우 정도의 차이는 있겠지만 금융시장은 평소보다 불안정한 상황이 지속될 것이다. 결국 카니 총재의 임기 연장에 대한 의사 표현은 이런 긴장 상태가 자명한 상황에서 불필요한 혼란을 피하기 위한 자구책으로 파악할 수 있다.*

:: 유럽 정치의 불안정 요소, 이민 문제

영국의 EU 탈퇴 문제에서도 드러난 것처럼, 앞으로 이민 또는 난민 문제가 유럽의 정치에 큰 불안정 요소로 작용할 것이다. 영국 역시 자국으로 유입된 이민자가 영국 국민의 일자리를 빼앗고, 그들로 인해 사회보장 부담도 늘어났다는 포퓰리즘적 논조가 EU 탈퇴 여부를 묻는 국민투표에서 찬성표가 반대표보다 근소한 차이로 높아지게 만들었다. 이와 같은 논의는 2018년 9월 총선거를 맞이한 스웨덴에서도 일어났으며, 반 난민 기치를 내세운 극우 정당 스웨덴 민주당이 약진했다.

앞서 언급한 유로바로미터의 조사 결과에서 'EU가 안고 있는 문제

---

* 다만 EU 전체 회원국이 탈퇴 기한 연장에 합의한다면 2년간은 탈퇴를 미룰 수 있다. 2018년 9월 기준으로 봤을 때 여러 상황을 감안한다면 혼란을 피하기 위해서 탈퇴 자체를 미루는 방침이 채택될 가능성도 적지 않다. 이후 2018년 12월 유럽사법재판소ECJ, European Court of Justice가 영국은 EU 탈퇴 결정을 일방적으로 철회할 수 있는 권리가 있다는 판단을 내렸다. 또한 EU는 영국이 EU 탈퇴 일정을 연기하고자 할 경우, 이에 확실히 대응할 의향도 함께 나타냈다. 이는 브렉시트를 둘러싼 영국 국내의 혼란이 결론을 얻지 못한 채 2019년 4월 이후에도 이어질 가능성을 높이는 한편, 이러한 장기간의 혼란(및 총선거, 두 번째 국민투표 등)을 거친 후, 영국 국민이 최종적으로 브렉시트를 철회할 수 있는 여지를 높인 것이다. 앞으로의 진척 상황은 합리성을 크게 내세운 정치적 교섭 속에서 결정될 것이기 때문에 예측하기가 무척 어렵지만 이 논의가 파멸적인 결말을 맞이하지 않고 끝날 수 있는 도피로가 생긴 것 만큼은 염두에 두어야 할 것이다.

중 가장 중요하게 고려해야 할 문제는 무엇인가(두 개까지 복수 응답 허용)?'라는 질문에 가장 많은 응답을 보인 것은 38%를 기록한 이민 문제였다. 그 다음은 29%가 꼽은 테러 문제이고, 세 번째는 경제 상황으로 18%가 응답했다.

한편 '자국이 안고 있는 문제 중에서 가장 먼저 고려해야 할 것은 무엇인가'를 묻는 질문에 대한 응답에서 가장 많은 것은 '실업 문제'(25%)였고, 그 다음은 의료 사회보장 문제(23%)였으며, 세 번째는 이민 문제(21%)였다. 하지만 최근 크게 위세를 떨치고 있는 포퓰리즘적인 논조를 따르면 고용이나 의료 사회보장 문제 또한 이민자 유입과 피할 수 없이 연관되어 있으며, 이 세 가지 문제는 현재의 유럽 정치에서 상호 연관되어 떼려야 뗄 수 없는 상황이 되었다.

2018년 8월 터키 리라화가 급락했을 때, 독일이 터키를 지원하려 한 것은 과거 터키인 이민자들이 독일로 대량 유입된 경험이 있어서만은 아니었다. 현재 터키는 중동 지역에서 유럽으로 이주하려는 이민자들에 대한 방파제 역할을 하고 있기 때문에, 터키의 정치·경제적 안정은 유럽 전체에 이익이 될 것으로 판단한 데 따른 것으로 볼 수 있다.

이민에 관한 이 같은 정치적 논의는 유럽뿐 아니라 미국, 호주, 뉴질랜드에서도 일어나고 있다. 미국에서는 트럼프 대통령이 멕시코에서의 이민자 유입을 막기 위한 장벽의 건설까지 주장하며 불법 이민자에 대해 엄격한 태도를 취하고 있고, 급기야 2018년 12월부터 의회의 예산에 서명하지 않아 의회의 셧다운 상황까지 불사하기도 했다. 호주는 2017년에 들어서부터 이민 문제를 엄격하게 진행하여 같은 해 항구적인 이민자의 유입 수는 16만 2,000명으로 과거 10년 중 최저 수준을 기록했다. 뉴질랜드에서도 2018년 8월에 외국인의 중고 주택 취득을 제한하는 법안이 가결되었다.

한 발 물러서서 보면 미국이 일으킨 무역 마찰 문제나 선진국을 중심으로 일어나고 있는 이민에 대한 비판적인 태도는 재화나 사람의 이동에 대한 자유가 과도하게 진행된 것에 대한 알레르기 반응이라고도 할 수 있을 것이다. 최근에는 EU를 비롯한 선진국에서 데이터에 대한 보호의식이 높아졌는데, 이 또한 사람과 재화뿐 아니라 정보 이동의 자유에 대해서도 어떤 종류의 부차적인 반응이 나타난 것이라고 할 수 있겠다. 세계 경제에 있어서 상품과 사람, 또는 돈이나 정보 이동의 자유는 경제 활동이 활성화되는 데 필요 불가결한 요건이며 앞으로도 당연히 견지되어야 할 부분이다. 하지만 이들의 이동 속도가 빨라지기만 한다면 이러한 현상이 가져올 변화를 따라가지 못하는 사람들이 계속 늘어나리라는 것 또한 쉽게 예상할 수 있다. 즉 지금 일어나고 있는 자유화에 대한 반동은 자유화의 가속이 초래했다고도 할 수 있는 것이다.

선진국의 사회나 정치에서는 자유라는 매우 귀중한 가치관을 유지하기 위해 필요한 자유화 및 시장원리의 진전과 이를 따라가지 못하는 사람들에 대한 안정 확보라는 양자 균형을 어떻게 유지해갈 것인가가 매우 중대한 과제가 되어 압박을 가하고 있다.

03

일본 경제 최고의 난제, 노동력 부족

　2018년 3분기 기준 일본 경제는 완만한 회복세 기조를 이어오고 있다. 2018년 1분기에는 폭설 등의 불안정한 기후로 실질GDP 성장률이 전기 대비 연율 -0.9%를 기록하며 2015년 4분기 이후 처음으로 마이너스 성장을 했으나 2018년 2분기에는 설비 투자 주도 형태로 전기 대비 +3.0%(개정치)로 회복했다.

　그러나 2018년 9월 일본을 강타한 태풍으로 오사카와 교토 지역의 관문인 간사이 국제공항이 막대한 피해를 입었고, 홋카이도 역시 큰 지진으로 대규모 정전이 발생하는 등 자연재해가 잇따랐다. 이로 인한 인적 교류 감소, 전력 공급 억제 등이 일본 경제에 마이너스 요인이 될 것으로 보이기도 했다. 하지만 이런 일시적인 요인을 제외하면 최근 일본

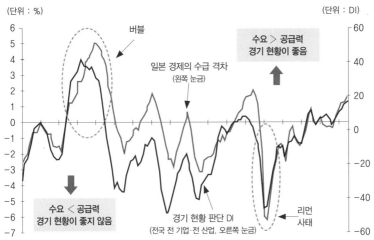

| 도표 2-9 | 일본 기업의 경기 현황 인식 및 일본 경제의 수급 격차 추이 |

(단위 : %)　　　　　　　　　　　　　　　　　　　　　　　　　　(단위 : DI)

버블

수요 > 공급력
경기 현황이 좋음

일본 경제의 수급 격차
(왼쪽 눈금)

수요 < 공급력
경기 현황이 좋지 않음

경기 현황 판단 DI
(전국 전 기업·전 산업, 오른쪽 눈금)

리먼
사태

1983 1985 1987 1989 1991 1993 1995 1997 1999 2001 2003 2005 2007 2009 2011 2013 2015 2017

출처 : 일본은행 데이터를 토대로 노무라종합연구소 작성.
주 : 수요와 공급 격차(수급 격차) 추계는 일본은행의 자료이다.

의 경제 흐름은 완만한 성장 기조를 유지하고 있다.

[도표 2-9]은 일본 경제의 수급 격차와 일본 기업의 경기 현황 추이를 나타내고 있다. 수급 격차란 그 나라의 수요와 평균적인 공급력(잠재성장률)의 차이로, 수요의 성장이 공급의 성장보다 높을 때는 플러스 방향으로 움직인다. 업황 판단지수인 DI는 일본은행이 실시한 설문조사 결과의 '경기가 좋다'고 답한 기업 비율에서 '경기가 나쁘다'고 답한 기업 비율을 뺀 수치이다.

[도표 2-9]에서 볼 수 있듯이 이 두 개의 지표는 비슷하게 추이하

고 있지만 2016년 말부터는 수요의 성장이 공급의 성장을 웃도는 상황이 이어지고 있다. 일본은행의 추계에 따르면 2017년 10월부터 2018년 3월까지 6개월간 잠재성장률은 연율 0.85%이다.*

일본 경제는 연율 1% 수준 이상 수요가 증가하면 수급 격차가 벌어지며, 이로 인해 '바쁘다(경기가 좋다)'고 느끼는 기업이 늘어나는 구조가 된다.

즉 일본 경기는 좋은 편이지만, 수요가 1% 이상만 상승해도 '바쁜' 상황으로 들어선다는 뜻이다. 경제구조가 이렇다 보니 수요를 늘리려면 공급 능력을 더 높여야만 한다. 사람도 설비도 '바쁜' 상황으로 높아지는 수요를 어느 정도까지는 대응할 수 있겠지만 한계가 있다. 만약 공급 능력을 높이지 못한다면 일본 경제는 공급 제약에 맞춰 수요의 성장을 억제하거나(즉, 사고 싶어도 살 수 없거나), 다른 나라에 생산을 의뢰해 수입을 해야 하는 상황을 맞게 될 것이다.

경제학적 관점에서 본다면 경제의 공급력 성장은 노동 투입량, 설비(자본스톡), 생산성의 세 가지 관점에서 접근해볼 수 있다. 0.85%라는 잠재성장률을 분석해보면 노동 투입량의 공헌도는 0.09%p밖에 되지 않고 대부분은 자본스톡(0.51%p)과 생산성(0.25%p)이 지탱하고 있는 상황이다. 실제로 일본 기업의 노동력 부족 문제는 인구 감소로 인해 계속하여 더 심각해지고 있다. 일본은행이 실시한 설문조사에서도 '노동력이 남는다'고 느끼는 기업의 비율에서 '노동력이 부족하다'

---

* http://www.boj.or.jp/research/research_data/gap/index.htm/

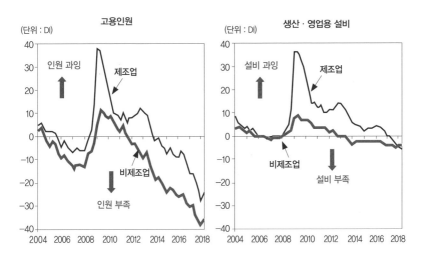

| 도표 2-10 | 일본 기업의 고용인원 DI와 생산영업용 설비 DI 추이 |

출처 : 일본은행 '전국 기업 단기경제 관측조사'(단칸) 결과

고 느끼는 기업의 비율을 뺀 고용인원 DI지수는 해를 거듭할수록 마이너스 수치가 커지고 있다.([도표 2-10]) 즉 노동력 부족을 느끼는 일본 기업의 수가 지속적으로 더 늘어나고 있다는 의미이다. 그 결과 최근 일본 기업에서는 과도한 노동 시간이 문제로 대두되고 있는 실정이며, 일본 정부는 근로자의 노동 시간을 줄이기 위해 노력하라는 요구를 기업에 하달하고 있다. 이런 상황으로 볼 때 미래 일본 경제의 성장은 더욱더 자본스톡의 축적과 생산성 향상에 의해 좌우될 것이다.

자본스톡이라고 하면 단순히 제조업이 공장을 늘리는 것을 생각하기 쉽다. 하지만 일본은 현재 인구가 계속 줄어들고 있기 때문에 단순

도표 2-11 일본 대기업(제조업 부문) 노동력 부족 대응책

대기업 · 제조업				
현재			5년 후	
업무 개선을 통한 생산성 향상	55		업무 개선을 통한 생산성 향상	37
설비 투자를 통한 노동력 절감	25		설비 투자를 통한 노동력 절감	33
인재 교육을 통한 생산성 향상	24		인재 교육을 통한 생산성 향상	27
고령자의 재고용과 정년 연장	20		AI와 IoT 활용을 통한 생산성 향상	25
비정규직의 정규직 전환	11		재택근무 등 다양한 업무 방법 추진	14
재택근무 등 다양한 업무 방법 추진	9		고령자의 재고용과 정년 연장	11
일손은 충분	8		여성 직원 비율의 향상	10
AI와 IoT 활용을 통한 생산성 향상	7		외국인 노동자의 육성, 채용	7
여성 직원 비율의 향상	5		임금 인상	5
외국인 노동자의 육성, 채용	5		일손은 충분	5
임금 인상	3		비정규직의 정규직 전환	3
기타	3		M&A를 통한 인재 확보	3
해외에서의 아웃소싱	2		해외에서의 아웃소싱	2
M&A를 통한 인재 확보	1		기타	2
생산량 등 사업 규모 축소	0		생산량 등 사업 규모 축소	0

출처 : 일본 정책투자은행 산업투자부, '기업 행동에 관한 의식조사 결과(대기업)', 2017년 6월.
주 : 2개 항목까지 복수 응답 가능.

히 공장이나 설비를 늘리는 것뿐 아니라 노동력을 들이지 않고 보다 효율적으로 서비스 제공이나 제품 제작을 활성화시키는 것까지도 이 개념에 포함될 것으로 보인다. [도표 2-11]과 [도표 2-12]는 일본 정책투자은행이 2017년에 대기업을 상대로 실시한 설문조사 결과에서 발췌한 내용이다. 각각의 표에서 왼쪽 축은 2017년 기준 시행하고 있

대기업 · 제조업			
현재		5년 후	
업무 개선을 통한 생산성 향상	52	업무 개선을 통한 생산성 향상	32
인재 교육을 통한 생산성 향상	30	인재 교육을 통한 생산성 향상	28
고령자의 재고용과 정년 연장	18	AI와 IoT 활용을 통한 생산성 향상	20
비정규직의 정규직 전환	15	고령자의 재고용과 정년 연장	16
일손은 충분	14	설비 투자를 통한 노동력 절감	15
설비 투자를 통한 노동력 절감	10	재택근무 등 다양한 업무 방법 추진	14
임금 인상	10	여성 직원 비율의 향상	11
여성 직원 비율의 향상	7	비정규직의 정규직 전환	9
재택근무 등 다양한 업무 방법 추진	5	일손은 충분	9
AI와 IoT 활용을 통한 생산성 향상	4	임금 인상	6
기타	4	외국인 노동자의 육성, 채용	6
외국인 노동자의 육성, 채용	3	M&A를 통한 인재 확보	3
M&A를 통한 인재 확보	1	기타	3
해외에서의 아웃소싱	0	해외에서의 아웃소싱	0
생산량 등, 사업 규모 축소	0	생산량 등, 사업 규모 축소	0

출처 : 일본 정책투자은행 산업투자부, '기업 행동에 관한 의식조사 결과(대기업)', 2017년 6월.
주 : 2개 항목까지 복수 응답 가능.

는 노동력 부족 대응책, 오른쪽 축은 5년 후를 내다본 대응책이다.

이 도표에서 볼 수 있듯 일본 기업의 인력 부족에 대한 대응은 업무 개선이라는 한정적 대응에 머물러 있는 경우가 과반수이다. 혹은 비정규직의 정규직 전환이나 고령자 재고용과 같이 이미 고용하고 있는 근로자의 유출을 막아 인재를 확보하는 방법을 고려하고 있다. 그러나 정규직으로 전환하면 인건비가 증가하고 고령자를 재고용하면 얼마지 않아 은퇴로 이어질 것이기 때문에 노동력 부족에 대한 근본적인 대책이라고 말하기는 어려운 상황이다.

한편 5년 후 어떻게 대응할 것인가에 대해서는 '업무 개선'이라고 답한 비율이 30%대로 낮아졌고, 설비 투자를 통한 노동력 절감이나 AI 등의 활용을 통한 생산성 향상, 보다 유연하고 다양한 근무 방식을 통해 근로자들이 집중할 수 있는 환경에서 성과를 낼 수 있도록 하는 방식을 대응책으로 답한 비율은 높아졌다. 즉 중장기적으로는 보다 노동력 부족에 대한 근본적인 대책을 준비하고자 하고 있다는 의미이다.

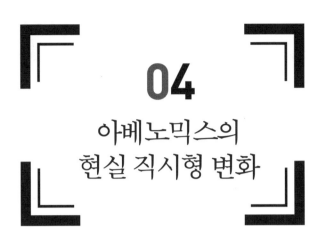

04
아베노믹스의
현실 직시형 변화

중장기적으로 의미 있는 시책이나 행동이 필요한 것은 기업뿐 아니라 일본 정부에서도 마찬가지다.

2012년 12월에 출범한 2기 아베 정권은 흔히 '아베노믹스'라 불리는 경제정책을 축으로 하여 정권을 운영해왔다. 그중에서도 물가 상승 2%라는 목표를 내세운 금융정책은 일본은행이 대량으로 국채를 매입해 상업은행에 자금을 건네면 그 목표치를 믿고 돈을 빌리는 사람들이 늘어나 실물경제가 활성화될 것이라는 기대로 시행되었다. 하지만 물가 상승은 2%에 이르지 못했고, 오히려 물가 상승이 사람들의 구매력을 억제하는 역효과만 불러왔다. [도표 2-13]는 일본의 고용자 한 명당 임금(기업의 사회보장 부담 공제 후의 임금) 추이이다. 2012년 9월 아베노믹스가 시작된 이후* 엔화 약세가 급격히 진행된데다 이전 정권이 결정한 소비세율 3% 인상이 2014년 4월부터 시행되면서 일본의 물가는 비용 증가의 형태로 대폭 상승했다. 그로 인해 2013년부터 2015년 사이 고용자 1인당 실질임금은 15만 엔 이상 하락했다. 임금은 변동이 없는데 물가가 상승하니 구매력이 떨어지는 건 당연한 수순이었다.

이후 일본에서는 수요와 공급을 비교적 강하게 반영하는 비정규직 시장에서 구인이 증가하고, 정부가 기업에 임금 인상 압력을 가하면서 명목임금이 상승하기 시작했다. 하지만 워낙 큰 폭으로 실질임금이 하락한 까닭에 2018년 2분기 기준으로 봐도 1994년부터 2018년까지의 평균 실질임금 수준까진 회복되지 못한 상황이다. 엔화 약세나 증세와 같은 비용 증가로 인해 물가가 오르면 그 성장률이 명목임금의 성장률보다 높아지기 때문에 구매력이 떨어져 소비가 억제된다. 이 심플한 공식이 일본에 적용되었고, 이것은 물가 상승이 모든 경제 문제를 해결하리라는 아베노믹스의 계산에 오류가 있었음을 보여주고 있다.

무턱대고 표면적인 물가 상승만을 쫓아가는 것은 의미가 없다. 중요한 것은 단순한 물가 상승이 아니라, 기업의 수익성 향상이 실질임금의 증가로 이어져 그것이 내수 증가를 일으키고 물가 상승으로 이

---

* 아베 신조가 집권한 것은 2012년 12월이지만 아베 정권의 출범으로 인한 효과를 예측한 엔화 약세의 진전이 2012년 9월 중순부터 시작되었다.

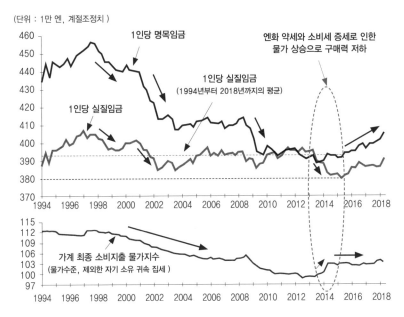

도표 2-13 일본의 고용자 1인당 임금(명목·실질) 추이

(단위 : 1만 엔, 계절조정치)

출처 : 일본 내각부의 '국민경제계산', 총무성 통계국의 '노동력 조사' 데이터를 토대로 노무라종합연구소 작성.
주 : 1인당 명목임금은 '국민경제계산'에 있는 임금의 값을 고용자 수에서 제외하고 산출, 실질화는 귀속 주택의 임대료를 제외한 가계 최종 소비지출 물가지수에서 산출했다. 또한 2017년도 수치는 속보 기반의 고용자 보수 수치 등을 기초로 노무라종합연구소가 시산했다.

어지는 순환 구조(즉, 표면적인 임금 성장이 물가 상승을 웃도는 상황)가 만들어지는 것이다.

이 때문인지는 알 수 없으나 아베 총리의 최측근인 스가 요시히

---

* 산케이뉴스, '스가 요시히데 관방장관, 휴대전화 요금 40%정도 내릴 여지 있다', 2018년 8월 21일. https://www.sankei.com/politics/news/180821/plt1808210020-n1.html

데 관방장관은 2018년 여름 상대적으로 비싼 휴대전화 요금을 최대 40%까지 인하할 수 있다고 밝혔다.* 일본에서 정보통신 행정을 관할하고 있는 총무성에 따르면 휴대전화에 유선전화를 더한 전화 통신료는 2017년 기준 각 세대별 소비 지출의 4.18%를 차지하고 있다. 이 비율은 2010년(3.66%)에 비해 0.52%p 상승한 것이다.*

공언한 대로 휴대전화 요금이 대폭 인하된다면 일시적으로라도 소비자물가 상승은 크게 둔화될 것이다.** 물론 이는 물가상승률 2%를 내세운 아베노믹스의 이념에 역행하는 것이다. 그럼에도 아베 정권에서 이러한 발언이 나왔다는 것은 자신들의 정권 이념만 추구하던 것에서 일본인들이 실생활에서 체감하는 문제를 해결하는 것으로 관점이 전환되고 있는 징후로 파악할 수 있다.

∷ 노동력 부족을 해소하기 위한 이민정책

이와 유사한 변화가 이민정책에서도 나타나고 있다. 아베 정권은 기존에는 이민정책에 대해 강하게 반대해왔는데, 2018년 들어 아베

---

* 일본 총무성, '정보통신백서 헤이세이 30년도'(2018). http://www.soumu.go.jp/johotsusintokei/whitepaper/ja/h30/pdf/n5200000.pdf
** 한편 이동통신사는 높은 통신 요금을 자본으로 적극적으로 투자를 해오고 있다. 이 때문에 통신 요금이 대폭 인하되면 그 만큼 투자할 자본이 줄어들기 때문에 중기적으로는 전파용량 확대를 비롯한 기술 및 설비 개선이 늦어져 세계적인 통신기술 개발 경쟁에서 뒤처지는 부작용이 발생할 수 있다.

총리는 외국인 노동자를 수용하는 방향으로 제도 개혁을 지시했으며, 2018년 6월 15일에 발표한 2018년도 '경제 재정 운영과 개혁의 기본 방침'에 '새로운 외국인 인재의 수용'이라는 항목을 포함시켰다.*

이 방침에는 '정말로 필요한 분야에 주목하여 이민정책과는 별도로** 외국인 인재를 확대 수용하기 위해서 새로운 체류 자격을 창설한다. 또한 외국인 유학생의 국내 취업을 활성화시킨다', 또는 '기존의 전문적·기술적 분야에 있어 외국인 인재 수용을 더욱 추진하는 것 외에 외국인과 원활하게 공생할 수 있는 사회 실현을 위해 힘쓴다'고 명시하고 있다.

현실적으로 최근 일본 거주 외국인의 급증은 일본의 노동력 부족을 반영하고 있다. 2018년 1월 1일 기준 일본 거주 외국인 수는 전년 대비 7.5% 증가해 249만 7,656명인데, 이는 일본 전체 거주 외국인의 2% 정도에 이르는 수이다. 실제로 도쿄의 주요 오피스 밀집 지역의 편의점에서는 계산대를 지키고 있는 외국인 점원을 쉽게 만날 수 있다. 또한 홋카이도의 스키장은 중화권 고객이 대부분이어서 스키용품점에 중국계 종업원들이 많다. 이로 인해 일본어로는 의사소통이 어려운 경우까지 있는 정도이다. 일본에서 생활하는 외국인의 30%는

---

* 일본 내각부, '경제 재정 운영과 개혁의 기본 방침 2018 – 저출산·고령화 극복에 따른 지속적인 성장 경로 실현' pp.26~28. http://www5.cao.go.jp/keizaishimon/kaigi/cabinet/2018/2018_basicpolicies_ja.pdf
** 아베 정권은 이 정책이 이민정책은 아니라고 말하고 있다. 실제로 이 수용제도는 재류기간의 상한이 5년으로 가족이 함께 일본에 거주하는 것도 기본적으로 인정하지 않는다.

20대로, 이는 공식적으로 이민정책이 인정되지 않았을 때 유학 등의 형태로 노동력을 확보해온 데 기인한다.

아직 여러 문제가 남아 있어 이번 제도 도입만으로 근본적인 노동력 부족 문제가 해결되기는 어렵겠지만, 실질적인 이민정책을 실시하려는 움직임은 아베정권이 자신의 이념에 근거한 행동이 아닌 노동력 부족에 대한 현실적인 해답을 중시하게 된 것을 나타내고 있다.

∷ 실물경제를 살리기 위한 금융정책 정상화

이와 비슷한 변화는 아베노믹스의 실질적 중심이 되는 금융정책에서도 나타나고 있다. 일본은행은 2018년 7월 31일 현행 금융정책의 지속성을 높이기 위해 거의 고정되어 있던 장기금리 변동 폭을 상하 0.2%까지 확대시켰다. 근본적으로는 2019년 10월에 실시 예정인 소비세율 인상을 염두에 두고 이 이상의 정책 변경은 당분간 없다고 전제했다. 이번 장기금리 변동 폭의 확대로 인해 일본 국채 이율은 0.1% 전후 수준까지 소폭 상승했다.([도표 2-14])

장기금리(10년 만기 국채 이율)는 시장에서 국채가 거래될 때 결정된다. 특히 채권시장과 같이 자유롭게 거래가 가능한 시장은 '가격'과 '거래량'으로 그 기능을 유지한다. 하지만 지금까지 일본은행은 채권시장의 '가격'인 장기금리를 0%로 고정시켜왔다. 때문에 거래량만 변동되면서 시장으로서의 기능을 유지해왔다. 따라서 일본은행이 '가격'

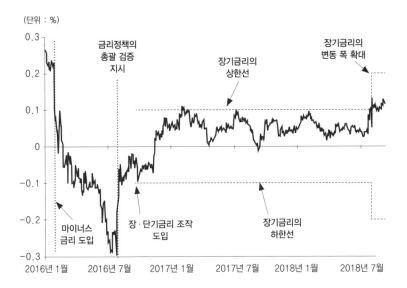

도표 2-14 일본의 장기금리 추이

(단위 : %)

금리정책의
총괄 검증
지시

장기금리의
상한선

장기금리의
변동 폭 확대

0.3

0.2

0.1

0

-0.1

-0.2

-0.3

마이너스
금리 도입

장·단기금리 조작
도입

장기금리의
하한선

2016년 1월   2016년 7월   2017년 1월   2017년 7월   2018년 1월   2018년 7월

출처 : 일본 재무성, '국채금리정보'의 데이터를 토대로 노무라종합연구소 작성.

의 고정 정도를 소폭 완화한 것은 향후 일본의 국채시장을 정상적인
상태로 되돌려나가겠다는 의지를 표명한 것으로 해석할 수 있다.

일본은행은 지금까지 최대 연간 80조 엔에 이르는 국채를 매입하
며, 극단적인 수준으로 시장의 기능을 봉쇄해왔다. 이 정도 규모는 일
본 정부의 연간 재정적자의 2배가 넘는 금액이다. 그 결과 일본의 장
기금리는 [도표 2-14]에서 볼 수 있듯 매우 낮은 수준이기는 하지만
그 영향을 받은 상업은행들도 낮은 금리로 대출할 수밖에 없어 금융
기관들에게는 수익 압박의 요인이 되고 있다.

이번 정책 변경은 가급적 빠른 시간 안에 물가상승률을 2%대로 끌어올리려는 이념하에 실시되었다. 그런데 실제로는 물가가 임금보다 빠른 속도로 오르면서 일본인의 소비 활동을 둔화시켜 금융기관은 이익 창출 기회를 잃었다. 더욱이 일부 지방 은행에서는 수익의 (무리한) 확대를 위해 본래 대출 불가능한 소형 맨션을 담보로 하는 대출을 늘리는 등의 문제가 발생하고 있다. 앞으로 이러한 대출의 부실채권화가 계속 진행된다면 향후 그 전개에 따라서는 상승세이던 일본의 토지 가격이 조정 국면을 맞이할 위험도 있다. 아베노믹스의 금융정책으로 얻은 이익보다 부작용이 더 커지고 있는 것이다.

한편 매우 흥미로운 점은 일본은행이 금융정책의 변경을 실시한 2018년 7월 31일 소비자 물가상승률 전망에서 수치를 하향 조정했다는 사실이다. 물가상승률 전망을 하향(인하) 조정했다는 것은 2%의 물가 상승을 목표로 하는 이념 측면에서 보면 금융완화나 금리 인하 등으로 이어지는 것이 자연스러운 과정인데, 실제로는 장기금리의 상승을 수반하는 정책을 시행했다. 이것은 일본은행이 물가상승률 2% 도달이라는 이념을 우선시하는 데에서 현실을 직시하는 방향으로 선회한 결과라고 할 수 있다.

향후 일본은행은 이번 경기 상승 국면을 살펴보고 서서히 장기금리의 변동 폭을 확대해가면서, 국채 매입량을 줄여나갈 것이다. 일본 정부의 부채 규모는 매우 크고, 일본 국채의 잔액은 2019년 3월 말이면 883조 엔에 이를 것이다. 이러한 거대한 채권시장의 장기금리 이율을 돌연 시장의 원리에 맡겨버린다면, 국채 이율이 필요 이상으로 급등

(국채 가격 하락)하여 국채를 대량으로 갖고 있는 일본은행은 거액의 손실을 떠안게 될 것이고, 일본 정부는 새로운 국채를 발행하기 위해 지금보다 높은 금리를 매겨야 하는 상황에 직면할 것이다. 이럴 경우 일본 정부는 재정에 상당한 부담을 받게 될 수밖에 없다. 때문에 이런 상황을 피하기 위해서 일본은행은 국채시장에 대한 개입을 매우 신중하게 단계적으로 줄여나가고 있는 것이다.

아베노믹스의 이 같은 현실 직시형 변화는 한편으로는 실패로 보일 수도 있다. 하지만 정책적 이념을 실현해가는 정책이 실제 경제 상황을 건전한 방향으로 이끌지 못한다는 판단이 선다면 단순한 이념의 공회전을 계속하는 것보다는 작금의 현실과 문제를 하나씩 해결해나가는 것이 실제 경제 상황에는 도움이 될 것이다. 아베 총리가 2021년 9월까지* 임기를 수행할 가능성이 열린 현재, 아베노믹스의 이러한 변화는 진화라고 판단해야 할 것이다.

---

* 일본은 총리의 재임기간에 대해서는 한정짓고 있지 않다. 하지만 아베 총리의 출신 정당인 자민당에는 당의 수장으로 총재에 연속 3기(1기는 3년)까지 재임할 수 있다는 규정이 있다. 일본의 정치 관례상 자민당 총재 등 여당의 수장이 동시에 총리로 취임하기 때문에 자민당 총재로서의 임기가 만료되면 그와 동시에 일본 총리 자리에서도 물러나게 된다. 아베 총리는 2012년 9월에 자민당 총재로 취임했으며 2018년 9월 총재선거에서 3선을 달성했다.

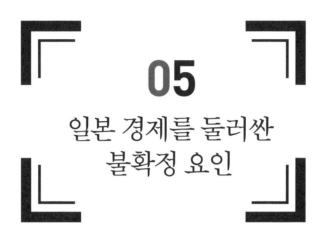

05
일본 경제를 둘러싼
불확정 요인

앞서 언급했듯이 최근 수년간 일본 경제는 안정적인 추이를 보여주고 있지만, 2019년에는 몇 가지 불확정 요인이 존재한다.

첫째, 2018년 여름에 잇따라 일어난 자연 재해의 영향이다. 일본 열도는 지리적 위치상 매우 지진이 많은 지역이다. 2018년 9월 6일 홋카이도에서 대형 지진이 발생했고, 이로 인해 피해를 입은 신치토세 공항이 일시적으로 폐쇄되기도 했다. 또한 진원지 부근에 있는 홋카이도 최대의 화력 발전소가 파손되어 홋카이도 전역에 장기간 정전이 발생했다. 정전은 대부분 복구되었으나 화력 발전소의 수리가 길어지면서 주민들에게 계속적인 절전이 요청되기도 했다. 이 같은 절전의 장기화는 경제 활동 억제로 작용했고, 2019년까지 그 영향이 미칠 수 있는 상황이다. 앞서 밝힌 대로 오사카에 직격탄을 날린 태풍의 영향으로 서일본 최대 공항인 간사이 국제공항이 침수되고 본토와 공항을 연결하는 연락교가 파손되었다. 중요한 것은 오사카와 홋카이도가 최근 급증하고 있는 관관갱들의 주요 방문지라는 사실이다. 일본 관광청의 '방일 외국인 소비동향 조사'에 따르면 2017년 관광 및 레저 목적으로 일본을 방문한 외국인 중 가장 많은 수(44.1%)가 오사카를 방문했다. 실제로 간사이 국제공항은 외국인 관광객들이 가장 많이 이용하는 공항이다. 일본 관광청의 자료에 따르면 방일외국인들의 간사이공항 이용률은 입국할 때 31.4%, 출국할 때 32.2%에 이른다. 홋카이도 역시 많은 수의 외국인(9.2%)이 찾는 관광지인데, 더욱이 홋카이도의 관광 산업 중 외국인 관광객이 차지하는 비중은 매우 높다. [도표 2-15]는 홋카이도에서 숙박한 일본인과 외국인의 월별 추이(2017년)를 나타낸다.

일본인은 주로 여름철에 홋카이도를 찾는 데 비해 외국인 관광객들은 겨울에 방문하는 비율이 높다. 눈이 내리지 않는 지역에서 찾아오는 관광객이나 스키를 목적으로 방문하는 사람들에게 양질의 눈이 매력적으로 비춰지기 때문이다. 일본인 관광객의 수는 변동이 많지만, 외국인 관광객으로 이를 상쇄시키고 있다.

외국인 관광객의 증가는 최근 일본 경제 성장 요인의 하나로 작용하고 있다. 2018년도 1월부터 7월까지 일본을 찾은 외국인 관광객은 1,873만 명으로 전년 동기 대비 13.9%나 증가했다. 이대로라면 2018년 외국인 관광객 수는 2017년의 2,869만 명*을 크게 웃돌아 3,000

홋카이도의 숙박 관광객 수 추이(월별, 2017년)

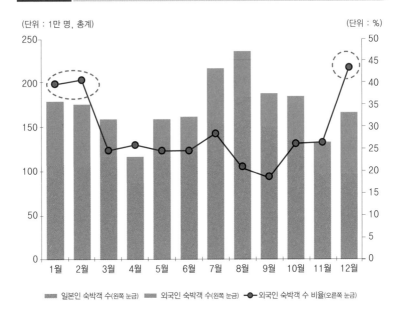

(단위 : 1만 명, 총계)   (단위 : %)

■ 일본인 숙박객 수(왼쪽 눈금) ■ 외국인 숙박객 수(왼쪽 눈금) ●─ 외국인 숙박객 수 비율(오른쪽 눈금)

출처 : 일본 관광청, '숙박여행 통계조사'(2017)를 토대로 노무라종합연구소 작성.
주 : 여행 목적의 50% 이상이 관광이라고 답한 숙박객만을 대상으로 하였다.

만 명을 돌파할 것으로 기대되었다. 그런데 이 수치는 높은 수준의 설비가 안정적으로 가동되는 것이 전제된 것이었다. 간사이공항의 이용이 제한되고 지진 피해가 장기화된다면 관광객 수가 줄어들 수도 있는 상황의 불안정성이 존재했다.

───────

* 모두 일본 정부관광국, '방일외객(외국인 관광객)통계'에 따름. https://www.jnto.go.jp/jpn/statistics/data_info_listing/index.html

간사이공항 폐쇄는 관광객 운송뿐 아니라 물류에도 영향을 미쳤다. 간사이공항은 2016년 4월부터 2017년 3월까지 1년간 73만 5,238톤의 국제 항공 화물을 처리했는데, 이는 일본 전국(378만 6,625톤) 화물 수송량의 19.4%를 차지한다.*

이 중에서도 가장 큰 비율을 차지하는 반도체는 2017년 간사이공항 전체의 수출 금액(5조 6,439억 엔)의 22.9%, 반도체를 포함한 전기기기는 전체의 48.7%에 달했다.** 이는 간사이공항이 글로벌 공급사슬의 중요한 물류 거점임을 나타내는 수치이다. 다행히 물류 수송 등의 기능은 빠르게 회복되었지만 향후 이런 상황이 언제든 재발할 수 있다는 위험 요소가 존재한다.

두 번째 변수는 소비세율 인상이다. 일본은 2019년 10월 소비세율을 8%에서 10%로 인상할 예정이다. 식료품과 신문만 8%로 유지되고, 그 외에는 증세 대상이다. 증세에 따른 세입 증가의 대부분은 육아 세대와 저소득층의 고령자 등에게 돌아갈 것이므로 실제 거시적인 부담감은 이전의 소비 증세만큼 크지는 않을 것이다. 일본은행의 시산***(추정)에 따르면 1997년 4월에 소비세율이 3%에서 5%로 인상되었을 때에는 국민의 부담 증가가 8조 5,000억 엔,**** 2014년 4월 5%에서 8%

---

* 일본 국토교통부, '공항상황관리조서'
** 일본 오사카세관 조사통계과, '무역통계'
*** 일본은행, '경제 · 물가의 정세 전망 2018년 4월', p.36
**** 1997년에는 그 당시까지 시행되었던 소득 감세가 폐지되고 의료비 부담의 확대도 동시에 시행되었다. 이 8조 5,000억 엔이라는 시산액은 이들의 개혁에 따른 부담 증가도 포함되어 있다.

로 인상되었을 때에는 8조 엔이 수준이었지만 이번 증세에 따르는 부담 증가는 2조 2,000억 엔으로 추정하고 있다.

일본 정부는 1997년과 2014년 증세 당시 일어났던 경기 둔화가 재현될 가능성을 크게 우려하여 자동차나 주택을 취득할 때 드는 세 부담을 경감할 대책을 강구할 예정이다. 만약 다른 경기 부양책도 추가되어 증세에 따르는 부담액을 웃도는 경기 대비책이 투입될 경우 증세 직후 경기가 대폭 둔화되는 것은 피할 수 있을 것이다. 본래 소비세의 인상은 물가 수준을 끌어올리기 때문에 소비 수준을 항구적으로 일정 수준 떨어뜨리게 된다. 때문에 소비세 인상 직후 어느 정도는 경제성장률을 유지시킨다 해도, 그 후의 소비는 감소되기 때문에 경기 둔화로 이어질 가능성도 생각할 수 있다.

세 번째 불확실성은 2019년 이후 앞서 말한 것처럼 경기가 둔화된다면 일본은행 내부의 의견 대립이 표면화되면서 현재 시행하고 있는 완만한 금융정책 정상화가 비난받을 위험이 있다는 점이다. 일본은행은 2018년 7월 31일 장기금리 변동 폭을 확대시켰으나 그 결과는 장기금리 수준이 0.1% 정도 단순히 상승했을 뿐이었다. 이는 금융정책을 (지극히) 조금 긴축시킨 것과 같은 수준이다.

일본은행의 이번 결정은 전원 찬성이 아니라 찬성 7명, 반대 2명의 다수결로 이루어졌다. 반대한 2명은 물가상승률이 2%에 미치지 못하는 동안에는 금융정책을 더 완화해야 한다는 입장으로, 아베 총리의 경제정책에도 매우 가깝다. 때문에 만약 앞으로 경기가 둔화되거나 무역 마찰 문제로 엔화 강세가 진행되면 이들은 금융정책의 긴축이 원인이라고 주장하며 이번 정책 변경에 대한 비판의 목소리를 높일 가능성이 있다. 정치적으로도 일본은행의 정책 '실패'를 규탄하는 목소리가 커지면 지금까지보다도 더욱 과격한 금융완화로 내몰릴 수도 있다.

:: 미국의 자동차 관세가 미칠 영향

일본 경제의 가장 큰 걱정거리는 트럼프 정권에 의한 통상 마찰 확대이다. 앞서 언급했듯이 오늘날의 제품 제조체제는 단순한 조립 생산을 넘어 글로벌 공급사슬 안에서 이루어진다. 현재 트럼프 정권의 최대 표적은 중국이 아닌 일본이다. 직접적으로는 관계가 없다 해도 미중 마찰의 영향은 공급사슬을 역류하여 일본 국내 생산과 일본 기업의 활동에 악영향을 줄 것이 분명하다.

무역 마찰 격화에 따른 전망의 불확실성은 일본뿐 아니라 전 세계 기업의 투자 판단을 흐리게 만들기 때문에 일본에서 중국 등에 수출하는 공작 기계의 수주나 출하에 영향을 끼치게 된다. 일본의 공작기계 공업회가 발표한 통계에 따르면 중국에서의 공작기계 수주는 2017년에는 전년 대비 113.2% 증가했으나 2018년 3월부터는 감소되는 추세이다. 2018년 3월과 4월에는 -2.2%, -2.3% 등으로 소폭 감소했으나, 미중 간 무역 마찰이 한층 더 격화된 2018년 5월 이후에는 -9.5%(5월), -7.7%(6월), -8.5%(7월)로 감소 폭이 커지고 있다.*

향후 미중 무역 마찰이 더 심화된다면 중국에서의 생산 활동은 더욱 둔화되어 공작기계 수주뿐 아니라 일본에서 중국으로의 중간재 수출도 감소할 것으로 예상된다. 이는 중국 대상 수출량이 많은 한국에도 적용될 것이다.

아베 총리와의 개인적인 친밀함과 상관없이 트럼프 대통령은 일본에 통상 문제에 관한 양자 간 교섭 개시를 요구했고, 그에 따라 2018년 8월부터 일본과 미국 사이의 새로운 무역협정(FFR)이 시작되었다. 일본은 미국에게 TPP로 복귀할 것을 촉구했으나, 트럼프 대통령은 취임 첫날 TPP의 영구적 탈퇴를 명시한 대통령령에 서명한데다 다국 간 무역협정을 극단적으로 싫어하기 때문에 미일 FTA를 염두에 둔 양자 간 협의를 강하게 요구하고 있어 논의는 팽팽한 평행선을 그리고 있다.

이 때문인지 2018년 9월 트럼프 대통령은 무역 교섭에서 확실한 성과를 보이도록 일본에 대한 압력의 강도를 높였다. 2018년 9월 6일 〈월 스트리트 저널〉(전자판)은 트럼프 대통령이 일본과의 무역 문제에 불만을 내뱉으며 "내가 일본이 얼마만큼(의 부담을) 지불해야 하는지 전하면, 그것(일본 아베 총리와의 양호한 관계)도 끝나겠지"라고 말한 사실을 폭로했다.[**]

일본과 미국의 무역회의 의제는 농업과 자동차의 미국 시장 개방과

---

[*] 일본 공작기계 공업회, '공작기계 수주 통계, 2018년 7월 확보', http://www.jmtba.or.jp/wp-content/uploads/kakuhou1807.pdf
[**] 괄호 안의 문장은 기자의 보충 설명이다.
Freeman, James, 'Trump Eyes a Japan Trade Fight', 〈Wall Street Journal〉, September 6, 2018. https://www.wsj.com/articles/trump-eyes-a-japan-trade-fight-1536060141

비관세 장벽의 철폐가 될 것이다. 여기서 일본이 가장 걱정하고 있는 것은 협의가 타결되지 않아 미국으로 수출되는 자동차에 높은 관세가 부과되는 것이다. 실제로 2018년 9월 7일 트럼프 대통령은 기자단 앞에서 일본이 미국에 타협의 자세를 보이지 않을 경우 자동차와 자동차 부품의 수입에 대해 추가관세를 부과하는 등의 조치를 취할 수 있음을 내비쳤다.* 토요타 자동차는 2018년 8월 3일에 열린 2018년 2분기 결산 회견에서, 자동차와 부품에 부과되는 관세가 25%로 상승하면 일본에서 수출하는 대표적인 중형 세단(캠리) 1대당 6,000달러의 비용 증가가 발생하며, 미국에서 생산한다 해도 일본에서 부품을 수입하므로 1대당 1,600달러의 비용 증가가 일어날 것이라고 설명했다.**

이처럼 대미 수출 자동차에 높은 관세가 부과될 경우 가격 경쟁력이 떨어질 것이고 이것이 장기화된다면 일본의 자동차 생산과 그 수출은 상당한 조정을 강요받게 될 것이다. 심각한 것은 일본 경제에서 자동차 산업이 여전히 가장 중요한 위치를 차지하고 있다는 점이다. 일본의 무역통계를 살펴보면*** 자동차 수출은 2017년 전체 수출의 15.1%를 차지했으며, 대미 수출에서는 30.2%나 점하고 있다. 또

---

* 〈마이니치 신문〉, '트럼프 미 대통령 일본 '다음 표적'인가? 자동차 수입 제한을 암시', 2018년 9월 9일.
** 〈마이니치 신문〉, 도쿄판 조간. https://mainichi.jp/articles/20180909/ddm/003/020/071000c
타카다 타카시, '미국 생산 차도 1,800달러의 비용 증가, 트럼프 관세에서 토요타가 시산', 닛케이 XTECH, 2018년 8월 4일. https://tech.nikkeibp.co.jp/atcl/nxt/column/18/00001/00841/
*** 일본 재무성, '헤이세이 29년 무역통계(확정)', 2018년 3월 13일. http://www.customs.go.jp/toukei/shinbun/trade-st/2017/2017_117.pdf

한 일본 경제산업성의 통계에 따르면 일본 국내의 자동차 및 자동차 부품 제조업의 출하액은 일본 제조업 전체의 19.1%를 차지하고 있다.(2016년 실적)*

결과적으로 일본에서 자동차 산업의 활동이 제한된다면 일본 경제에 막대한 영향이 발생할 수밖에 없다. 아마 트럼프 정권은 이러한 사실을 충분히 이해한 후에 일본에 농업 부문의 시장 개방을 요구하고 있는 것으로 판단된다.

만일 트럼프 정권이 실제로 일본에 대해 추가관세를 부과한다면 미국으로의 자동차나 부품 수출은 줄고, 추가관세가 없는 지역에서의 생산이나 수출로 대체하게 될 것이다. 이는 일본의 무역수지를 악화시키는 요인으로 작용할 것이다. 게다가 일본은 예전처럼 대폭적인 무역흑자국이 아니어서 [도표 2-16]에서 보이듯 원유 가격에 따라 무역적자가 나타나기도 한다. 때문에 만일 일본의 자동차 수출에 추가관세가 부과되면 무역적자 경향이 나타나면서, 구조적인 엔화 약세가 진행될 수도 있다.

그렇게 되면 엔화 약세로 진행되는 환율이 추가관세에 의한 비용 증가를 상쇄하여 일본의 수출 경쟁력은 오히려 높아지게 된다. 그러면 미국은 중국과 터키에게 시행한 것처럼 추가관세를 부과해 엔화 약세의 영향을 상쇄하려고 할 것이다. 하지만 결국에는 이러한 환율의 자동적인 조정 기능이 대일 무역적자를 줄이고자 하는 미국에게

---

* 일본 경제산업성, '공업통계조사'. http://www.meti.go.jp/statistics/tyo/kougyo/result-2.html

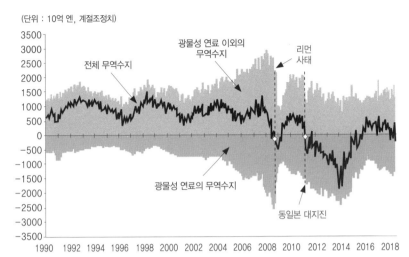

(단위 : 10억 엔, 계절조정치)

출처 : 일본 재무성, '무역통계' 데이터를 토대로 노무라종합연구소 작성.
주 : 계절조정은 노무라종합연구소가 시행.

'불편한 진실'이 될 것이다.

미국이 정말로 무역 불균형을 시정하고 싶다면 수입 관세나 수량 규제를 이용한 위협을 남발해서 자국에 유리한 상황을 만들어낼 것이 아니라 1985년 플라자합의에서처럼 달러 약세 및 상대 통화의 강세 방향으로 각국 및 지역이 협조해서 환율에 개입하는 편이 효과적일 것이다.

미국이 안고 있는 거대한 무역적자는 본래 심한 달러 약세의 요인 이다. 이론상 환율이 달러 약세로 돌아서기 시작하면 미국의 수출 경쟁력은 높아지고 비용 증가로 인해 수입이 억제되어 무역적자가 축소되는 방향으로 가게 된다. 이런 점을 살펴봤을 때 미국이 일본과 논의해야 할 것은 각 제품의 장벽과 거래 조건 등에 관한 것이 아니라, 중국 등을 끌어들여 효과적으로 환율을 조정할 방법에 관한 것이어야 할 것이다.

2019

3장

급변하는
신흥국 경제의 미래

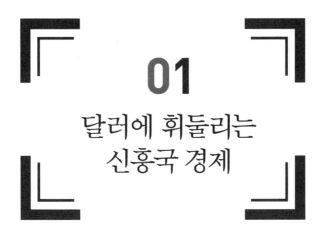

01

달러에 휘둘리는
신흥국 경제

    2018년 8월 기준 달러가 강세를 띠게 된 데에는 몇 가지 요인들이 있고, 이 원인들은 일부 신흥국과 지역에 혼란을 일으키고 있다. 그중 가장 눈에 띄는 것은 IMF에 지원 요청을 한 아르헨티나의 페소화 폭락과 터키 리라화의 급락이다.([도표 3-1]) 달러 강세가 진행되는 이유 중 하나는 실제 경제가 호조를 이어가는 미국이 계속 금리를 인상하려고 하는 것이다. 앞서 언급한 것처럼 미국은 임금 상승 정도에 따라 FRB가 규정하고 있는 중립금리(2.75%~3.00%)를 웃도는 지점까지 금리를 인상할 가능성이 있다. 만일 현행대로 3개월에 한 번씩 금리 인상을 한다면 2019년 중반에서 후반까지는 미국의 정책금리 상승이 이어질 것이다. 그동안 금융 측면에서는 달러 강세의 압력이 가해질

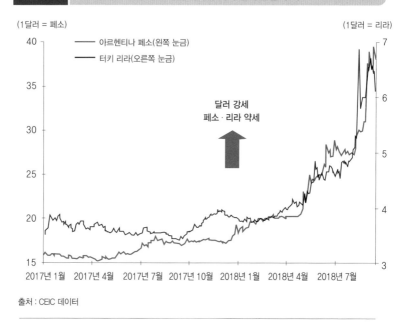

도표 3-1 아르헨티나 페소화와 터키 리라화 대비 달러 환율 추이

(1달러 = 페소)   (1달러 = 리라)

— 아르헨티나 페소(왼쪽 눈금)
— 터키 리라(오른쪽 눈금)

달러 강세
페소 · 리라 약세

2017년 1월 2017년 4월 2017년 7월 2017년 10월 2018년 1월 2018년 4월 2018년 7월

출처 : CEIC 데이터

것이고, 반면 정치 · 경제 상황에서 취약점을 안고 있는 일부 신흥국
에서는 통화 약세에 대한 압력이 가해질 가능성이 높다.

미국의 금리 인상은 2017년부터 이어지고 있지만, 처음에는 달러
강세가 나타나지 않았다. 미국 달러에 비해 거래량이 많은 유로화에
도 금융정책 정상화에 따른 통화 강세의 압력이 가해졌기 때문이다.
그런데 2017년에 유로화 강세가 진행되어 수출 성장이 둔화되자 유
로존의 중앙은행인 ECB는 금융정책 정상화 속도를 늦추었다. 그러자
2018년 들어 금리 인상 방향으로 계속 진행되는 미국의 금융정책과
방향성에 차이가 생겨 달러 강세에 대한 압력이 표면화된 것이다.

달러 강세가 진행된 또 하나의 요인은 트럼프 정권의 통상정책이다. 트럼프 정권은 2018년 이후 특히 중국에 통상 문제로 강한 압박을 가하면서 수입 관세 인상을 간접적으로 내비추고 있다. 그 경제적인 효과는 앞서 지속적으로 확인한 것처럼 매우 복잡하다. 우선 글로벌 공급사슬의 환경에서 수입 관세 인상이 수입 상대국뿐 아니라 부품을 생산하는 나라까지 수출 감소를 일으켜, 얕고 넓게 경제를 하락시키는 영향을 미친다. 때문에 미국의 수입 장벽 영향을 직·간접적으로 받은 지역은 경제 사정이 허락한다면 금융정책을 완화하기(또는 그러한 기대가 외환시장에 퍼지기) 때문에 통화가 하락하게 된다.

한편 수입 관세를 도입한 입장에서는 1장에서 살펴본 미국의 세탁기 사례와 같이 물가 상승의 압력이 가해져 인플레이션 기대가 확산되고, 그렇게 되면 중앙은행은 이를 억제하기 위해서 정책금리 인상이 필요하다고 생각하게 된다. 이것이 미국 경제의 호조에서 오는 금리 인상 압력과 맞물려 점점 달러 강세의 압력을 높이고 있는 것이다.

트럼프 정권은 취임 초기부터 통상정책에 강경한 자세를 관철해왔지만 2017년 이후 이러한 요인이 달러를 강세 방향으로 움직이는 일은 없었다. 당시 정권의 주도권은 국제적인 협조를 중시하는 사람들 편에 있어 구체적인 강경 자세가 대두되지 않았기 때문이다. 또한 2017년 당시에는 수입 관세의 근거가 되는 미국 통상법에 의거한 조사가 실시되던 단계이고, 안전보장상의 이유로 수입 관세를 부과할 근거가 없었다.

계속해서 강조한 것처럼 트럼프 대통령은 원래 달러 약세와 저금리를 추구해왔고, 2017년 달러가 완만한 약세 움직임을 보인 것도 트럼프 정권의 이 같은 성향이 영향을 미친 결과이기도 하다.

사실 미국처럼 무역적자가 큰 나라가 무역수지를 개선하려면 통화 약세로 전환해야 하지만, 굳이 인위적으로 조작할 필요는 없다. 무역 거래에서 수출액보다 수입액이 크면 수출 대금으로 받는 달러보다 수입에 대해 지불하는 달러가 많아지고, 그러면 무역 상대국은 외환시장에서 달러를 팔아 자국 내에서 유통될 자국 통화를 살 필요가 있다. 이것이 굳이 인위적으로 조작하지 않아도 무역적자국의 통화가 약해지는 메커니즘이다.

하지만 실제 환율은 무역에서 가해지는 압력과 투자에서 가해지는 압력의 균형으로 결정된다. 미국의 경우 무역에서 비롯된 달러 약세 압력보다 금융정책 정상화나 수입 제한에서 비롯된 인플레이션 기대가 초래하는 달러 강세 압력이 우위에 있었다. 이러한 상황을 계속 피하면서 무역 불균형을 시정하기 위해서는 수입 장벽 설정을 거두고 트럼프 정권의 주도하에 중국 등과 달러 약세를 위한 협조, 개입을 추진해야 할 것이다. 하지만 적어도 2018년 8월 기준 이런 움직임은 보이지 않고 있다. 다만 2018년 12월에 중국과 미국 정상이 무역전쟁 90일간의 휴전을 선언하면서 분위기가 달라지는 듯해 보였지만 아직

---

* Baker, Gerard, Carol E. Lee and Michael C. Bender, 'Trump Says Dollar 'Getting Too Strong,' Won't Label China a Currency Manipulator', Wall Street Journal, on April 12, 2017. https://www.wsj.com/articles/trump-says-dollar-getting-too-strong-wont-label-china-currency-manipulator-1492024312

낙관할 수 없는 상황이며, 논의가 진전되지 못한 채 달러 강세 경향이 지속되고 있다.

:: 신흥국의 통화는 또다시 흔들릴 것인가

돌아보면 글로벌 금융위기나 혼란은 미국의 금리가 상승 국면에 있거나 국제 협력관계의 붕괴, 또는 달러 강세가 진행된 시점에 발생했다.

미국의 2년 만기 국채 이율과 10년 만기 국채 이율의 추이를 나타내고 있는 [도표 1-12]를 다시 살펴보면 1987년 10월에 일어난 미국 주식 대폭락(블랙먼데이)과 1995년의 멕시코 위기(멕시코 통화 페소의 폭락과 멕시코의 재정 파탄), 1997년 아시아 통화위기, 2013년 5월에 시작된 미국의 장기금리 상승(테이퍼 텐트럼Taper Tantrum), 2015년 8월에 일어난 중국 위안화의 절하와 같은 사건 시점이 나타나 있다. 물가 움직임을 고려한 미국 달러의 절대적인 수준을 나타내는 실질실효환율의 추이를 나타내는 [도표 3-2]에서도 국제 금융시장의 '사건' 시점을 확인할 수 있다.

1987년 10월 19일에 일어난 블랙먼데이의 원인 중 하나로 당시 서독이 금리 인상을 한 일이 자주 언급된다. 그보다 8개월 앞서는 1987년 2월에 당시 G5의 플라자합의 후 급속도로 진행된 달러 약세에 제동을 걸기 위해 미국은 금리 인상을, 일본과 서독은 저금리 기조를 유지할 것을 합의(루브르합의)했다. 그럼에도 달러 약세가 멈추지 않자 인

도표 3-2 | 미국의 실질실효환율 추이

(1973년=100)

달러
강세

블랙
먼데이

멕시코
위기

아시아
통화
위기

긴축
발작

위안화
절하

LTCM
위기

출처 : FRB 데이터를 토대로 노무라종합연구소 작성.
주 : 회색 음영 부분은 미국 경기 침체 국면을 나타낸다.

플레이션이 계속될 것을 우려한 서독은 미국의 반대를 무릅쓰고 금리
인상으로 전환했다. 그러자 세계적인 금리 상승 기대가 확산되고, 우
호적인 협력체계가 무너질 것이라는 전망까지 퍼지면서 미국 주가가
하루 만에 22.6%나 하락하는 사태(블랙먼데이)가 발생한 것이다.

　1994년 12월에 일어난 멕시코 통화 위기는 미국에서 멕시코로 대
량의 투자 자금이 유입된 데 원인이 있었다. 1992년 12월 NAFTA가
조인되자 [도표 1-12]에서 보이듯 정책금리가 낮았던 (2년 만기 국채 이
율) 미국에서, 보다 이율이 높은 멕시코로 대량의 투자 자금이 흘러들

어갔다. 그런데 1994년 FRB가 금리 인상으로 돌아서자([도표 1-12]) 멕시코로 유입되었던 자금이 미국으로 역류했다.*

멕시코는 이에 따른 통화 약세 압력과 금리 상승에 대항하기 위해 환율 개입, 그리고 미국 달러에 연계되는 단기 채권(테소보노스^{tesobonos}) 발행 등을 추진했지만, 외환 보유고가 바닥을 치자 1994년 12월에 달러의 고정 상장제에서 변동 상장제로 전환할 수밖에 없었다.

한편 2013년 5월에 시작된 미국의 장기금리 급상승(테이퍼텐트럼)은 FRB의 정책 변경 예고가 원인이었다. 당시 FRB 의장이던 버냉키는 양적완화 정책에 따라 장기금리 수준을 떨어뜨리는 정책을 채택하고 있었지만, 2013년 5월 국채의 매입량을 서서히 감소시킬 것이라고(테이퍼링) 발표했다. 이로 인해 채권시장에서는 매수자가 줄면서 가격 하락에 대한 우려감이 확산되어 정작 정책이 변경되기도 전에 장기금리가 급상승했다. [도표 1-12]에서 볼 수 있듯이 당시 10년 만기 국채 이율은 1%대 후반에서 일시적으로 3%까지 상승했고, 이는 인도와 인도네시아를 비롯한 여러 신흥국의 통화가치를 하락시키고 상당 폭의 금리 인상과 경기 둔화를 일으켰다.

다음해인 2014년 후반에는 유로존의 금융완화가 예상되고 미국의 금리가 상승할 것이라는 기대가 확산된데다, 원유 가격이 폭락하면서 달러 가치가 빠른 속도로 상승하여 브라질 헤알화 등 신흥국 통화의

---

* 1994년 2월 멕시코 대통령 후보의 암살로 멕시코의 정치 정세를 불안하게 만든 사건이 일어난 것도 멕시코에 대한 자금 유입을 감소시킨 요인이 되었다.

도표 3-3 위안화와 달러화의 환율 추이

(2005년 7월 20일=100)

위안화 대비 달러 환율

위안화 절상
(2005년 7월)

위안화 명목실효환율

달러 명목실효환율

위안화 강세

미 달러화 강세

2004 2005 2006 2007 2008 2009 2010 2011 2012 2013 2014 2015 2016 2017 2018

출처 : BIS, FRB의 데이터를 토대로 노무라종합연구소 작성.

가치가 대폭 하락했다. 반면 중국 위안화는 당시 달러에 실질적으로
시세를 맞추고 있었기 때문에, 위안화의 명목실효환율은 달러와 함께
대폭 상승했다.([도표 3-3])

미국 달러와 중국 위안화의 이러한 상승은 기업 수익의 악화로 이
어져 미국의 일시적인 경기 둔화를 초래했고, 중국의 수출 경쟁력을
떨어뜨려 중국 경제를 냉각시켰다. 그러자 위안화 상승 영향을 완화
시키기 위해 중국 인민은행은 2015년 8월 11일 위안화 가치를 1.9%
절하했다. 그런데 향후 위안화가 약세로 돌아설 것이라는 예측이 확
산되었고, 이에 위안화 약세가 지속되자 중국은 외환보유고를 1조 위

| 도표 3-4 | 주요 신흥국 통화 대비 달러 환율 추이 |

(2005년 1분기=100)

리먼사태
유로 위기
미국 금융정책 정상화
통상 마찰로 인한
달러 강세

미국 달러 강세
신흥국 통화 약세

미국 달러 약세
신흥국 통화 강세

— 브라질 레알 ···인도 루피 — 말레이시아 링깃 — 한국 원 — 인도네시아 루피아 — 태국 바트

출처 : FRB, 〈월 스트리트 저널〉의 데이터를 기반으로 노무라종합연구소 작성.

안이나 감소시키고 외국 기업을 매수하는 등 외환시장에 적극적으로 개입하고, 자본 유출을 규제하여 간신히 위안화 하락을 저지하였다.

이와 같은 경험을 통해 알 수 있듯이 미국의 금리 인상과 달러 강세가 세계 경제에 초래할 영향은 결코 적지 않다. 다만 2018년 8월 기준 달러 강세로 인한 신흥국 통화가치 하락으로 보기에는 조금씩 다른 경향이 나타나고 있다. [도표 3-4]를 보면 2018년 달러 강세 국면에 브라질 헤알화, 인도 루피화, 인도네시아 루피아화는 크게 하락한 반면, 말레이시아와 한국, 태국의 통화가치는 큰 변동이 나타나지 않았다.

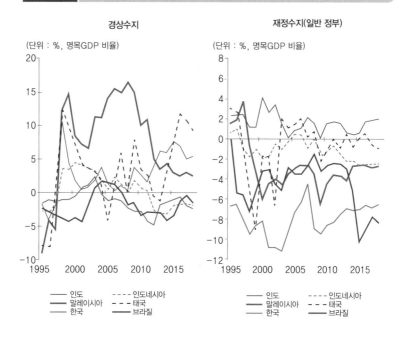

도표 3-5   주요 신흥국의 경상수지와 재정수지 추이

경상수지

(단위 : %, 명목GDP 비율)

재정수지(일반 정부)

(단위 : %, 명목GDP 비율)

— 인도   - - - - 인도네시아
— 말레이시아   - - - 태국
— 한국   — 브라질

— 인도   - - - - 인도네시아
— 말레이시아   - - - 태국
— 한국   — 브라질

출처 : IMG, 'World Economic Outlook Database', 2018년 4월.
주 : 2018년은 IMF 예측치

이러한 차이가 발생한 요인 중 하나는 각 나라의 경상수지이다. [도표 3-5]를 보면 한국, 말레이시아, 태국은 최근 경상흑자를 이어오고 있는 반면, 브라질과 인도, 인도네시아는 계속 경상적자를 나타내고 있다. 재정수지 또한 브라질과 인도는 그 적자폭이 매우 크다.

경상적자가 이어지는 나라들의 경우 무역 등의 거래에서 국외로 많은 돈이 유출되는데 국내에 비축금이 없으면 해외에서 자금 조달을

해야 한다. 때문에 달러의 금리가 오르거나 달러가 강세를 보이면 국제 금융 측면에서 긴축 효과가 크다. 또한 외환으로 자금을 조달할 때 자국 통화가 약세를 보이면 채무가 늘어나는 결과가 되기 때문에 이 또한 통화 약세로 이어지는 악순환을 낳기 쉽다.

:: 신흥국 통화가치 하락의 파급력

외환보유고가 높으면 자국 통화가치를 보호하고, 외화 자금 확보가 어려울 때 힘을 발휘한다. 2017년 말 기준, GDP 대비 신흥국의 외환보유고는 브라질 18.7%, 인도 15.8%, 인도네시아 12.8%로 모두 10%대이다. 반면 한국 25.2%, 말레이시아 32.6%, 태국 44.5%로 높은 편이다. 이런 요인들이 복합적으로 작용해 달러 강세 국면에서 각각의 통화가치가 다르게 움직이고 있는 것이다.

통화 약세의 압력에 노출되어 있는(또는 노출되는 것을 경계하고 있는) 국가에서는 자국의 통화가치를 보호하고 물가 급등을 피하기 위해 정책금리를 인상하게 된다. 인도네시아도 2018년 5월 이후 2018년 9월까지 네 번의 금리 인상을 실시했으며, 통화가치를 유지하고 인플레이션 압력을 억제하기 위해 시장의 투기 움직임을 억누르고 있다. 반면 터키의 에르도안 대통령은 중앙은행의 금융정책에 개입하며 저금리정책을 강요하고 있다. 이러한 시점에 미국의 정책금리가 상승하고 달러 강세가 진행되면 외국 자금에 의존하는 신흥국의 통화 약세 흐름이 뚜

렷해진다. 더 이상은 시장에서 대응할 방법이 없는 터키의 경제는 통화 약세 및 인플레이션 확대라는 악순환으로 이어질 가능성이 보다 높았다. 게다가 미국과의 관계가 악화되면서 리라화의 폭락이 일어났다.

에르도안 대통령의 압력에도 터키 중앙은행은 2018년 5월부터 6월에 걸쳐 정책금리를 8%에서 17.5%까지 인상했다. 그럼에도 인플레이션과 통화 약세 추세는 진정되지 않았고, 결국 2018년 9월 13일에는 시장의 예상을 웃도는 금리 상승 폭(17.5%에서 24%)으로 정책금리를 인상했다. 이로 인해 리라화는 크게 상승했다. 하지만 지속적으로 완화정책을 내세우고 있는 터키 정부의 압력을 얼마나 견뎌낼 수 있을지 확언하기 어려운 실정이다.

[도표 3-1]를 살펴보면 리라화와 페소화의 통화가치 하락이 매우 비슷한 시기에 일어나고 있음을 알 수 있다. 이는 어떤 한 나라가 갑자기 통화 약세에 노출되면 비슷한 경제 환경의 다른 국가로 통화 약세의 압력이 확산되고, 이것이 다시 통화가치 약세 압력으로 돌아온다는 전형적인 통화 약세 '전염contagion 현상'으로 볼 수 있다. [도표 3-4]을 살펴보면 브라질 헤알화가 2018년 들어 크게 하락한 것도 이웃 국가인 아르헨티나의 통화가치가 급락한 것에 영향을 받은 것이다.

이렇게 보면 달러 강세 상황에서 발생한 일부 신흥국 통화의 하락 현상은 이해가 어렵지 않다. 이 흐름은 미국이 금융정책 정상화를 위해 금리를 인상하고 트럼프 정권이 자국의 수입 문호를 닫는 통상정책을 지속하는 한, 경상적자인 나라와 정치적으로 불안정한 국가를 중심으로 계속 이어질 것이다. 즉, 통화 약세의 타깃이 된 국가들은 자국의 금융정책을 미국보다 긴축적으로 조정하여 통화가치를 유지해야 한다고 강요받을 것이다. 하지만 이 방법으로는 인플레이션 우려가 확산되는 것은 억제할 수 있어도 정책금리의 인상으로 인한 경기 둔화로부터 벗어나기는 어려울 것이다.

2019년 4월 인도네시아에서는 대통령 선거가, 인도에서는 총선거가 예정되어 있다. 만일 이들 국가에서 미국의 금리 인상에서 비롯된 부작용이 확산될 경우 경제 및 정치적 불안감이 커져 현재의 여당 측에 불리하게 작용할 수 있다. 또한 미국의 금융긴축에 따른 통화 약세 국면에서는 이러한 정치적 불안정화가 투기를 부추겨 통화가치 하락이 더 심화되고, 경제 정치적 불안정으로 내몰리는 악순환에 빠지기 쉽다는 점도 주의해야 한다. 더불어 인플레이션 지표 상승을 계기로 미국의 정책금리나 장기금리 상승이 지속될 것이라는 예상이 확대되면 미국 주가에 대한 조정이 강요될 것이다. 이때 투자금은 상대적으로 리스크가 높은 신흥국 주식시장에서 빠져나갈 가능성이 높다. 이러한 금융시장의 혼란과 조정 또한 신흥국 통화의 하락 압력으로 작용할 것이다. 한편 영국의 유력 경제지는 스페인과 이탈리아, 프랑스의 대형 금융기관이 터키에 고액 자산을 보유하고 있어서 ECB가 리라화 급락의 영향을 우려하고 있다고 보도했는데, 이로 인해 유로화가 잠시나마 큰 폭으로 하락하기도 했다. 신흥국 통화가 불안정해질 경우 앞으로도 이와 비슷한 보도가 또다시 나올 가능성이 있다. 그렇게 되면 재정적자국을 중심으로 한 혼란이 선진국으로 확산될 위험이 있다는 점을 주지해야 한다.

02

사면초가에 이른
중국 경제의 딜레마

트럼프 미국 대통령은 북미 정상회담을 끝낸 직후인 2018년 6월 15일에 제재 관세를 부과할 500억 달러 상당의 중국 수입품 품목 리스트를 공표했다. 중국이 즉시 이에 대항하자 트럼프 대통령은 다시 18일에 2,000억 달러 상당의 수입품에 10%의 제재 관세를 부과하기 위한 리스트의 작성을 지시했다. 이로써 미중 무역 마찰이 촉발되었는데 이후 발생한 위안화 대비 달러 환율의 변화는 실로 흥미롭다.

[도표 3-6]을 살펴보면 위안화가 달러보다 떨어진 시점은 트럼프 대통령이 제재 관세 리스트를 공표한 2018년 6월 15일이다. 앞에서도 언급했듯이 미국이 중국에 제재 관세를 부과하면 중국의 수출품 가격 경쟁력이 떨어져 수출이 감소되면서 통화가 약세를 띠게 된다.

도표 3-6	위안화 대비 달러 환율과 상하이은행 간 금리 추이

(단위 : %)   (단위 : 1달러/ 위안)

MLF에 의한 자금 공급

미국의 제재 관세
리스트 공표

예금준비율
인하 발표

— SHIBOR 3개월 금리(왼쪽 눈금)

— 위안화/달러 환율(오른쪽 눈금, 역눈금)

2018.5   2018.6   2018.7   2018.8   2018.9

출처 : CEIC 데이터

또한 같은 시기 상하이 은행간 단기금리(3개월물 시보SHIBOR) 동향은 2개월 만에 1.5% 가까이 떨어졌다. 중국 인민은행은 2018년 6월 24일 시중 은행이 보유하고 있는 채권의 주식화 등을 목적으로 압박하여 2018년 7월 5일 이후 예금준비율을 0.5% 인하한다고 발표했다. 또한 국무원은 중소기업 대상의 대출 금리를 인하하며 중소기업과 농무부의 금융 환경을 완화하도록 통지를 내렸다. 또한 7월 23일에는 중소기업 대출 제도MLF를 통해 5,020억 위안의 출자 공급을 시행했다.* 이 같은 중국의 금리 저하는 미국 금리와의 차이를 좁혀 달러 강세·위안화 약세를 부추겼다. 그렇다면 트럼프 대통령의 분노를 산 위안화 약세는 미국이 의심하는 것처럼 인위적인 것이 아니라 바로 이 같은 요인이 작용해서 발생한 일이었을 가능성이 있다.

중국 인민은행은 2018년 8월 3일 금융기관에 대해 외환 포워드 거래에 대한 보유고 비율을 20%로 인상했고, 8월 24일에는 위안화 거래의 일일 기준치 산출시 가격 변동을 억제하는 요소counter-cyclical factor를 부활시켜 위안화 대 달러화 가치 하락에 제동을 걸고자 하고 있으며, 단기 시장의 금리 저하도 이 시점에 중단되었다. 중국 금융 당국자에 따르면 자연의 섭리로 일어난 일(그 요인의 적어도 반은 트럼프가 만든 것이다) 때문에 불평을 듣는 것이 부당하지만 트럼프 정권을 자극하고 싶지 않다는 생각이 작용한 것으로 본다.

다만 중국 경제는 경기 둔화가 확대되고 있어 금융완화 정책을 시행하기에 적합한 시기이다. 우선 미국과의 통상 문제는 중국에서의 수출 감소를 의식하게 만들어 기업은 중국에 대한 신규 투자를 주저하게 될 것이다.

앞에서도 살펴본 바와 같이 중국이 일본 기업에 발주한 공작기계 수주액은 2017년에는 전년 대비 113.2% 증가한 뒤 2018년 3월부터는 마이너스로 돌아섰고 마이너스 폭도 미국과 중국 사이 무역 마찰

---

* Bloomberg News, 'China's Piecemeal Shift to Looser Monetary Policy Gathers Pace', July 23, 2018. https://www.bloomberg.com/news/articles/2018-07-23/pboc-eases- funding-strains-in-biggest-ever-medium-term-injection

이 심해진 5월 이후에는 −9.5%(5월), −7.7%(6월), −8.5%(7월)로 커지고 있다. 향후 수입 관세 대상 품목이 많아지고, 장기화된다면 중국의 제조업 고도화가 둔화되어 중장기적으로 산업 공동화까지 이어질 수도 있다.

중국 정부는 최근 지방 정부와 국영기업, 가계의 부채 증가를 억제하고자 하고 있으며, 특히 기업 부문의 GDP 대비 부채 비율은 [도표 3-7]에서 보이듯 2017년을 지나며 감소세로 돌아서고 있다. 부채 증가를 억제하는 정책은 기존에 대출로 자금을 조달해 투자 및 건설 활동을 진행하던 것을 억제시키고, 이는 경기 둔화의 요인으로 작용하게 된다. 특히 2000년대 이후의 중국 경제는 투자가 경제성장을 주도해왔기 때문에 그 충격은 결코 적지 않을 것이다.

일본 건설기계 제조업체인 고마츠Komatsu는 자사의 건설기계 가동 상황을 관리하여 매월 지역별 가동 상황(한 대당 월평균 가동 시간)을 공표하고 있다.(콤트랙스KOMTRAX*) 이에 따르면 중국 내 건설기계 가동 상황은 2018년 2월부터 8월까지 7개월간 연속으로 전년 대비 마이너스 수치를 보이고 있다. 이 수치를 그대로 해석하면 공공투자나 주택 및 빌딩 건설과 같이 건설기계를 이용하는 작업이 줄고 있다는 의미이다. 2018년 1월부터 8월까지 중국의 고정자산 투자는 전년 동기 대비 +5.3%인데, 사실 이 수치는 같은 해 1월~2월까지 +7.9%였던 것에서 매월 상승폭이 줄어들고 있는 것이다. 즉, 고정자산 투자가 빠르게 둔

---

* https://home.komatsu/jp/ir/demand-orders/

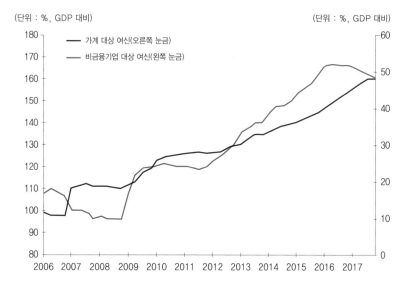

| 도표 3-7 | 중국의 비금융기업 및 가계 대상 대출 잔액 추이 |

(단위 : %, GDP 대비)　　　　　　　　　　　　　　　　　　(단위 : %, GDP 대비)

— 가계 대상 여신(오른쪽 눈금)
— 비금융기업 대상 여신(왼쪽 눈금)

출처 : BIS, 'Long Series on Total Credit to the Non-financial Sector'

화되고 있다는 것이다. 이 영향으로 중국의 대표적인 주가지표인 상하이종합지수는 2018년 1월 24일 3,559포인트를 기록한 후 계속 하락하고 있으며 2018년 9월 기준 2,800포인트를 밑돌았다.

　한편 중국 인민은행이 6월 24일에 공표한 예금준비율 인하는 그 용도가 채무 주식화(출자전환debt-equity swap)로 한정되어 있다. 채무 주식화는 경영 상황이 건전하지 않은 기업의 재무 상황을 개선하는 데 많이 사용되므로 과잉 생산설비의 처분 등 실질적인 불량채권의 처리였다고도 파악된다. 향후 중국 정부가 지방정부나 국영기업, 또는 가계의 채무 증가를 억제하는 과정에서 안이한 형태로 금융완화를 시행한다면 경제 활동 둔화라는 대가를 치르면서까지 지켜온 지금까지의 성과를 망쳐버릴지도 모른다.

그럼에도 중국은 무역 분쟁 격화에 대응하며 금융완화를 추진하기 시작했다. 이전까지 중국 정부는 채무 증가 억제 및 불량채권 처리와 같은 중국 경제의 재구조화를 우선시했다. 하지만 2018년 6월 이후 본격화된 트럼프 정권의 무역 전쟁 공세에 중국이 산업 정책면에서 안이하게 타협할 수 없다고 나온 이상, 이번 무역 분쟁이 장기화되면서 중국 경제의 둔화도 장기화될 것이라고 파악한 것으로 볼 수 있다. 실제로 중국 국무원은 2018년 7월 재정 출동의 확대를 용인한다는 통지를 한 것으로 보이며, 금융·재정 양면에서 거시적 경제정책을 펼쳐 중국 경제의 중장기적 둔화에 대비하고자 하고 있다.

그런데 중국이 중장기적인 시련을 견디며 시기를 기다리고자 하는 데에는 표면적인 이유 외에 다른 속내가 있어 보인다. 통상 마찰의 상대국인 미국 트럼프 대통령의 정책별 지지율을 보면 평가가 높은 분야는 경제(55%), 고용 창출(55%), 테러와의 전쟁(55%)이며, 이민 문제(46%), 외교(44%), 정부 운영(42%)과 같은 분야에서는 상대적으로 평가가 낮다.*

그런데 미국의 수입 제재가 무역 마찰의 격화로 더 심화된다면 중국 측이 지적한 대로 미국인들의 생계비에도 영향을 미칠 것이고, 이는 결

---

* Monthly Harvard-Harris Poll: August 2018. https://harvardharrispoll.com/wp-content/uploads/2018/08/Final_HHP_Aug2018_RegisteredVoters_Topline_Memo.pdf

국 트럼프 대통령에 대한 불만으로 표출될 것이다. 현재 트럼프 대통령의 지지율을 떠받치고 있는 것은 경제 및 고용 환경의 개선뿐이다. 때문에 앞으로 무역 마찰이 심각해지거나 장기화된다면 트럼프 대통령도 무역 문제에 대한 강경한 태도를 완화할 수밖에 없을 것으로 판단하고, 그때까지 소위 버티기 전략을 구사하고 있는 것일 수도 있다.

:: 중국은 일본의 버블 붕괴를 되풀이할 것인가

1980년대 일본과 미국의 통상 마찰 후 일본은 내수 확대를 위한 정책을 재정정책이 아닌 금융정책을 중심으로 진행해왔는데, 이는 낮은 수준의 정책금리가 장기화되는 또 하나의 요인이 되었다. 일본은 1980년대 후반 주가와 부동산을 중심으로 일어난 대규모 자산 버블이 1990년대부터 2000년대에 걸쳐 붕괴되면서 장기 경제 침체를 겪었다. 그 배경에는 낮은 수준으로 방치된 정책금리, 금융시장의 자유화, 금융기관의 경쟁 심화로 인해 형성된 낮은 대출 기준, 금융정책의 독자성 상실 등 여러 요인이 얽혀 있다. 하지만 결국은 필요 이상으로 완화된 금융 환경이 만든 버블이 가장 큰 요인이었다. 게다가 부동산 수요라는 측면에서 볼 때 생산가능인구* 비율이 1990년대 초반 정점

---

* 인구학적인 관점에서는 경제 활동이 가능한 만 15세부터 64세까지의 인구, 노동력의 관점에서는 만15세 이상 인구 전체를 의미한다.

을 찍어, 주택 건설 등을 통한 토지 수요가 강세 흐름에서 약세로 돌아서는 변곡점을 맞이한 것도 영향을 미쳤을 것이다.

현재 시점에서 중국은 향후 일본의 이 같은 패턴을 따를 위험 요소를 안고 있다. 만일 중국이 미국과의 통상 마찰의 장기화에 대처하기 위해서, 혹은 무역 불균형의 해소를 위해 내수를 확대하려는 정책을 채택한다고 가정해보자. 이때 내수 확대의 발판으로 금융정책 완화가 적용된다면 중국의 외자 규제 완화 등과 겹쳐 금융기관의 경쟁을 격화시킬 것이고, 투자가 무분별하게 확대되어 부동산 등의 자산 가격에 버블이 생길 위험이 있다.

뒤에서 한 번 더 살펴보겠지만 중국에서도 생산가능인구가 인구 전체에서 차지하는 비율이 2010년에 정점을 찍었으며, 부동산에 대한 기초적인 수요가 증가하는 상황이 생겨나진 않을 것이다.

그런데 미국의 금리 수준이 더욱 상승하거나 중국이 자국의 경기 둔화를 의식해 한층 더 금융을 완화한다면 [도표 3-6]에서 확인한 것처럼 위안화의 달러 대비 약세는 더욱 심화될 것이다. 마찬가지로 트럼프 정권이 무역 면에서 중국에 대한 제재를 강화하게 될 경우에도 중국의 무역흑자 감소나 중국 국내 경기 둔화로 인해 위안화 약세를 더욱 부추길 수 있다. 2018년 8월 중국 인민은행의 움직임을 볼 때 위안화 약세로 인해 더 이상 문제를 악화시키지 않기 위해 어느 정도 수준을 유지할 것으로 보인다. 이는 달리 말하면, 환율 수준을 유지하기 위해 더 이상 금리를 쉽게 내릴 수 없다는 것이며 동시에 금융정책으로 경기를 부양할 수 없다는 것을 의미한다.

이것은 중국에게는 딜레마가 될 수밖에 없다. 그런데 만약 금융정책을 통해서가 아니라 재정정책을 통해 내수를 늘리고자 한다면 이 문제는 극복할 수 있다. 금리나 위안화 가치를 크게 내리는 일 없이 경기를 유지하는 것이 어느 정도 가능하기 때문이다.

만약 중국과 미국이 환율 조정을 통해 지금의 국면을 타개하기로 합의할 경우 중국은 위안화 강세에 맞닥뜨릴 수밖에 없고, 그 악영향을 피하기 위해 일본이 그랬던 것처럼 거시경제 정책이라는 완충책을 취할 것이다. 이럴 경우 중국은 재정정책과 금융정책 중 무엇을 중심으로 상황을 타개할 것인지 선택해야 하는 상황에 놓이게 될 것이며, 이는 중국 경제의 향방을 가늠하는 중요한 갈림길이 될 것이다.

만일 중국 정부가 재정정책을 선택할 경우 중국 정부의 재정적자는 커지겠지만 대규모 버블 발생 및 버블 붕괴가 불러올 금융 불안 및 장기 경제 침체는 피할 수 있을 것이다. 반면 금융정책을 선택할 경우에는 이전의 일본처럼 장기 경기 침체에 빠질 위험성이 있다. 물론 중국이 과거 일본의 사례를 충분히 감안하여 금융완화 정책을 시행하는 대신 금융기관의 경쟁이 격화되지 않도록 금융 자유화의 속도를 늦추는 대책을 취하여 금융시스템 관리를 강화할 수도 있다. 이는 공정한 경쟁 조건을 추구하고 통상 문제로 싸우고 있는 상대국인 미국의 의도에 반하는 일이기는 하지만, 이 점이 미중 간 협의에서 고려될지 아닐지는 중장기적으로 매우 중요한 포인트가 될 것이다.

그렇다고 재정정책이 만능열쇠라고도 할 수는 없다. 중국의 고령화가 급속하게 진행되겠지만 그와 동시에 연금이나 의료 같은 사회보장에 대한 부담도 급격하게 증가할 것이다. 이는 어느 나라에서나 마찬가지로 정부에는 큰 부담이 되지만, 더욱이 이미 정부가 커다란 재정 적자와 채무를 안고 있는 경우에는 필연적으로 사회보장 예산의 제약이 커질 수밖에 없다.

어느 나라든 재정정책이 크게 확대되면 투자를 해도 수지가 맞지 않는다. 그처럼 재정 면에서 책정된 자금으로 안이하게 투자가 이루어지고 결과적으로 쓸데없는 제품 등이 대량 생산되는 사례도 결코 적지 않다. 특히 중국의 경우 정부의 보조금이나 정책기금으로 대량 건설된 주택에 단지에 사람이 살지 않는 사례도 무수히 많다. 앞으로 중국 정부가 재정을 적극적으로 확대하면 이 같은 사례가 더 많이 생겨날 수 있다는 것은 충분히 예상할 수 있는 일이다.

그래도 금융시스템의 불안정화가 초래하는 경제의 심각한 악화나 사람들의 불안·불만의 확대는 이전의 일본이나 한국, 또는 그리스 등의 사례를 보면 알 수 있듯이 한 나라의 경제 사회에 한 번에 확대된다. 중국에서는 감시나 강화 등으로 사회 전반이 이전보다 불안정해져 사람들의 불만도 쌓이기 쉬운 환경이 되어가는 것으로 보인다. 최근 개인 간 대출을 중개하는 금융사업의 파탄이 계속 일어나고 있으며 이로 인해 사람들의 불안과 불만은 도시를 중심으로 상당히 확산되고 있다.

이런 와중에 자산 버블 붕괴에 따른 금융시스템의 불안정화 같은 사태가 일어난다면 중국 정부는 이를 진정시키기 위해 매우 큰 정치적인 노력과 비용을 지불해야 할 것이다. 경우에 따라서는 동아시아나 동남아시아의 안전보장에도 영향을 미칠 수 있다. 정치가는 때때로 사람들의 내정에 대한 불만의 시선을 외교나 안정 보장으로 돌림으로 자신들의 위험을 회피하고자 하는 면이 있다. 이렇게 살펴보자면 앞으로 중국이 무역 마찰의 영향을 어떤 정책을 통해 피해갈 것인가에 따라 중국과 아시아의 미래가 크게 좌우될지도 모를 일이다.

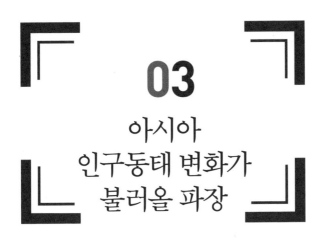

03
아시아
인구동태 변화가
불러올 파장

부동산 시장의 수급 및 가격 동향은 규제나 금리, 해외로부터의 투기 자금과 같은 여러 변수에 따라 움직이지만, 그중에서도 인구동태의 변화에 주목할 필요가 있다. 그중에서도 인구 전체에서 차지하는 생산가능인구의 비율이 정점이 되면 그 전후로 부동산 가격의 버블이 발생하기 쉽다고 나타나고 있다.

한 가지 예로 일본의 생산가능인구의 비율과, 주택 부지의 실질 지가의 추이를 비교해보면([도표 3-8]), 1990년대 초반에 가격이 상승에서 하락으로 바뀌는 시기와 생산가능인구 비율이 상승에서 하락으로 바뀌는 시기가 비슷하다. 1970년 전후의 상황에서도 실질 주택 지가의 정점을 찍은 1973년과 생산가능인구 비율이 최대치였던 1969년

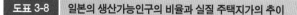

일본의 생산가능인구의 비율과 실질 주택지가의 추이

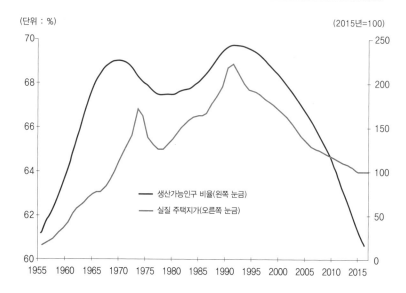

(단위 : %)   (2015년=100)

생산가능인구 비율(왼쪽 눈금)
실질 주택지가(오른쪽 눈금)

출처 : United Nations. Department of Economic and Social Affairs. Population Division, 'World Population Prospects:
The 2017 Revision', 일본 총무성 통계국 '소비자물가지수', 일본부동산연구소 '시가지가격지수'의 데이터를 토대로 노무라종합연구소 작성.

은 4년 밖에 차이가 나지 않는다.

한편 유럽과 미국, 아시아의 주요 국가와 지역에서 1980년 이후로 한정시켜 생산가능인구의 비율이 정점을 찍은 연도를 살펴보면 2000년대 세계적인 주택 버블로 큰 영향을 받은 미국과 영국, 스페인, 아일랜드는 모두 2008년의 리먼사태 전후로 정점을 찍고 있는 것을 알 수 있다.([도표 3-9])*

한 국가의 청년 노동인구가 늘어나는 동안에는 주택 등에 대한 수요

국가·지역명	연도	국가·지역명	연도	국가·지역명	연도
핀란드	1984	아일랜드	2005	싱가포르	2010
프랑스	1986	스페인	2005	태국	2010
독일	1986	영국	2007	노르웨이	2010
스위스	1988	오스트레일리아	2008	한국	2016
네덜란드	1989	뉴질랜드	2008	베트남	2013
이탈리아	1990	캐나다	2008	대만	2014
일본	1992	스웨덴	2009	말레이시아	2019
덴마크	1993	미국	2009	인도네시아	2030
그리스	1999	중국	2010	인도	2040
포르투칼	2000	홍콩	2010	필리핀	2054

도표 3-9 ─ 서구 및 아시아의 생산가능인구 비율의 정점 시기

출처 : United Nations, Department of Economic and Social Affairs, Population Division, 'World Population Prospects: The 2017 Revision'의 데이터를 토대로 노무라종합연구소 작성.

도 늘어 부동산 시장이 상승세를 보이지만, 인구구조가 고령화되면 부동산에 대한 수요도 축소된다. 이러한 흐름의 변곡점에서는 그때까지 통용되던 대로 강세가 이어질 것이라는 견해가 실제 수요의 변화를 좀처럼 받아들이지 못하여 가격과 수급 균형의 조정이 커진다.

더욱이 중국과 한국, 타이완과 같은 동아시아 지역의 생산가능인구 비율은 2010년부터 2016년 사이 정점을 찍었고, 이후 일본처럼 상당

---

* [도표 3-9]에서는 최근 부동산 가격 상승과의 관련성 논의로 한정하기 위해 1980년 이후로 제한된 생산가능인구 비율의 정점을 표시했다. UN 통계에서 1950년부터 추이를 보면 영국이나 스웨덴에서는 위 도표에 있는 연도보다 1950년이 생산가능인구 비율이 높게 나타난다.

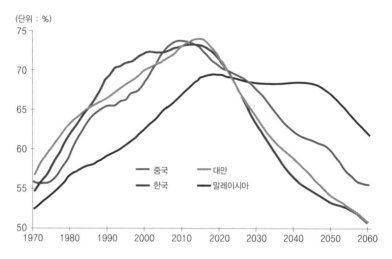

| 도표 3-10 | 한국 · 말레이시아 · 중국 · 타이완의 생산가능인구 비율 |

(단위 : %)

출처 : United Nations, Department of Economic and Social Affairs, Population Division, 'World Population Prospects: The 2017 Revision'의 데이터를 토대로 노무라종합연구소 작성.

히 급속도로 감소하고 있다.([도표 3-10])

　예를 들어 말레이시아는 2019년에 생산가능인구 비율이 정점을 맞을 것으로 보인다. 말레이시아의 경우 생산가능인구 비율이 정점을 찍은 후에도 당분간은 거의 평형의 추이를 나타내고 생산가능인구의 절대수도 2047년까지 계속 증가할 것으로 보인다. 하지만 앞서 말한 부동산 시장의 불균형 확대와 인구 동향 변화의 시기가 겹치고 있다는 점에는 경계가 필요하다.

　말레이시아의 부동산시장에서 주시할 지역 중 하나는 말레이시아 반도 남단으로, 싱가포르와 인접한 조호르바루 주이다. 2017년 11월 말레이시아 중앙은행 보고서*에 따르면 말레이시아의 주택 재고 중 27%는 조호르바루 주에 집중되어 있고, 복합 상업시설의 전용면적도 조호르바루 주에서는 2021년까지 기존 전용면적의 1.5배로 확대할 예정이다.

하지만 아직 이들 지역에서 큰 부동산 가격의 조정은 일어나지 않고 있다. [도표 3-9]에서 나타내고 있는 생산가능인구 비율의 절정을 이미 맞이한 국가와 지역에도 심각한 부동산 가격 조정이 일어난 것은 아니다. 각국의 부동산 시장은 주택담보대출의 형태나 규제, 상관습, 지리적 조건 등에 의해 크게 차이가 난다. 2010년대 이후에는 세계적인 저금리 경향이 더해져 중국 등 국외로부터의 부동산 수요가 증가하고 있다. 이러한 요인이 차례로 쌓여 국가 및 지역별 인구동태와 부동산 가격과의 관련성에 차이가 발생할 것이다.

그러나 금융정책이나 규제 강화 같은 요인을 통해 이들 국가의 부동산 시장에 조정 압력이 가해지면 이미 진행되고 있던 인구동태 변화가 가격 조정을 보다 심각하게 만들어 일본과 같은 금융시스템의 불안정화를 불러올 위험이 있다는 점에 주의해야 할 것이다.

---

* JBank Negara Malaysia, 'Economic and Financial Developments in the Malaysian Economy in the Third Quarter of 2017', November 17, 2017. http://www.bnm.gov.my/index.php?ch=en_publication&pg=en_qb&ac=169&en&year=2017

2
PART

2019
한국 경제의
미래

4장

한국 경제는 저성장을
극복할 수 있는가

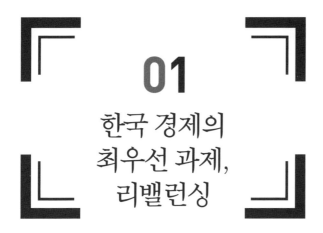

01
한국 경제의
최우선 과제,
리밸런싱

2018년 9월 기준 한국에서는 경기 둔화세가 급속히 확산되고 있다. 그 원인 중 하나는 문재인 정부가 목표로 하고 있는 성급한 소득 확대 정책에 있으며, 그 부작용은 고용 상황에 명확하게 나타나고 있다. 2018년 8월 기준 취업자 수는 전년 동월 대비 3,000명 증가에 그쳤다. 2017년까지 취업자가 매월 전년 동월 대비 10만 명대 후반에서 30만 명 가까이 늘었던 상황을 고려하면 현저한 감소세라고 할 수 있다.

이러한 취업자 수의 감소는 최저임금을 6,470원에서 7,530원까지 16.4%나 인상한 2018년부터 시작되었다고도 볼 수 있지만 실태는 보다 심각하다. [도표 4-1]은 전년 동월 대비 취업자 수 격차를 농업

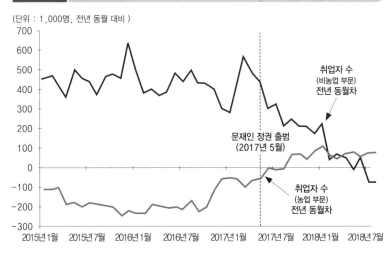

(단위 : 1,000명, 전년 동월 대비)

출처 : CEIC Data

부문과 비농업 부문 취업자로 나누어 나타내고 있다. 이를 보면 알 수 있듯이 비농업 부문 취업자 수의 증가세는 문재인 정부가 출범한 다음 달인 2017년 6월부터 감소하기 시작했고 2018년 7월과 8월에는 전년 동월 대비 7만 3,000명이 감소했다. 한편 농업 부문의 취업자 수는 2017년부터 한국 정부가 취농 지원을 강화하면서 증가세로 바뀌었는데 여기에는 전체 수치의 악화가 다소 감춰진 면도 있다.

　최저임금의 대폭 상승이라는 외부 요인이 비농업 부문 취업을 억제시키는 사태는 문재인 정부의 정책 방침을 앞질러가는 양상으로 정부 탄생 직후부터 시작되었다. 이러한 노동시장 환경의 악화는 한국인들의 고조된 소비심리를 악화시켰다. 한국은행이 발표하는 소비자 신뢰

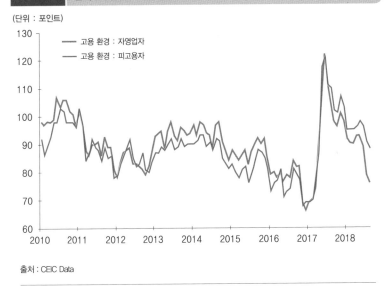

(단위 : 포인트)

출처 : CEIC Data

지수^CSI, consumer confidence index*는, 2017년 11월의 112.0를 정점으로 하락하여 2018년 8월에는 99.2를 기록하고 있다. 그중 큰폭으로 하락하고 있는 항목 중 하나가 바로 고용 환경이다.

[도표 4-2]는 자영업자와 피고용자의 고용 환경에 대한 인식을 나타내고 있다. 이 도표에서 알 수 있듯이 문재인 정부가 출범하기 6개월 전인 2016년 11월부터 2017년 2월까지는 자영업자와 피고용자 모두 60포인트 후반을 나타내며 고용 환경이 매우 악화된 것으로 인

---

* 소비자가 현재 및 미래의 재정 상태, 경제 전반의 상황, 구매 조건 등에 대한 설문조사를 통해 그 결과를 지수화한 것, 소비자 태도지수라고도 한다. 소비자의 경기 인식을 바탕으로 작성된다는 점에서 기업가의 경기 판단으로 작성되는 기업경기 실사지수에 대응된다.

식하고 있었다. 그런데 소득 확대와 공적 부문의 고용 확대를 내세우는 문재인 정부의 출범과 함께 급격하게 개선되어 2017년 6월에는 120포인트 대 전반까지 이르렀다. 그런데 실제 상황이 기대에 미치지 못하자 [도표 4-2]에서 살펴볼 수 있듯이 고용에 대한 기대감도 급속하게 저하되고 있다. 가장 눈에 띄는 것은 자영업자의 고용 환경에 관한 의식(감정·정서)이 2018년 7월부터 급격하게 하락하고 있다는 점이다. 문재인 정부는 노동 시간이 긴 한국의 노동 관행을 시정하기 위해 2018년 7월부터 300명 이상 고용하고 있는 기업에 대해 주당 노동 시간을 최대 68시간에서 최대 52시간으로 단축시켰다. 이로 인해 도심의 기업 종사자들이 일찍 퇴근하면서 자영업자들이 운영하는 음식점의 야간 매출이 급감하고 있다. 자영업자들은 이처럼 노동 규제 변경에 따른 손실을 체감하고 있는 것으로 판단된다.

:: 현실을 반영한 노동정책의 필요성

문재인 정부가 내세우고 있는 정책의 방향성을 지적하려는 것은 아니다. 한국 기업의 고질적인 장시간 노동이나 최저임금보다 낮은 수준의 임금 등은 한국 사회가 '질적 성장'으로 나아가기 위해 반드시 개선해야 할 부분이기 때문이다. 그러나 한국 경제의 이런 구조적인 문제를 단번에 수정해나가기에 지금이 적절한 시점인지에 대해서는 문재인 정부의 상황 판단이 크게 잘못된 것이라고 생각된다.

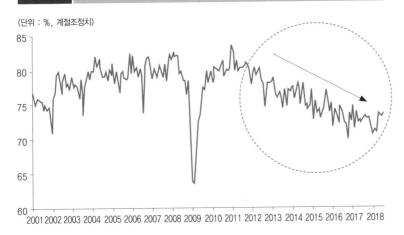

도표 4-3 한국 제조업의 설비가동률 추이

(단위 : %, 계절조정치)

출처 : 한국 통계청, 한국은행 데이터를 토대로 노무라종합연구소 작성.
주 : 계절조정은 노무라종합연구소가 시행.

단순하게 보면 한 나라의 노동시장은 기업의 채용 의지(노동 수요)와 취업 의지가 있는 노동자 수(노동 공급)의 균형으로 결정된다. 노동 공급이 적은데 기업의 채용 의지가 강하면 임금은 상승 기조를 띠고 실업자 수는 줄어든다. 반대로 노동을 공급하려는 사람은 많은데 기업이 고용을 원하지 않으면 임금은 상승을 멈추거나 하락하고 실업자 수가 늘어난다. 이때 중요한 것은 사람을 고용해야 할 정도로 바쁜가, 또는 사람을 늘릴 필요가 없을 정도로 한가한가 하는 기업의 사정이다.

사실 2010년대의 한국 경제, 특히 제조업의 상황은 구조적으로 공급이 수요를 훨씬 웃돌았기 때문에 고용을 확대할 만한 상태가 못 되었다. 그런 상황에서 정부가 임금을 대폭 인상시켰다. 이미 기업은 한

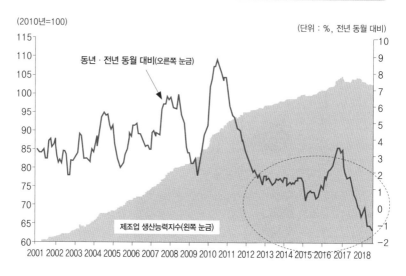

| 도표 4-4 | 한국 제조업의 생산능력지수 추이 |

(2010년=100)

(단위 : %, 전년 동월 대비)

동년 · 전년 동월 대비(오른쪽 눈금)

제조업 생산능력지수(왼쪽 눈금)

2001 2002 2003 2004 2005 2006 2007 2008 2009 2010 2011 2012 2013 2014 2015 2016 2017 2018

출처 : 한국 통계청, 한국은행

가해졌는데 고용 비용이 오르자 기업 경영자는 고용에 더욱 소극적인 입장이 되었고, 영세 기업은 운영을 지속하기 어려워진 것이다.

그렇다면 2010년대 한국의 제조업에는 어떠한 변화가 일어난 것일까? [도표 4-3]은 한국 제조업의 설비가동률 추이를 나타내고 있다. 이 표를 보면 알 수 있듯이 2004년부터 2007년, 그리고 2010년과 같이 한국 경제가 호조였던 때에는 설비가동률이 80% 전후였다. 이 당시에 기업들은 공급량을 늘리기 위해 적극적으로 설비 투자를 시행했다. [도표 4-4]와 같이 제조업의 생산능력도 2010년 무렵까지는 상당한 속도로 향상되었다. 이러한 호황기에는 기업이 사업의 확장을

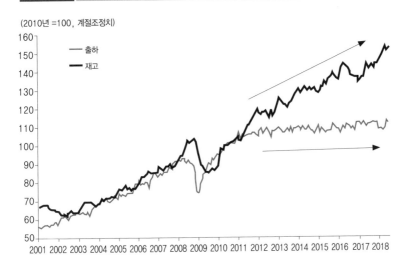

출처 : 한국 통계청 데이터를 토대로 노무라종합연구소 작성.

위해 설비 투자를 늘리고, 인재에 대한 투자 및 고용을 확대하기 위해 자금을 투자하게 마련이다.

하지만 2011년이 되자 한국 제조업의 환경은 크게 변화했다. 리먼 사태 이후 전 세계적인 경기대책의 반등, 선진국의 경기 침체, 중국과 아시아 기업의 추격에 따른 글로벌 경쟁 심화, 국내 건설업 침체 등의 요인들이 맞물리면서 수요 증가세가 부진해져 제조업 전체 출하는 거의 증가하지 않았다.([도표 4-5])

이런 상황이 되면 설비를 가동시켜도 매출은 늘지 않고 재고만 쌓이기 때문에 기업은 수요와 균형을 이룰 때까지 설비가동률을 낮추고 새로운 설비 투자도 자제하게 된다. 실제로 [도표 4-4]에서 볼 수 있는 한국 제조업의 생산능력지수는 2011년을 정점으로 크게 저하되었다.

이러한 수요의 성장 부진이 일시적인 것이라면 출하가 회복됨에 따라 설비가동률도 회복되고 설비 투자도 그에 맞춰 늘기 시작할 것이다. 그러나 2010년대 한국의 제조업은 중국 및 아시아 기업과의 경쟁이 치열해지면서 과잉 설비 상태에서 좀처럼 빠져나오지 못하고 있으며, 설비가동률도 2017년까지 계속 하락했다.

최근 몇 년간 한국 경제는 이러한 과잉 설비를 떠안은 채 구조조정으로 내몰리고 있는데, 이것이 지역 경제나 소비의 성장 부진을 낳아 기업의 경영 환경을 더욱 어렵게 만드는 악순환에 빠진 것으로 보인다. 실제로 제조업(광공업 생산)과 서비스업의 활동지수 추이를 살펴보면([도표 4-6]) 리먼사태 직후 한때를 제외하고는 2011년경까지 두 부문의 활동이 거의 같은 속도로 늘어났다. 이는 제조업(2차 산업)의 확대가 소비와 부동산 등을 통해 서비스업 등 3차 산업의 확대로 이어졌고, 3차 산업의 확대가 다시 2차 산업의 확대로 이어지는 선순환 구조였음을 보여준다. 이것이 2000년대 한국 경제를 고성장으로 이끈 원동력이었을 것이다.

그런데 2010년대에 들어선 후에는 제조업의 생산활동이 거의 늘지 않아 경제성장은 3차 산업에만 의존하는 구조로 바뀌었다. 그러한 경제구조에서는 2차 산업과 3차 산업의 선순환적 확대가 이루어지지 않기 때문에 서비스업 활동의 성장도 2000년대에 비해 둔화되었

(2010년=100, 계절조정치)

출처 : CEIC Data
주 : 계절조정은 노무라종합연구소가 시행.

다.([도표 4-7]) 결국 비농업 부문 취업자 수는 [도표 4-1]에 나타나 있는 2016년까지 성장해온 방식이 2010년대 한국 경제에서는 최선이었을 수도 있다.

　이전 같은 한국 경제의 모습으로 되돌리려면 지금은 제조업의 가동률을 회복하는 등 경제 환경 정비에 보다 중점을 두어야 한다. 이를 위해 정부는 세제 및 규제 개혁을 통해 기업의 과잉 설비 제거를 촉진하거나 공공투자를 확대하여 직접 수요를 늘려야 한다. 이렇게 해서 수요와 공급의 균형을 맞춘 후에 격차의 시정이나 임금 등의 분배정책을 보다 현실적으로 펼쳐간다면 노동시장에 미치는 영향은 줄어들 것

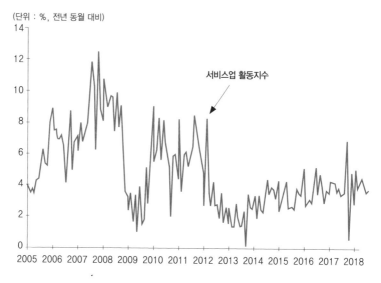

(단위 : %, 전년 동월 대비)

출처 : CEIC Data

이다. 그러나 문재인 정부처럼 경제가 공급 과잉(또는 수요 부족)으로 침체되어 있는데 경제 실태를 크게 웃도는 수준으로 임금을 인상시키면, 이익이 늘지 않는 기업에 비용 부담만 더해 기업 활동을 위축시키고 만다. 젊은 층의 고용을 늘리면 보조금을 받는다고는 하지만 어차피 비용이 증가하므로 기업 입장에서는 큰 매력이 없다.

이렇게 보면 한국 노동시장의 악화는 정부의 노동시장 정책으로 인한 것이라는 비판을 피할 수 없을 것으로 보인다. 실제로 문재인 정부는 2020년까지 최저임금을 10,000원으로 올리는 정책은 사실상 단념했다. 하지만 2019년 1월에도 최저임금을 8,350원으로 2018년에 비해 10.9% 인상했는데, 앞서 살펴본 문제들이 남아 있는 상황에서 이 같은 조치는 한국 노동시장을 더 악화시키고 국내 수요를 더 냉각시킬 수도 있다.

:: 반도체 산업은 한국 경제를 지속적으로 견인할 수 있는가

그나마 [도표 4-4]에서 볼 수 있듯 제조업의 생산능력이 2018년부터 전년 대비 마이너스를 기록하고 있다. 이는 과잉 설비의 제거가 신규 투자를 웃도는 상황이 되었다는 뜻으로, 공급 과잉 상태에 대한 조정이 진행되고 있음을 나타낸다.

[도표 4-3]의 설비가동률도 2018년 봄부터 상승 경향을 보이고 있다. 과잉 설비 제거로 설비 가동의 효율이 오른 것이 요인 중 하나이다. 또 다른 요인으로는 한국이 글로벌 시장의 중심을 차지하고 있는 반도체, 그중에서도 메모리반도체의 수출이 2년 전인 2016년에 비해 2배 이상으로 증가하며 호조를 보인 것이 영향을 미쳤다.

세계반도체무역통계기구WSTS, World Semiconductor Trade Statistics에 따르면 2017년 세계 반도체시장 규모는 전년 대비 21.6% 증가한 4,122억 달러까지 커졌으며, 2018년 8월에 공표된 예측에 따르면 2018년 시장 규모는 15.7% 증가한 4,771억 달러, 2019년도는 5.2%증가한 5,020억 달러 규모가 될 것이다.[*]

2018년 6월 기준 2018년 12.4%, 2019년 4.4% 증가할 것으로 예

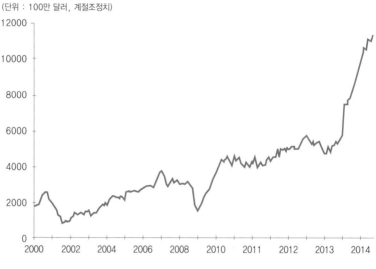

도표 4-8 한국의 반도체 수출액 추이

(단위 : 100만 달러, 계절조정치)

출처 : CEIC Data의 수치를 토대로 노무라종합연구소 작성.

측 되었던** 수치가 더 커졌다는 것은 반도체 시장 규모가 커질 것이라는 예측이 가능할 정도로 호황세라는 의미이다. 그런데 이렇게 반도체 수출이 호황을 보였음에도 2018년 제조업 전체의 가동률이 이전에 비해 많이 저하되어 있다.([도표 4-3]) 이는 제조업의 공급능력이 여전히 과잉 상태라는 것을 의미한다. 이러한 과잉 생산능력을 단번에 처

---

* WSTS, 'WSTS has published the Q2 2018 semiconductor market figures', August 16, 2018. https://www.wsts.org/esraCMS/extension/media/f/WST/3613/WSTS-nr-2018_08.pdf
** WSTS Semiconductor Market Forecast Spring 2018, June 5, 2018. https://www.wsts.org/esraCMS/extension/media/f/WST/3540/WSTS_nr-2018_05.pdf

리하려 하면 불량 채권으로 인한 금융시스템 및 실물경제에도 상당한 영향을 끼칠 수 있기 때문에 반드시 시간을 들여 처리해야 한다.

반도체 시장의 호황 역시 오랫동안 이어진다고 장담할 수 없다. WSTS가 2019년 성장률이 개선될 것으로 예측하고 있지만, 경우에 따라서는 생산설비 과잉이나 반도체 가격의 하락 위험성도 표출될 수 있다. 세계 주식시장 또한 반도체 관련 기업이 공표하는 전망 변화에 상당히 민감하게 반응하고 있으며, 한국 대기업 중에서도 반도체 생산설비에 대한 투자를 연기하는 움직임을 보이는 곳이 나오고 있다.

한편 중국에서는 중요한 산업정책인 '중국 제조 2025'을 바탕으로 반도체 산업을 포함한 첨단 산업에 집중적으로 정부의 보조금을 투입하고 있다. 일본 경제산업성이 2018년 8월 공표한 '통상백서2018'에서는 중국의 반도체 산업이 과잉 생산능력을 떠안을 위험에 대해 지적하고 있다.* 즉, 반도체시장이 지금은 좋아 보이지만, 중장기적으로 보면 철강 산업처럼 세계적인 공급 과잉 현상에 직면해 대폭적인 가격 하락을 맞을 수도 있다는 뜻이다.

미국의 트럼프 정권이 미중 마찰 속에서 '중국 제조 2025'를 문제 삼는 이유 중 미중의 패권 다툼 외에 다른 것이 있다면, 그것은 단번에 공급력을 늘리기 위한 중국의 극단적인 산업정책으로 인해 해당 산업의 세계적 균형이 무너져 과다 경쟁에 빠질 경우 최종적으로 중국이나 미국뿐 아니라 다른 나라의 기업까지도 무너뜨릴 수 있다는 우려

---

* 일본 경제산업성, '통상백서2018', 2018년8월.

에 기인한 것일 가능성이 높다. 한국의 경우에도 과잉 생산능력의 내적 · 외적 요인을 단번에 해결하려 하는 정책은 부작용을 불러올 수 있으므로, 현 시점에는 도시 기능의 재정비나 강화 등 인프라 투자에 힘을 쏟아야 할 것이다.

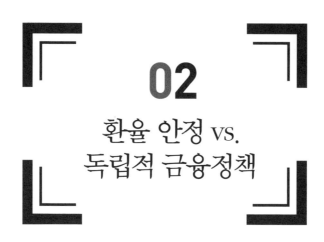

02
환율 안정 vs.
독립적 금융정책

한국은 2018년 3월 미국과 FTA의 수정 협의를 타결했으며 유사한 내용으로 정식 체결을 했다. 때문에 한국 경제가 트럼프 정권으로부터 직접 휘둘릴 가능성은 2017년에 비해 낮아졌다. 다만 이 문제에 대해 몇 가지 고려해야 할 점이 있다. 그중 한 가지는 트럼프 정권이 자동차의 수입 관세를 광범위한 무역 상대국에 부과할 경우에 대비해야 한다는 점이다. 만약 한국에서 수출된 자동차나 자동차 부품에도 수입 관세가 부과된다면 미국에 자동차를 수출할 때 큰 폭의 비용 상승 압력을 받을 것이기 때문이다. 다만 한국은 이미 FTA 수정 협의에서 합의점에 도달했으며, 지금까지 트럼프 정권의 행동 패턴으로 볼 때 이미 교섭에 들어가 있거나 타결한 국가와 지역은 수입 관세 대상에서 제외되거나 관세율 등을 경감 받을 가능성이 남아 있다.

또 한 가지는 환율정책이다. 2018년 3월에 타결한 한미 수정 FTA에서는 환율정책에 대한 합의를 목표로 했지만, 직후 한국 정부가 부정적으로 돌아섰다. 이후 2018년 9월 5일 〈니혼게이자이 신문〉은 미국과 멕시코의 무역협정 재검토 속에는 외환에 관한 조항이 포함되어 있으며, 한미 FTA의 재검토에도 외환에 관한 조항으로 "경쟁적인 통화 절하를 금하거나 금융정책의 투명성과 설명 책임을 약속한 조항을, 강제력을 가지지 않는 '부대협정'에 포함시켰다"고 보도했다.* 한국은 본래 대폭적인 경상흑자를 계상하고 있으며, 2014년에는 대외 순자산국이 되었다. 이러한 국가의 통화는 중장기적으로 상승해야 하지만 현실에서 한국의 원화는 미국의 금융정책 정상화 영향 등으로 기복을 겪고 있다. 또한 미국은 트럼프 정권이 들어서기 전부터 한국의 외환 개입이 불투명하다는 불만을 강하게 제기해왔다.**

향후 한국 경제를 내다보기 위해서는 한국이 만약 이러한 '부대조항'을 근거로 외환 개입 같은 직접적인 환율정책을 자제하고 금융정책의 투명성과 설명 책임을 이행한다면 어떻게 될 것인지를 살펴봐야 한다.

---

* 토리야마 타이세이, 'NAFTA에 외환 항목 : 미·멕시코 합의, 통화 약세 유도 견제인가', 〈니혼게이자이신문〉 전자판, 2018년 9월 5일. https://www.nikkei.com/article/DGKKZO34996750V00C18A9MM0000/
** 미국 재무부은 2018년 4월에 발행한 외환정책 보고서에서 한국이 외환 개입의 상황을 공표하도록 요구했다. U.S. Department of the Treasury Office of International Affairs, 'Macroeconomic and Foreign Exchange Policies of Major Trading Partners of the United States', April 2018, p.20. https://home.treasury.gov/sites/default/files/2018-04/2018-04-13-Spring-2018-FX-Report-FINAL.pdf

원래 각국의 금융정책은 그 나라의 사정에 맞춰 결정된다. 때문에 앞에서 언급했듯이 한국 경제에 많은 영향을 미치는 미국의 금융정책은 금리 인상을 이어오고 있다. 하지만 한국 경제는 둔화 경향을 보이고 있어서 2%의 물가상승 목표에도 도달하지 못하고, 가계의 부채 확대, 주택정책의 부작용을 우려하여 금융정책을 완화할 수밖에 없었다. 이런 상황은 앞으로도 충분히 발생할 수 있다. 그리고 이렇게 상호 독립적으로 결정한 금융정책의 방향 차이로 인해 한국 원화는 감가 압력을 받게 된다. [도표 3-4]에서 볼 수 있듯이 한국 원화는 2018년에 들어서서 달러 대비 완만한 약세를 보이고 있는데, 가장 큰 이유가 바로 이 금융정책의 방향 차이이다. 만일 '부대협정'이 정말로 존재한다면, 아무리 강제력이 없다 해도 미국이 이런 상황을 금융정책에 의한 '간접적인' 외환 유도라고 해석해 한국에 '설명 책임'을 요구할 빌미가 될 수 있다.

'국제 금융의 트릴레마trilemma(삼중고)'라는 것이 있다. 첫째, 자유로운 자본 이동, 둘째, 환율의 안정, 셋째, 독립된 금융정책이라는 세 가지 사항을 동시에 달성하는 것은 불가능하다는 의미를 담고 있는 말이다. 만약 한국이 지금까지 실제로 외환 개입을 해왔다면 '자유로운 자본 이동'을 포기하고 나머지 두 가지를 채용했다는 얘기가 된다. 하지만 이번 한미 FTA 합의에 따라 한국은 '자유로운 자본 이동'을 받아들여야 한다. 그렇다면 앞으로는 '환율의 안정'이나 '독립된 금융정책' 중 하나를 포기해야 하는 상황에 직면할 수밖에 없다. 만약 한국 정부가 앞으로 이 두 가지 중 '환율의 안정'을 중시한다면 미국의 금융정책

속도에 맞춰 경제 상황에 관계없이 금리 인상을 해야 할 것이다. 이는 앞으로의 경제 상황에 부담으로 작용하여 한국 경제에 압력이 가해질 것이다. 한편 '독립된 금융정책'을 중시하게 된다면 당장의 한국 원화는 달러 대비 약세 방향으로 진행되어 수출을 뒷받침하게 될 것이다. 대신 트럼프 정권의 불만을 불러일으켜 어디선가 문제가 불거질 수도 있다. 예를 들어 미국 재무부가 6개월에 한 번씩 공표하는 '환율정책 보고서'에 한국의 외환·금융정책에 대해 비판적인 코멘트가 덧붙여지는 것도 예상할 수 있을 것이다.

:: 원화 환율에 미국의 압력이 가해질 것인가

또한 미국과 한국 사이에 '부대협정'이 존재하지 않는다 해도 결국에는 비슷한 결론이 나올 것이다. 이번에 미국과 멕시코 사이에 무역협정의 재검토가 진행되었는데 그때 환율정책의 투명성 등에 관한 합의가 맺어진 사실에 대해 멕시코의 재무상도 부정하지 않고 있다.* 그렇다면 앞으로 미국이 체결해나갈 많은 무역협정과 재검토에서 멕시코와의 합의는 '참고 사례'가 될 것이기 때문에, 한국의 경우에도 어느 정도이든 외환에 관한 합의가 포함될 것이라고 생각된다. 상황이 이

---

* Mayeda, Andrew and Eric Martin, "Mexico Says U.S. Trade Deal Will Send a 'Signal' on Currency Manipulation", Bloomberg, August 29, 2018. https://www.bloomberg.com/news/articles/2018-08-28/u-s-mexico-trade-deal-to-send-signal-on-currency-manipulation

렇다 보니 한국과 미국이 최종적으로 외환에 관한 협정을 맺지는 않더라도 교섭 과정에서 미국 측이 외환 문제를 삽입할 가능성이 높다. 미국은 지금이라도 한국이 위에서 말한 '부대협정'의 내용을 따르도록 하고 싶어 할 것이기 때문이다. 그렇다면 앞으로 한국 원화 환율 동향에 따라 미국이 이 문제를 다시 꺼내들 수도 있다는 것은 충분히 예상 가능하다.

마지막으로 한국과 미국 사이의 통상정책에 직접적인 변경은 없더라도 미국과 중국, 미국과 일본 사이의 통상 마찰이 심화되어 무역량이 감소한다면 한국은 간접적인 영향을 받게 될 것이다. 현재의 세계 경제, 그중에서도 아시아 경제는 매우 광범위한 공급사슬 속에 편입되어 있기 때문이다. 특히 한국은 중국과의 무역량이 많아 단기적으로는 대 중국 수출량이 감소할 가능성이 높다. 한편으로는 환율에 따라 생산 거점을 중국에서 자국으로 되돌릴 기회가 될 수도 있을 것이다.

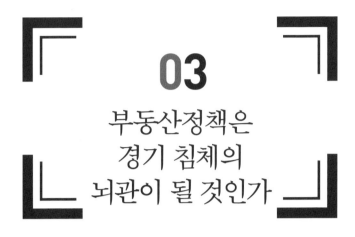

03
부동산정책은
경기 침체의
뇌관이 될 것인가

문재인 정부가 취하고 있는 정책의 또 한 가지 특징은 부동산 투기에 대해 매우 엄격하다는 점이다. 이전 정권이 경기 부양책의 일환으로 주택대출 규제 등을 완화했기 때문에 한국의 주택시장에서는 최근 몇 년간 주택에 대한 투자나 투기 행위가 급증했다. 특히 수도인 서울에서는 강남 지역을 중심으로 주택 가격의 상승이 이어졌다.([도표 4-9]) 정치권이 나서서 이러한 투기를 억제하려 하는 것에 공감할 수는 있지만, 이를 실행에 옮길 때에는 대담함과 섬세함을 동시에 충족시켜야 한다.

문재인 정부의 출범 직후 줄곧 부동산시장에 대한 규제를 강화해왔지만, 주택 가격은 강남 지역을 필두로 오히려 급등세를 보였다. 2018

도표 4-9 서울 · 수도권 및 지방의 주택 가격 추이

서울 · 수도권

지방

출처 : CEIC 데이터

년 9월 13일 한국 정부는 주택 가격이 급등하고 있는 지역의 종합부동산세 세율을 최대 3.2%까지 인상하는 등의 내용이 담긴 부동산시장 안정화 대책을 발표했다. 한국 정부가 공표한 자료(영문판)에 따르면 다주택 보유자는 주택 가격이 급등하고 있는 '투기 조정 지역'의 주택 구입을 위해서는 대출을 받을 수 없다. 또한 1주택자라도 이사나 이직과 같은 정당한 이유가 없으면 '투기 조정 지역'의 주택 구입을 위해 대출을 받지 못한다. 또한 전세에 대한 공적 보증은 처음 주택을 구입하는 사람, 또는 세대 소득이 1억 원 이하인 1주택자에 한해서 인정된다.*

규제 내용을 바탕으로 추측컨대 이번 규제의 표적은 이미 주택을 보유한 상태에서 임대나 투자를 위해 주택을 구입하는 사람, 주택 임대 시의 보증금을 기초 자금으로 하여 신규 주택을 잇따라 구입하는 사람이다. 정부는 이런 규제를 고액 부동산에 대한 투기를 억제하여 부동산 가격의 급등을 억제하려 하는 것이다.

실은 이와 유사한 부동산 대출 규제가 부동산 버블이 심했던 일본에서 실행되어 버블 붕괴의 계기가 된 예가 있다. 앞서 살펴본 [도표 3-8]에도 나와 있듯이 1980년대 후반에는 도쿄나 오사카 등의 대도시를 중심으로 일본의 토지 가격이 급등했다. 부동산 버블의 중심은 상업 지역이었는데, 당시 부동산업자뿐 아니라 일반 기업들도 보유한 부동산(일본의 경우는 토지가 주를 이룬다)을 담보로 대출을 받아 새로운 토지를 구입하거나 리조트 시설을 개발했다. 또한 은행도 실체가 있는 자금 수요가 줄고 금융 자유화로 인한 경쟁 격화로 수입이 줄어들자 부동산 투자에 적극적으로 나섰다.

이렇게 도쿄 도심을 비롯한 일본 각지에서 토지 수요가 (투기적으로) 급증하며 부동산 가격의 상승 속도가 빨라지자, 이것을 새로운 대출 담보의 테두리로 하는 토지나 부동산 투자가 반복되었다. 은행들도 실제 자산 가치 이상으로 담보를 평가해 대출을 시행하기도 했다. 이렇게 해서 발생된 토지 가격의 급등, 즉 가격 버블이 일어났다.([도표 3-8]의 실질지가)

** 한국 금융위원회, '주택 가격 안정을 위한 금융 조치Financial Measures to Stabilize Housing Prices'(영문판), 2018년 9월 13일.

토지 투기가 대도시를 중심으로 번져나가 거주민의 강제적 이주나 토지의 회전 판매로 이어지면서 사회 문제가 되기 시작하자 부동산 버블을 잡아야 한다는 여론이 확산되었다. 당시 은행 정책을 담당했던 대장성(현재의 재무성)은 1990년 3월 부동산 관련 대출에 대해 총량 규제를 통지했다. 이 규제는 부동산 관련 대출의 상승률을 총대출의 상승률 이하로 억제하여 토지를 기점으로 돌고 있는 돈의 흐름을 막아 투기를 억제하려는 것이었다. 이 통지는 1991년 12월, 지가 상승에 제동이 걸린 것이 확인되면서 해제되었다.

겨우 1년 9개월간 시행되었음에도 부동산업에 대한 대출 압박은 매우 혹독했다. [도표 4-10]은 일본 기업이 본 은행의 대출 기준을 나타낸 것이다. 즉, 은행의 대출 기준이 '느슨하다'고 답한 기업의 비율에서 대출 기준이 '엄격하다'고 답한 기업의 비율을 뺀 값(DI)의 추이이다. 이를 보면 알 수 있듯이 제조업도 비제조업도 이 총량 규제가 있었던 시기에는 은행 대출이 어렵다고 느꼈다. 하지만 1997년부터 1999년에 걸쳐 일어난 일본의 금융시스템 불안 시기나 2008년의 리먼사태 직후만큼은 아니었다. 그러나 총량 규제가 가장 엄격한 시기(1991년 6월 조사)에 부동산업이 느낀 대출 기준은 -73으로, 다른 업종과는 비교가 되지 않을 정도이다.

그 결과 토지를 기점으로 한 돈의 흐름이 단번에 역회전을 시작하게 되었다. 토지를 발판으로 계속 돈을 빌려 자산을 부풀려왔던 기업과 부동산업자들이 이번에는 일제히 대출금의 변제를 위해 토지를 매각하기 시작한 것이다. 부동산이 버블이 일던 시기와 달리 매각하려

| 도표 4-10 | 일본 기업 대상 금융기관의 대출 기준 추이 |

(단위 : DI)

총량 규제가
시행된 시기

대출 기준이
느슨하다

대출 기준이
엄격하다

— 제조업
— 비제조업
— 비제조업 중 부동산

1985 1989 1993 1997 2001 2005 2009 2012 2017

출처 : 일본은행 '전국 기업 단기경제 관측조사'(단칸) 결과.

는 사람은 많은데 매수하는 사람은 거의 없어 지가는 가파른 하락 곡선을 그리며 버블이 붕괴되었다. 그 후 장기에 걸친 자산 디플레이션이 일본 경제를 뒤덮었다.([도표 3-8]의 실질지가)

이번에 한국 정부가 공표한 안에는 새로운 주택을 구입할 때의 대출은 제한하지만, 이미 받은 대출을 회수한다는 내용은 없다. 그래도 이번 규제로 인해 주택 가격이 급등하고 있는 지역의 새로운 매수자는 현금을 준비해야 하기 때문에 이 시장의 매수자가 격감할 가능성이 높다. 때문에 압도적인 수요 초과로 인해 주택 가격이 한없이 상승하는 상황은 해소되어가고 있다고 생각된다.

문제는 이 조치로 매각자가 얼마나 늘어날 것인가이다. 지금까지 가격이 급등하던 지역의 주택시장 환경이 나빠진 이상 발을 빼려고 하는 사람이 나올 것이고, 적어도 그 만큼의 가격 하락은 일어날 것이다. 다만 그 이상으로 상황이 악화될지 아닐지에 대한 최종적인 열쇠는 금융기관이 주택 보유자에게 얼마나 대출을 해주는가에 달려 있다.

가령 주택 가치가 다소 하락했더라도 금융기관이 대출의 상환 기한을 연장해준다면 주택 보유자는 대출의 변제를 위해 무리하게 주택을 팔지 않아도 된다. 또 입주 기간이 끝난 입주자에게 돌려줄 보증금을 은행이 주택 보유자에게 빌려준다면 역시 억지로 주택을 팔지 않아도 된다. 일본의 부동산 버블 붕괴 경우처럼 대출의 변제나 현금화를 위해 무리하게 주택을 팔아야 하는 것이 아니라면 부동산 가격이 필요 이상으로 무너지는 일은 없을 것이다.

그런데 가격이 떨어진 주택의 대출에 대해 금융기관이 담보 부족을 이유로 상환을 요구하거나 기한 연장을 거부한다면 주택 보유자는 무리해서라도 그 주택을 팔아 대출금을 갚으려(은행 입장에서 본다면 대출금의 회수) 할 것이다.

전세 보증금에 대한 정부 보증도 이번 규제에서는 여러 채의 주택을 보유하고 있는 사람의 건물에는 해당되지 않는다. 따라서 임차인에게 보증금을 돌려줄 때 주택 소유주의 변제 부담이 더 커진다. 따라서 보유 자금이 적은 집주인은 주택을 팔아서 전세 보증금을 지불하려고 할 것이다. 이런 사례가 거듭될 경우 주택시장에 매물이 증가해

가격 하락으로 이어질 것이다. 이렇게 하여 자산 가격이 하락 방향으로 돌아서면 주택의 담보 가치가 떨어져 주택 대출이나 전세 보증금의 현금화를 서두르는 주택 보유자나 금융기관이 늘어날 것이고, 이는 다시 주택 가격의 하락에 박차를 가하게 되는 악순환이 일어날 위험이 높아진다.

다만 주택 가격의 급등이 일어났던 지역이 대부분 원래 거주 수요가 있던 지역이라면 학교나 학원 등 입지로 인해 잠재적으로 그곳에 살고 싶어 하는 사람들이 적정하다고 생각하는 가격 수준까지 떨어지면 주택 가격은 안정될 것이다. 그럼에도 한국의 현재 주택 가격은 적정 가격 수준과 거리가 멀어서, 즉 버블 규모가 크기 때문에 가격을 조정하게 되면 집주인이나 금융기관의 타격이 매우 클 것이다.

∷ 혼란의 확산, 악순환을 경계해야 할 때

더 나아가 이 조정에 따른 영향이 특정 지역의 주택시장을 벗어날 위험성도 고려해야 한다. 예를 들면 전세 보증금을 대출로 조달한 전세 세입자에게 집주인이 전세 보증금을 돌려주지 못하게 되면 세입자는 대출을 변제하지 못할 수도 있다. 이렇게까지 상황이 심각해진다면 다주택 투기층을 규제하기 위한 정책이 일반인들의 소비 행동에까지 영향을 미치게 될 것이다.

이러한 대출의 역도미노 현상이 초래할 손해는 대출을 변제하지 못할 경우 최종적으로 누가 책임을 질 것인가(손해를 볼 것인가)에 따라 달라진다. 만일 담보 매물을 매각으로 주택 대출의 변제가 해결되지 않는 경우 남은 빚의 변제 의무를 빌린 사람이 지게 되면(일본의 경우는 이에 해당한다), 빌린 사람은 소유하고 있는 다른 건물이나 자산을 팔아 대출을 변제할 기초자금을 만들게 될 것이다. 그러면 주택 가격 버블이 꺼지면서 다른 자산의 가치도 떨어지게 된다. 반면 담보 매물을 은행에 넘기는 것으로 주택 대출에 대한 집주인의 책임이 끝난다면, 주택 가격의 하락에서 비롯된 대출의 잠재적 손실은 금융기관에 집중된다. 이때 금융기관이 일제히 매물을 매각하려 한다면 주택시장의 수요와 공급이 크게 무너지기 때문에 금융기관은 시기를 보면서 신중하게 매물을 매각해가야 할 것이다.

한국 정부가 이렇게까지 대담한 규제 강화를 도입한 이상 그 (적절한) 조절에 충분하게 주의를 기울일 필요가 있다. 만약 단순히 투기 지역의 주택 가격을 억제가 목적이어서 주택 가격을 크게 내릴 생각이 없는 것이라면, 금융기관의 대출 기준을 필요 이상으로 강화할 필요는 없다. 그 경우 주택 가격의 붕괴 징후가 보인다면 (실제로는 문제가 있어도) 문제가 없는 것으로 치고 대출을 연장하는pretend & extend 행동도 인정해야 마땅할 것이다.* 또한 만일 금융기관이 떠안는 손실이 커질

---

* 다만 동시에 주택의 임대 형태를 전세에서 월세로 전환시켜 그 임대료를 주택담보대출의 변제로 돌리는 것과 같은 방법이 요구된다. 전세가 주택 구입의 기초자금의 일부가 되어 있거나 주택담보대출도 이자의 지불만으로 원금 변제는 하지 않은 상태라면 결국 주택 가격이 구입 가격보다도 오르지 않는 한 주택담보대출의 변제가 불가능해지기 때문이다.

경우에는 필요에 따라 은행의 자본을 정부가 증강하거나 그런 종류의 채권을 민간 금융기관의 부담이 되지 않는 형태로 분리하는 것을 주저해서는 안 된다.

만일 한국 정부가 이번 규제를 다주택자나 이들에게 돈을 빌려준 은행에 대한 징벌 같은 의미로 도입했다고 한다면, 주택 가격 하락이나 주택시장의 혼란이 다소 인다고 해도 이 같은 태도를 지속할 것이다. 그러나 징벌이 지속되면 혼란이 확산되어 소비 침체나 주택 가격의 하락이 '투기 지역' 밖의 지역으로 퍼져나가 여러 방면에서 경제에 타격을 입힐 위험이 있다. 10여 년 전에 미국의 서브프라임 모기지 문제가 세계 경제의 큰 불씨가 될 것이라는 우려가 시작되었을 때에도 적지 않은 논자들이 서브프라임 모기지론은 미국 전체 주택 대출의 10% 정도이므로 크게 문제되지 않을 것이라고 보았다. 그러나 결국 그 불씨가 2008년 9월의 리먼사태와 그 후의 세계적인 대불황으로 번졌던 일을 반드시 기억해야 할 것이다.

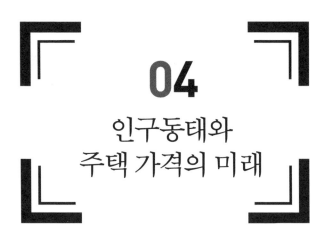

04
인구동태와
주택 가격의 미래

한국은 같은 주택시장이라도 서울 이외의 지역에서는 주택의 재고가 쌓여 가격이 하락하는 경향을 보이고 있다는 데 주의해야 한다.([도표 3-9]) 이미 언급했듯이 주택 가격 추세는 수요가 집중되는 생산가능인구의 변화와 관련이 있다. 한국의 생산가능인구의 비율은 2013년에 정점을 찍은 것으로 보이며([도표 3-9]) 앞으로 한국 전체의 주택 수요는 좀처럼 늘기 어려울 것으로 파악된다. 그런데 이 같은 영향은 전국적으로 균일하게 나타나는 것이 아니라 고령화의 진전과 농업의 황폐화 등으로 인구 감소가 시작된 지역에서 먼저 진행된다. 한국은 서울과 수도권에 인구가 매우 집중되어 있기 때문에 고령화나 인구 감소의 영향은 서울 및 수도권이 아닌 기타 지방에서 나타나기 쉽다.

이렇게 지역마다 인구동태의 변화가 다르기 때문에 주택 가격의 결정 방식도 지역에 따라 달라질 가능성이 있다. 한국에서 낡은 아파트의 가격은 그 건물을 재개발할 경우에 얻을 수 있는 이익을 전제로 형성되는 경우가 많다. 그러나 고령화가 진전되었거나 젊은 층이 빠져나가 인구가 감소하기 시작한 지역의 낡은 아파트는 재개발되어 공급하는 전용면적을 늘려도 이에 대한 수요 기대가 없어서 이익을 얻을 확률이 떨어진다. 그렇게 재개발에서 이익을 얻을 가능성이 낮은 주택의 가치는 어떻게 되겠는가.

일반적으로 주택은 사용 기간이 길어질수록 골조나 내구 설비가 노후된다. 때문에 한국이나 일본처럼 건물 유지 보수에 투자를 많이 하지 않는 나라에서는 사용년수가 흐를수록 이용 가치가 감소된다. 반면 미주나 유럽 등에서는 항상 주택을 수리하는 것을 전제로 하기 때문에 건물의 가치가 유지된다.

그럼에도 지금까지 한국의 낡은 아파트는 재개발에 의한 기대 이익을 전제로 자산 가치가 정해져왔기 때문에 이용 가치가 아닌 투자 가치에 따라 주택 가격이 정해졌다. 이로 인해 주택 가격이 상승기에 있을 때에는 지은 지 오래된 낡은 건물일수록 가격이 오르기 쉬웠다.([도표 4-11]) 이러한 기대 투자 이익을 반영한 주택 가격은 주택의 수요가 계속 늘어나는 시기에는 문제가 없지만, 인구동태의 변화로 주택 수요가 제자리걸음을 하거나 감소하기 시작하면 하락을 피할 수 없다. 이때의 주택 가격은 투자 대상으로서의 가치 평가가 아니라, 앞으로 얼마나 사용 가능한가 하는 사용 가치 및 건물이 들어선 입지적 가치

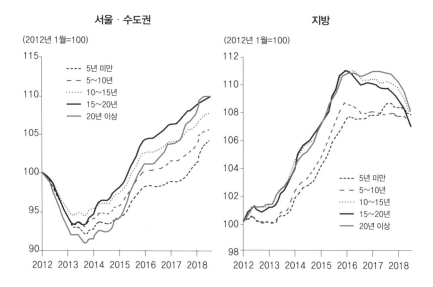

| 도표 4-11 | 건축연한별 한국의 주택 가격지수 추이 |

서울 · 수도권

(2012년 1월=100)

지방

(2012년 1월=100)

---- 5년 미만
－ － 5~10년
……… 10~15년
──── 15~20년
──── 20년 이상

출처 : CEIC Data

를 합산한 것으로 평가되기 때문이다.

즉, 주택 가격이 결정되는 과정에 인구동태의 변화가 많이 반영되면 건축된 지 오래된 매물은 가격이 하락하거나 상승 속도가 둔화되게 마련이다. 그런데 가격 변화는 규제 강화에 의해 주택 재개발이 어렵게 된 경우에도 일어나기 때문에 실제로 이것을 구별하기는 어렵다.

[도표 4-11]에서 볼 수 있듯이 2017년 후반 들어서 특히 서울 이외의 지역에서 오래된 건물의 가격이 하락하기 시작한 직접적인 계기는 문재인 정부의 규제 강화 때문일 가능성이 높다. 하지만 지금까지

논의했듯 저출산이나 고령화 같은 인구구조적 변화의 영향력이 수도권 이외의 지역에서 보다 빠르게 나타난다는 사실을 감안하면 오래된 건물의 가격 하락 경향은 예상보다 길어질 가능성이 있다.

:: 내수 경기가 냉각될 위험성

앞으로의 한국 경제는 지금까지 말해온 두 가지 요인을 바탕으로 주택 가격의 추이에 충분히 주의를 기울일 필요가 있다. 이는 한국 경제에 여러 가지 곤란한 상황을 초래할 위험성이 있기 때문이다. 우선 (전세를 포함한) 부채가 남아 있는 상태에서 주택 가격이 하락하면 가계의 재무 상황이 악화되기 때문에 부채 감축에 대한 압력이 커질 것이다. 이런 압력은 이자만을 지불하던 주택 대출의 원금을 분할 상환하거나 다른 자산을 매각하여 주택 대출을 상환하는 등의 반응을 불러올 것이다. 만일 주택 대출의 원금 분할 상환이 진행되면 한국 전체의 부채 증가 속도는 억제되겠지만, 그 만큼 소비로 돌아가는 자금도 줄어들기 때문에 내수 경기를 냉각시킬 위험이 있다. 또한 소유하고 있는 다른 주택의 매각으로 주택 대출을 변제하려는 사람이 늘어난다면 주택시장 전체의 가격 하락 경향이 가속화되고, 이는 또 다시 가계에 주택 대출을 줄이도록 압박하는 악순환이 일어날 위험이 있다.

또한 한국에서는 금융기관이 안고 있는 주택의 담보 가치 하락 리스크를 정부가 보증하는 고령자를 위한 역모기지론(주택연금)이 확산되고 있는데, 만약 주택 가격의 하락이 이어지면 주택의 담보 가치가 떨어지는 것이기 때문에 고령자가 받을 수 있는 주택연금의 금액도 감소할 가능성이 있다. 한국 주택금융공사가 2017년 11월에 공표한 조사에 따르면* 55세부터 59세의 세대 중 44.7%, 주택연금에 가입하지 않은 60세부터 84세의 세대 중 27.5%가 주택을 자식에게 상속할 의사가 없다고 답했다. 따라서 주택 가격의 하락이 앞으로 주택연금의 방향을 흔들게 된다면 그 영향은 광범위하게 확산될 것이다. 더욱 자세히 말하자면 역모기지론은 금융기관이 대출을 실시할 때 떠안게 되는 주택의 담보 가치 하락 리스크를 정부가 보증하는 상품이기 때문에 주택 가격이 하락하면 장기적으로 정부의 재정 부담으로 작용할 위험성이 있다. 즉, 맨 처음은 주택을 투기 목적으로 사들이는 사람들에 대한 징벌적인 의미로 시작한 규제가 돌고 돌아 정부의 재정에 타격을 입힐 수도 있다는 것이다.

주지하듯 한국은 고령자에 대한 사회보장체계가 약하다. 때문에 불안한 노후를 위한 자산 형성을 위해 주택 투기가 촉진되는 면이 있다. 만일 주택을 이용한 투기 행위나 자산 형성이 용납되지 않고 빈익빈 부익부 상태가 마음에 들지 않는다면, 한국 사람들은 사회보장제도를 확대하는 대신 상당히 많은 세 부담의 고통을 감수해야 할 것이다. 하지만 앞으로도 사회보장이나 세금에 대한 부담이 커지는 것이 싫다

---

* 한국주택금융공사, 'Half of the Surveyed Aged 55–59 Do Not Want to Leave Their Home to Their Children', 2017년 11월 30일. https://www.hf.go.kr/ehf/sub06/sub01.do?mode=view&articleNo=15115 5&article.offset=50&articleLimit=10

면 고령자에게 배분할 재원을 확보할 수 없는 정부의 공적인 사회보
장제도는 최소한이 되기 때문에 노후의 저축은 기본적으로 자기 책임
이 된다. 하지만 노후를 위한 개개인의 저축은 개인의 노력이나 능력
만이 아니라 결단력이나 주택 구입 타이밍이나 운(이러한 부분이 능력보
다도 중요한 듯한 느낌이 들지만) 같은 여러 통제할 수 없는 요인에 따라 변
하게 마련이므로 격차의 발생은 피할 수 없다.

공적인 사회보장제도의 범위는 좁아졌는데 빈부 격차의 확대도 허
용하지 않는 상태는 유지되기 힘들 것이다. 그렇다면 한국 사회는 경
제 상황과 구조를 직시하면서 공적인 안전망(세이프티 네트)의 수준과
빈부 격차의 허용 범위 사이에서 어떻게 균형을 잡을 것인가 하는 점
에 대해 현실감을 잃지 않고 진지하게 논의해나가야 한다.

5장

한국 경제의
돌파구를 찾아서

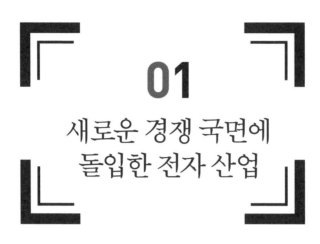

01
새로운 경쟁 국면에
돌입한 전자 산업

2007년 스마트폰이라는 혁신적인 제품이 글로벌 전자시장에 등장하여 본격적으로 보급된 이후, 시장 환경과 업계 경쟁 환경 등의 시장 생태계는 여러 예측 불가능한 변화들을 겪으며 성장했다. 하지만 스마트폰 시장의 성장세가 주춤해진 현재, 전자 산업은 새로운 도약을 위한 경쟁 국면에 들어서고 있다. 현 시점 전자 산업의 주요 이슈는 새로운 성장동력, 기존 사업구조의 개혁, 새로운 경쟁체제의 발현 등으로 살펴볼 수 있다.

먼저 전자 산업 분야 신성장동력 이슈의 핵심은 기술한 대로 스마트폰 시장을 대체하거나 동일한 시장 규모를 창출해낼 제품의 모색이다. 스마트폰의 경우, 자체의 시장 규모도 상당했지만 전후방 시장으로의 영향 또한 기존에 경험하지 못한 형태 및 기회로 다가왔기에 시장의 파급 효과는 실로 엄청났다. 그런 스마트폰의 성장세가 주춤해졌기에 신성장동력의 발굴이 중요 과제로 대두된 것이다.

전 세계 주요 전자 기업들의 신성장동력으로 관심을 가지며 추진하고 있는 영역은 에너지(태양광, 풍력 등 신재생 에너지), 헬스케어, 그리고 자동차 산업의 IT화에 따른 전장 사업 등이다. 이중 에너지 산업은 규제 및 정책에 의해 수요가 환기되는 등 기존 전자제품과는 다른 성격을 가지고 있다. 그러다 보니 기존 사업모델에 익숙한 전자 기업들이 시장에서 수익을 창출할 시기를 놓친 것처럼 보인다. 헬스케어 및 자동차 전장 사업 역시 향후 본격적인 성장이 이루어질 것으로 예상되지만 아직까지는 예상했던 속도가 나지 않는 상황이라 신성장동력으로 기능하기에는 역부족인 상황이다.

국내 주요 전자 기업들 역시 글로벌 전자 기업과 마찬가지로 이 영역들을 사업 포트폴리오에 넣어 육성하고 있다. 이 과정에서 중요한 관건은 외부의 자원을 어떻게 획득하고 활용할 것인가 하는 것이다. 시장 환경이 급변하고 있기 때문에 속도 경쟁에서 우위를 점해야 하는데, 그러기 위해서는 제휴 및 인수합병M&A 전략을 적절하게 활용하는 것이 상당히 중요할 것으로 생각된다.

다음 이슈는 기존 사업의 구조 개혁이다. 이것은 글로벌 전자 기업 모두에게 있어 지속적인 성장의 발판을 마련하기 위해 피해갈 수 없는 과제이다. 기존 전자 산업은 성숙기가 도래하면서 성장이 정체되고, 후발 주자들이 본격적으로 진입하면서 경쟁이 심화되었다. 이로 인해 제품의 범용화 및 수익성 저하로 이어지는 단계에 들어섰다. 특히 스마트폰 사업과 관련된 수많은 전자 기업들은 사업 육성 및 확대의 기회를 잡지 못하고, 사업을 축소하거나 철수하는 상황으로까지 내몰렸다. 스마트폰 시장의 폭발적인 성장은 분명 시장 전반에서 성장 기회로 작용하였지만, 속도 및 차별화 경쟁을 이겨내지 못한 기업은 도태의 수순을 밟을 수밖에 없게 된 것이다.

이 과정에서 중요한 것은 사업 선택과 집중을 보다 신속하게 결정하는 일이다. 지지부진한 사업이나 돌파구가 보이지 않는 사업에 지속적으로 자본 및 인적 자원을 투입한다면 오히려 성장의 걸림돌이될 수도 있다. 사업구조의 개혁에는 내부의 저항이 따르기 마련이다. 이를 극복하지 못하면 외부 시장 환경을 이겨내지 못하고 경쟁력이 저하된 사업이 내부 저항으로 인해 개혁을 하지 못하는 현실이 된다. 명확한 전략 목표를 설정하고 대담하고 신속하게 의사결정을 하여 추진하는 것만이 급변하는 경영 환경에서 생존할 수 있는 길이다.

주요 전자 기업들은 산업이 성숙기에 진입하여 고부가가치 영역이 축소되거나 없어지면서 수익성 저하 문제가 발생한 상황을 타개하기 위해 다양한 전략을 추진해오고 있다. 기존 B2C 중심의 사업모델 대신 B2B 서비스 또는 솔루션 사업모델에 집중하는 것이다. 경쟁 심화로 B2C 영역에서 빚어진 수익성 악화를 극복하기 위해, 많은 전자 기업들은 중장기적으로 안정적인 수익 창출이 가능한 B2B 솔루션 · 서비스 사업으로 전환하여 집중하고 있다.

B2B 솔루션 사업에서 성공하기 위해서는 꼭 기억해야 할 몇 가지

가 있다.

첫째, 자사가 강점을 보유하고 있는 분야 및 사업을 중심으로 솔루션 사업을 구성해야 한다. 경쟁력 있는 영역의 하드웨어에 소프트웨어 및 IT 등을 접목하여 솔루션 사업을 확장하는 형태로 사업모델을 준비해야 한다.

둘째, 집중할 산업의 선택이 중요하다. 전통적으로 솔루션 모델 적용이 용이한 산업을 선택한 후 독보적인 역량을 신속하게 확보해야 한다. 그리고 IT 서비스를 솔루션 사업의 기반 경쟁력으로 인식하고 지속적으로 고도화해야 한다.

셋째, B2C와 달리, 현지의 시장 변화 및 고객 니즈를 명확하게 파악하기 위한 전담 조직을 구성하고 고객별 대응 체계를 마련해야 한다. 이를 위해 필요한 인재의 육성 및 운영 역시 중요한 과제이다.

이러한 핵심 성공 조건들을 오랜 기간 준비하고 전략적으로 사업모델 변화를 추진한 대표적인 일본 전자 기업이 히타치제작소Hitach와 파나소닉Panasonic이다. 이들의 B2B 사업은 매출 확대와 수익성 개선 등의 가시적인 성과를 발생시켰다. 또한 이를 가속화하기 위해 전사의 조직 체제 변화 및 전담 부서 신설 등 다양한 전략을 구상 중이다. 하지만 아직도 해결해야 할 경영 과제는 존재하는 듯하다.

그중 가장 우선적인 과제는 하드웨어 사업부와 IT 사업부 인력들의 상대 사업에 대한 이해도를 끌어올리는 것이다. 이는 향후 B2B 사업의 성공을 판가름할 만큼 중요한 일이다. 현재 하드웨어 사업부의 인력은 IT 사업에 대해, IT 사업부의 인력은 하드웨어 사업에 대해 잘 이해하지 못하고 있어 하드웨어 서비스 융합 신규 솔루션 사업모델을 창출하는 데 어려움이 발생하고 있기 때문이다. 이러한 과제를 극복하기 위해, 상대적으로 IT 서비스 조합 역량이 부족한 파나소닉은 기존 하드웨어 사업의 솔루션화 확대를 위해 2017년 일본 마이크로소프트Microsoft CEO를 사장으로 영입했다. IT 서비스 인력의 과다 비용 발생 방지를 위해서는 효율적 배치 및 활용 역시 중요하다. 실제 시스템 구축 및 유지 보수 인력의 경우, 프로젝트가 납기 목표일보다 장기화되는 경우가 빈번하여 초과 비용이 발생하기 쉽다. 따라서 지속적인 모니터링 및 관리 효율성을 증대할 필요가 있다.

또한 고객의 당면 이슈를 파악하고 해결하는 전담 인력인 현장 혁신 담당자Field Innovator의 육성이 필요하다. 보다 차별화되고 실질적인 솔루션을 제공하기 위해서는 고객의 이슈를 정확히 파악하고 솔루션을 엄선하는 기술영업Technical Sales 인력의 역할이 무엇보다도 중요하기 때문이다.

마지막으로 주목해야 할 것은 새로운 경쟁 국면이 예상되는 움직임이다. 물론 전자 산업계의 무서운 후발 주자이자 최근까지 경쟁 환경의 중심에 있던 기업들은 대부분 중국 전자 기업들이었다. 하지만 지난 10여 년간 혹독한 사업 환경 속에서 생존의 방법을 모색하여 부활의 움직임을 보이고 있는 기업들도 있다. 한때 일본을 전자 강국으로 만들었던 일본의 주요 전자 기업들이 다시 부활의 기지개를 펴고 있다.

여기에서는 주요 전자 기업들의 이 같은 움직임을 앞서 살펴본 전자 산업의 세 가지 주요 이슈 측면에서 살펴보고자 한다.

:: 사업 포트폴리오 재구축 및 전략의 전환

일본 전자 기업들은 소비자를 향한 B2C 사업에서부터 B2B 사업, 정부 및 지방자치단체를 향한 B2G 사업에 이르기까지, 다른 제조업에 비해 훨씬 폭넓은 고객을 대상으로 부품 및 완성품, 서비스까지 제공하고 있다. 다각적으로 사업을 실시하고 있는 기업의 상당수는, 시장 매력도와 자사 경쟁력에 근거하여 사업 포트폴리오 관리를 실시하고 있고, 사업별로 상이한 리스크 수준에 맞는 기대 수익률을 토대로 투자 우선도를 결정하여 M&A나 설비 투자 등도 진행하고 있다.

우선순위가 낮은 사업을 단독으로 밸류업Value-up하기 곤란한 경우, 밸류업이 기대되는 회사로 매각하거나 별도 회사로 독립시키는 카브아웃Carve Out*을 추진한다. 고도 경제성장기에 노동력 부족이나 노동쟁의에 대한 대책으로 도입된 종신고용제도와 연공서열 제도 등으로 대표되는 종업원 중시 경영 스타일은, 어느덧 일본식 경영의 특징이 되었다. 그렇게 형성된 경직된 고용 형태는 카브아웃에 대한 부정적인 인상을 갖게 만들어, 근로자들이 안심하고 일할 수 있는 고용 환경을 중시하는 경영자들은 카브아웃을 주저하곤 했다.

그러나 최근에는 자기자본이익율ROE, Return On Equity** 경영만이 아닌, 민관펀드나 PE펀드 등이 카브아웃 사업의 일시적인 인수자가 되면서

---

* 기업이 특정 사업 부문을 분할하여 자회사를 만든 후 이를 증시에 상장시키거나 매각하는 행위.
** 투입한 자기자본이 얼마만큼의 이익을 냈는지를 나타내는 지표.

카브아웃을 실시하는 기업이 늘어났다. 특히 PE펀드는 구매자와 판매자의 사이의 일시적인 수급 간극을 보완해주고, 비용 삭감 등을 통해 경영을 개선하거나 다른 기업과의 합병으로 성장을 실현시키는 등의 기능을 하고 있다. 예를 들어 2013년 투자펀드 KKR은 1,650억 엔에 파나소닉헬스케어를 인수하고, 2년 후 2015년에 바이엘의 당뇨병 전문 의료 기기 회사인 BDC를 1,320억 엔에 매입했다. 헬스케어가 중심 사업이 아닌 파나소닉 입장에서 사업 가치와 거의 동등한 자금의 투자를 결정하기란 어려운 일이지만, KKR은 풍부한 자금력을 바탕으로 성장을 위해 적극적인 투자를 실시한 것이다.

과거 일본의 전자 기업들은 성장의 원천을 수출과 현지 생산에 두고 지역 전개를 추진하였다. 규모의 경제를 경쟁법칙으로 삼고 볼륨존Volume Zone*을 주요 공략 분야Target Segment로 설정한 사업을 전개하여 고도의 경제성장을 이루었다. 그런데 시장이 일정 수준 이상 성장하여 기초 인프라나 생활 가전이 신흥국 지역에서도 널리 퍼지는 상황이 되면서, 중산층 소비시장에서는 낮은 임금과 톱다운 방식의 신속한 의사결정을 특징으로 하는 중국이나 한국 기업과의 경쟁에서 이길 수 없어졌다.

과거 10년간 글로벌 전자 산업계의 매출은 삼성전자와 GE를 제외하고는 거의 증가하지 않았다. 사업 교체에 따른 구성만 달라질 뿐 전

---

* 연간 가처분소득이 5,000~3만 5,000달러인 신흥국의 중산층 소비시장, '대중 소비시장'을 지칭하기 위해 일본 기업들이 만든 용어이다.

자 산업은 전체적으로 성숙기에 돌입했다. 어느 시장이나 성숙기에는 기존 플레이어들이 존재하기 때문에 규모의 경제를 경쟁법칙으로 삼으면 가격 경쟁이 심화될 수밖에 없다. 일본 전자 기업은 과열되는 가격 경쟁을 피하기 위해 가격과 성능을 주요 구매 결정 요인으로 고려하지 않는 고객을 탐색하고, 그에 맞추어 지역과 고객 세그먼트를 축소하는 방향으로 전략을 전환하고 있다. 예를 들어 파나소닉은 가전 사업 프리미엄 전략으로 말레이시아에 파나소닉 어플라이언스 아시아퍼시픽을 설립했다. 2013년부터는 베트남에 세탁기 공장과 R&D센터를 세워 아시아에서 개발, 제조, 판매를 일관적으로 진행할 수 있도록 사업을 운영하고 있다. 이를 통해 아시아인의 요구를 세세하게 파악하여 그들이 동경하는 삶을 실현하는 가전을 제안하고 있다. 이같이 가격 경쟁이 없는 시장을 공략하는 프리미엄 전략이 성공하면서 수익성이 개선되고 있다.

성숙 시장에서 가격과 성능 경쟁을 피하고 고객의 요구 사항을 명확히 파악하여 이를 해결하기 위한 제품 및 서비스를 제공하는, 이른바 솔루션으로 불리는 사업모델을 성공시키기 위해서는 고객과의 대화와 이해가 필연적으로 요구된다. 즉 고객 밀착이 매우 중요하다는 뜻이다. B2B에 대해 GE나 지멘스Simens는 뛰어난 어카운트 매니지먼트AM, Account Management 제도를 도입하여 고객의 과제를 도출하고 솔루션 제공을 조직적으로 추진하고 있다.

일본 전자 기업 중에는 가격 경쟁에서 벗어나 고객 밀착이라는 새로운 경쟁법칙에 집중하기 위해 IoT 등의 기술 혁신을 활용하는 기업들이 있다.

최근 센서나 통신 및 데이터 해석 기술과 같은 IoT와 관련된 기술 혁신을 통해 고객이 이용할 때 실제 데이터를 취득하는 방식으로 고객 밀착 서비스를 지원하고 있다. 예컨대 GE의 프리딕스^{Predix}, 지멘스의 마인드스피어^{MindSphere}, 히타치의 루마다^{Lumada} 등은 내부 IoT 플랫폼에서 사내 및 사외 양방향으로 IoT 환경을 제공하여 고객 밀착을 지원하고 있다. 이처럼 데이터 분석과 자사 제품을 조합하여 서비스를 제공하면 부가가치(매출 증가, 비용 삭감, 시간 단축 등)를 토대로 고객과 대화할 수 있게 된다. 즉, 비용에 자사의 기대 이익을 더해 가격을 결정하는 기존 방식의 비용 기점 가격결정법이 아니라, 고객에게 제공하는 부가가치에서 역산하여 가격을 계산할 수 있다. 이렇게 되면 시장 진입 여부를 판단하고 높은 수익률의 서비스를 성립시키는 것이 가능해진다.

인터넷이 확대 보급되면서 B2C 비즈니스에서는 제품 검토 및 구입 시 고객의 다양한 정보를 반영한 마케팅이 가능하게 되었다. 제품 구매 과정에서 고객이 검토하거나 이용하는 데이터를 분석함으로써 보다 세세한 고객의 니즈가 반영된 상품 기획이 가능해지는 것이다.

B2B의 경우, 지멘스나 GE 등 글로벌 전자 기업은 이전보다 뛰어난 어카운트 매니지먼트 제도를 도입하고 있다. 예를 들어 지멘스는 큰 권한을 가진 전사 어카운트 매니지먼트로 사업부와 지역 거점을 연계하여 고객의 과제를 자사 기술로 해결할 수 있도록 제안한다. B2B 경우 고객의 경영 과제를 이해하여 그에 맞는 서비스를 제안하는 것이

필요한데 이를 위해서는 기술과 고객의 과제 모두를 이해할 수 있는 어카운트 매니지먼트 부서의 설치나 조직적인 지원체제가 필요하다. 필요할 경우 법무, 경리, 재무 부문의 지원도 가능해야 한다.

일본 전자 기업들은 이런 어카운트 매니지먼트 체제를 도입하고 있는데, 특히 고객과 기술 개발 아이디어를 공유하여 제품을 만들어내는 히타치의 협창Co-Creation 활동은 질적·양적으로 우수하다고 평가받고 있다. 히타치는 전 세계 4개 지역에 소셜 이노베이션 글로벌 센터CSI, Global Center for Social Innovation라는 거점을 설치하고, 도쿄·아시아 태평양 지역에 250명, 북미 100명, 중국 100명, 유럽에 50명 등 총 500명의 연구자를 배치했다. 그리고 넥스피리언스NEXPERIENCE라 불리는 고객과의 협창을 촉진하는 체제를 활용하여 글로벌 협창 활동을 추진하고 있다. 이는 영업과 마케팅이 중심이 되는 투자로, 개발과 생산이 투자의 주를 이루던 지금까지 제조업의 사고방식과는 다른 것으로 큰 변화를 불러오고 있다.

:: 글로벌 전자 기업의 사업구조 개혁

주요 글로벌 전자 기업 14개사의 2005년부터 2015년까지의 실적 추이 및 사업구조의 변화를 비교해보고, 전체적인 경향 및 각 기업별 차이에 대해 살펴보면 전자 산업 전반이 성숙기에 돌입했음이 확연하게 드러난다. 각 회사의 매출 추이를 보면, 사업 영역을 저압배전 사업에서부터 에너지 솔루션 사업까지 확대하여 매출을 성장시킨 슈나이더 일렉트릭Schneider Electric과 반도체와 스마트폰 사업에 집중하면서 급속하게 매출 성장을 달성한 삼성전자 외에는 대부분의 기업이 전체적으로 성장 둔화 또는 정체를 보이고 있다. 실제 14개사의 과거 10년간 매출 성장률의 평균치는 고성장을 달성했던 2개사를 포함해도 2% 수준에 그친다. 시장 구조에 관해서는 11년간 급성장을 이룬 삼성전자가 장기간 업계 최고의 자리를 지키던 GE를 넘어서는 큰 변화가 있었지만, 다른 기업들은 큰 변화 없이 안정적인 추이를 보였다. 다만 각 기업의 매출 성장은 둔화된 데 비해 수익성은 크게 향상되었다.

각 기업의 사업구조 변천 과정을 보면 세 가지 공통적인 특징이 보인다. 첫째, M&A와 사업 매각을 활용하여 사업 포트폴리오에 변화를 가져왔다. 둘째, 해외, 특히 신흥국으로 주력 지역을 이동시켰으며, 셋째, 기존 제품 판매 중심 사업에서 수익성이 높은 상류(디바이스 외부 판매) 및 하류(서비스) 사업으로 전환해간다는 것이다.

먼저 각 기업의 매출에서 차지하는 B2B 사업과 B2C 사업의 구성비 추이를 보면, 지멘스, 히타치제작소 등을 시작으로 하여 대다수 기업의 B2B 사업 구성비가 매출에서 크게 확대되고 있다. 이러한 기업은 안정적인 고수익이 예상되는 B2B 사업을 강화하는 한편, B2C 사업에서는 철수하는 것으로 수익성을 높여왔다. 히타치제작소의 B2B 및 B2C 사업 구성을 보면, 2005년에는 휴대전화 등의 디지털 미디어 기기 사업을 중심으로 한 B2C 사업 매출이 전체의 10% 수준이었으나, 2015년도에는 B2B 사업이 매출 전체를 차지하게 되었다. 생활

· 에코시스템 사업부의 일부 가정용 에어컨 사업 등 일부 B2C 사업이 남아 있기는 하지만, 매출 비중은 크지 않다. 미쯔비시전기^{Mitsubishi Electric}도 2005년 기준 주력 B2C 사업인 가전 사업이 매출의 약 25%를 차지했지만 2015년에는 20% 수준으로 감소되었고, B2B 사업 매출은 지속적으로 확대되고 있다.

둘째로 글로벌 전자 기업들의 지난 10년간 각 기업의 지역별 매출 추이를 보면, 해외 매출 비중이 크게 확대되고 있다. 이중에서도 지멘스와 삼성전자는 신흥국 시장을 중심으로 적극적인 공세를 펼치면서 특정 지역에 의존하지 않는 균형 잡힌 지역 포트폴리오를 구축하고 있다.

마지막으로 사업이 밸류체인상의 상류 및 하류로 전개된다는 공통점이 있다. 업계 전체가 성숙기를 맞이하고 있는 상황에서 종합 전자 기업은 고수익을 얻기 위해 기기 사업만이 아닌 디바이스의 외부 판매 및 서비스 제공까지 사업 영역을 확대하고 있는 것이다. 각 기업은 컴포넌트 및 모듈의 외부 판매를 적극적으로 추진하며 상류에서의 사업을 강화하여 수익성을 향상시키고 있다. 한 예로 삼성전자는 경쟁사인 애플^{Apple}에 스마트폰의 핵심 부품인 반도체를 판매함으로써 이를 성장력의 원천으로 삼고 있다. 한편 하류로의 전개도 추진하고 있다. 지멘스의 교통 인프라 솔루션 비즈니스, 미쯔비시전기의 전력 정보통신시스템, 그리고 히타치제작소의 철도 운행 관리 시스템 솔루션 등이 그 구체적인 사례이다. 이처럼 기존 기기 판매 비즈니스에서 복합적인 서비스 · 시스템 · 솔루션을 수직 통합적으로 제공하는 비즈니스로 전환하고 있는 것이다.

대표적인 글로벌 종합전자 기업인 지멘스, 히타치제작소, 미쯔비시전기 3개사의 지난 10년간의 사업구조 개혁의 내용 및 추진 전략을 살펴보면 이런 흐름을 좀 더 면밀하게 살펴볼 수 있다.

B2B 사업으로 전환한 지멘스

먼저 지멘스는 소모전 회피를 위해 B2C 사업에서 B2B 사업으로 전환했다. 대형 기업인 지멘스는 반도체, 가전, 통신 등 폭넓은 사업을 추진해왔지만 2000년경부터 일본 기업과의 경쟁이 심화되면서 실적이 악화되자, 부진해진 사업은 정리하고, 고수익 사업은 강화하기 위한 사업구조 개혁에 돌입했다. 신흥 기업과의 가격 경쟁에 빠지기 쉽고 수익 안정성이 낮은 B2C 사업 (가전사업 등)에서 철수하고, 동시에 높은 기술력을 요하며 진입 장벽이 높은 세 개의 B2B 사업(헬스케어, 산업 자동화, 사회 인프라)에 주력함으로써, 안정적으로 고수익을 창출하는 사업 포트폴리오를 구축하였다. 통신(Commucations), 자동차(Automotive), 조명(Osram) 사업부를 매각하고, 이외의 부문은 재편 및 M&A 등을 통해 강화했다. 이를 통해 각 사업부의 이익률을 높이고, 2005년에는 6%였던 전사 영업이익률을 10% 수준까지 향상시켰다. 지멘스는 매각에 대한 판단뿐 아니라 중핵 사업 강화에 대한 경영 판단 역시 훌륭했다. 일례로 주요 사업 중 하나인 전력사업의 중국 진출을 위해 현지 기업인 상하이전기와 합작법인을 설립했다. 이때 높은 기술력이 요구되는 연구개발 및 제조는 지멘스가 메이저 출자를 하는 합작법인을 통해, 제품 판매 및 서비스 제공은 중국 측 기업이 메이저 출자를 하는 합작법인을 통해 추진하였다. 이로써 지멘스는 자사 핵심 기술 및 노하우 유출은 방지하면서 외부 역량을 효율적으로 활용하여 중핵 사업을 강화할 수 있었다.

지멘스는 사업 포트폴리오의 전환을 통해 수익 안전성을 높이는 데 그치지 않고, 중핵 사업인 사회 인프라 및 헬스케어 사업을 중국 및 인도 등으로 적극 전개하는 지역 포트폴리오의 전환에도 주력하고 있다. 지멘스는 연구개발 기능에서부터 애프터서비스에 이르는 공급사슬 전체를 현지에 구축, 현지 대학 등의 연구 기관과 함께 개발을 추진하고 기능 및 가격 등에 대한 현지 니즈를 명확하게 파악한 저가 제품을 신속하게 개발·판매하는 전략을 취하고 있다. 예컨대 인도 시장에서 전개된 헬스케어 사업을 보면 연구개발 단계에서부터 애프터서비스까지의 기능을 인도에 구축한 후, 현지 대학과 협력하여 실시한 조사 활동을 통해 현지 니즈를 확인하고, 그에 맞추어 저가 MRI 및 CT를 개발 판매하였다. 고가의 제품을 도입하기 어려워하던 현지 의료기관에 저가의 제품을 제공함으로써 신규 시장 개척 및 기존 시장 점유에 성공하고 있다.

지멘스는 인더스트리4.0^{Industry 4.0}의 대표 기업으로서 자신들의 전략을 공표한 바 있다. 2014년 중기 경영 계획에서 전자화^{Electrification}, 자동화^{Automation}, 디지털화^{Digitalization}라는 트렌드를 언급하면서, 기존 제품의 판매에 머물지 않고 IT 기술을 활용한 애프터서비스까지 커버하는 수직 통합형 사업구조로 전환할 것을 공표했다. 그 일환으로 적극적으로 IT 기업을 인수하여 기존 사업과 IT 기술을 접목한 에너지 매니지먼트 및 스마트팩토리 등의 신규 가치를 제공하기 위한 체제를 구축해가고 있다. 2014년에는 미국 EDA$^{Electronic Design Automation}$ 소프트웨어 개발 기업 멘토그래픽스$^{Mentor Graphics}$를 인수(약 4,800억 엔)하고, 액센츄어^{Accenture}와 함께 스마트그리드 사업을 위한 합작법인을 설립하는 등 외부 자원을 적절하게 활용하며 IT 관련 사업을 강화하고 있다.

사회 인프라 사업으로 전환한 히타치제작소

2000년 이후 히타치제작소는 세후 이익에서 자본 비용을 공제한 경제 부가가치를 토대로 FIV$^{Future Inspiration Value}$라 불리는 독자적인 부가가치 평가지표를 정했고, FIV 흑자화가 어려운 사업은 철수한다는 선언을 했다. 하지만 사업 매각을 철저하게 이행하지는 못하고 있었다가 2009년 결산에서 약 7,900억 엔의 대규모 적자가 발생하자, 이를 계기로 평면 TV 및 전자 기기 등의 비핵심 사업에서 철수했다. 그와 동시에 핵심 사업으로 선정된 사회·산업시스템 및 정보통신시스템을 강화하여 안정적인 수익이 예상되는 사업 포트폴리오를 재구축하는 사업구조 개혁을 본격화했다.

히타치제작소는 사업구조 개혁 초기에는 핵심 사업으로 정한 인프라 사업에 집중했다. 히타치맥스웰$^{Hitachi Maxell}$ 및 히타치플랜트테크놀로지 등 주요 그룹 계열사의 주식을 양도하여 핵심 사업을 강화했다. 또한 2002년 IBM으로부터 약 2,500억 엔에 인수했던 HDD사업을

2012년 웨스턴디지털Western Digital에 매각(약 3,500억 엔)하고, 영국 원자력발전 사업 개발회사 호라이즌 뉴클리어 파워Horizon Nuclear Power를 인수(약 900억 엔)하는 등, 그룹 재편성에 머물지 않고 대규모 사업 재편을 단행했다. 2008년의 적자 발생 이후 정량적·경제적 경영 판단 기준을 활용하여 철저하고 합리적으로 진행하는 신속한 의사결정의 중요성에 대한 인식이 사내에 자리 잡은 셈이다.

이런 사업구조 개혁을 통해 히타치제작소의 핵심 사업군인 사회·산업시스템 사업 및 정보통신시스템 사업의 매출 비중은 2005년 46%에서 2015년 56%까지 상승했다. 인프라 관련 사업으로의 전환과 함께 수익 안정화에도 성공하여 적자이던 영업이익률을 2015년 6.3%까지 끌어올렸다.

또한 히타치제작소는 2000년대 전반부터 그룹 내부의 통제 강화와 업무 프로세스 표준화, 셰어드 서비스Shared service화에 주력해왔다. 내부 통제가 적절하게 진행되고 있는지 모니터링하는 구조를 구축하고, 정보 관리 일원화 및 업무 공통화를 추진하여 많은 그룹 계열사를 사업 및 지역의 벽을 넘어 효율성 있게 관리하는 시스템을 완성시키고 있다. 때문에 큰 무리 없이 기업 기능을 해외로 전개할 수 있었다. 실제 2015년 기준 히타치제작소의 해외 연계 자회사는 721개에 달하여, 점진적으로 활동 영역을 해외로 이동하고 있다. 현재 해외 매출 비중은 약 50%인데 향후 이 비중을 끌어올리기 위한 기반을 착실하게 준비하고 있으며, 2016년 5월에는 미국 캘리포니아에 IoT 기반 기술의 개발 거점(서비스·플랫폼 비즈니스 유닛)을 신설하여, 지금까지 AI 및 빅데이터 해석 기술 개발에도 주력하고 있다. 핵심이 되는 기술 개발은 국내에서 한다는 기존 방식에 얽매이지 않고, 산업 혁신에 신속하고 적절하게 대응하기 위해 유연한 글로벌 사업으로 전개하고 있는 것이다.

시스템 솔루션 사업과 플랫폼 사업을 보다 고수익 사업으로 변화시키겠다는 목표를 가지고 있는 그들은 조직 체제에 변화를 주면서, 고객에게 솔루션 제공을 하는 프론트Front 기능, AI 및 IoT 등의 핵심 기술을 개발하여 제공하는 ICT 기능, 산업기기 개발 및 제조를 담당하는 생산Product 기능을 갖게 되어 횡단적이고 통합적인 솔루션 제공이 가능한 조직 체제로 변화하고 있다. 애널리틱스와 인공지능 등의 기본 기능을 활용한 솔루션을 고객에게 제공하는 IoT 플랫폼 루마다의 횡단적 활용은 솔루션 제공의 좋은 예라고 할 수 있다. 헬스케어 분야에서는 병원 경영 효율화, 도시urban 사업에서는 철도 운행 관리 등 보다 부가가치가 높은 서비스 제공까지 사업 영역을 확대하는 데 성공하고 있다.

솔루션 제공형 사업모델로 전환한 미쓰비시전기

미쓰비시전기는 2000년대 초반 '강한 사업을 보다 강하게'라는 경영 방침에 근거하여, 수익성 및 성장성이 높은 '강한 사업'에는 중점적으로 자원을 배분하여 사업을 강화하고 '약한 사업'은 축소하거나 철수하기 시작했다. 이를 통해 급격한 외부 환경의 변화와 경기 변동에 대응 가능하며 안정적인 수익이 창출되는 사업 포트폴리오를 구축해왔다.

미쯔비시전기의 안정된 사업 포트폴리오는 철수한 사업 부문의 사람과 자본이라는 리소스를 신규 사업에 적절하게 재분배함으로써 실현된 것이다. 2003년에는 DRAM 사업을 엘피다Elpida에 매각하고 시스템 LSI 사업을 분사화했다. 2008년에는 휴대전화 단말기 사업에서 철수했고, 그 이후에는 세탁기 사업 및 리어프로젝션 TV 사업에서 철수했다. 이렇게 사업을 철수할 때마다 전력시스템 사업, FA 사업, 공조 사업, 자동차 관련 사업 등의 영역에 인적, 물적 자본을 적절히 재분배함으로써 사업을 강화해왔다. 예를 들어 휴대전화 사업에서 철수할 때에는 개발, 제조, 영업 부문의 인력 600명을 통신 인프라 사업, 자동차 네비게이션 사업 및 FA 사업 등에 재분배하여, 지금까지 축적된 지혜와 노하우 등의 경영 자원을 유효하게 활용했다.

미쯔비시전기는 아시아를 중심으로 한 신흥국에서 판매 회사 네크워크를 활용하여 현지의 니즈를 조사하고, 그 결과를 반영한 상품을 개발하여 투입하는 지역 전략을 통해 현지 시장을 공략하여 2010년 25%였던 해외 매출 비중을 2015년 약 40% 수준까지 상승시켰다.

승강기 사업부는 중국에 진출하면서 현지 네크워크를 활용하여 중산층이 증가될 것이라는 점을 파악하고, 그에 따라 맨션, 고층 빌딩, 호텔 등의 증가를 예상하여 저가형 승강기의 수요 확대에 대비했다. 사양을 낮추고 가격을 최저로 맞춘 전략 기종을 투입한 결과, 미쓰비시 전기는 현지 시장 점유에 성공했다. 이런 방식은 현재 인도와 중남미 등에서도 비슷하게 진행되고 있다.

한편 이들은 단순한 저가 기종 보급에만 집중한 것이 아니다. 저가 보급 기종은 현지 합병 기업이 생산하여 현지 브랜드로 판매하고, 고급 브랜드 기종은 미쯔비시전기의 현지 생산 거점에서 생산하여 미쯔비시전기 브랜드로 판매하는 더블 브랜드 전략을 전개하였다. 이렇게 생산 거점을 제품 성능별로 나눔으로써 고부가가치 기술이 중국 로컬 기업으로 유출되는 것을 막으면서, 고품질을 유지하여 브랜드 이미지를 지킬 수 있었다. 뿐만 아니라 현지의 메이저 합병 기업에는 미들엔드 제품을 생산하도록 하였다. 이를 통해 미쯔비시 브랜드는 안전성과 서비스 면에서 현지 소비자들에게서 높은 평가를 얻으면서, 동시에 보급 기종은 대량 생산 및 대량 판매가 가능하도록 하였다.

미쯔비시전기는 수익성 강화를 위해 기존 기기 판매 사업모델에서 솔루션 제공형 사업모델로 옮겨가고 있다. 운용 서비스와 보안서비스 사후 유지 등 공급사슬의 하류에 있는 서비스 영역까지 비즈니스의 범위를 확장하고 있다. 전력시스템 사업에서의 예를 들자면 터빈 발전기, 변압기 등의 기기 사업에 파워 디바이스 및 정보통신 기술을 융합한 전력 거래 및 수급 관리, 설비 고장 예지 등의 서비스 등이 있다.

미쯔비시전기는 솔루션 비즈니스 제공 체제를 구축하기 위해 외부의 역량을 적극 활용하고 있다. 예를 들어 FA시스템 사업에서는 기간 시스템계 사업 및 소프트웨어계 사업과의 연계 및 M&A를 활용하여, 파트너 협업을 하거나 자사가 가지고 있지 않은 기능을 신속하게 보완하여 새로운 서비스를 제공하는 방식이다. 2003년에는 원활한 사업 간 제휴를 지원하는 전문 부서인 전략사업개발실을 신설했고, 각 사업본부에서 사업부서 간, 기업 간 경계를 넘어서는 사업 연계를 실현시키고 있다.

:: 차세대 서비스 사업으로의 진화

일본 전자 기업은 10여 년 전부터 서비스 사업으로의 확대를 추진해왔다. 서비스 사업이란 제품 판매와 연결하여 제품에 사용되는 소모품 및 제품의 유지와 보수를 수익원으로 하는 사업이다. 대표적으로 소니Sony가 서비스 사업으로의 전환을 강하게 표방하고 있는데, 2016년 결산 발표에서도 서비스 사업에 해당하는 리커링Recurring 비즈니스 매출이 2조 6,000억 엔, 매출 비중은 35%를 차지한다고 발표했다. 리커링 비즈니스란 반복적이면서 연속적으로 매출이 발생하는 사업을 말한다. 소니가 앞서가는 분야인 가정용 게임기를 판매하면서 그 게임기에서 활용할 수 있는 게임 콘텐츠를 온라인에서 판매하는 것이 그 예이다.

제품 라이프사이클을 통해 수익을 획득하는 서비스 사업은, 디지털 디바이스 보급과 정보 기술의 발전에 따라 새로운 단계로 들어서고 있다.

정보기술 발전의 1세대에는 PC와 인터넷이 보급되면서 새로운 판매 채널을 확립하여 고객에게 다양한 제품 구성을 제안할 수 있었다. 또한 고객이 구입하는 제품이나 구입 시기에 근거하여 중요한 이벤트 사이클에 맞는 적절한 프로모션 추진이 가능했다.

	정보기술	서비스 사업 제공 가치
1세대	PC, 인터넷	• 제품 다양화 • 설정 시그널에 의한 프로모션
2세대	스마트폰을 시작으로 디지털 디바이스, 클라우드 환경	• 고객별 적시 프로모션 • 디바이스 네크워크 대응에 의한 활용 방법 다양화 • 사용자 네트워크 형성 및 체험 가치
3세대	IoT, AI, 서비스 로봇	• 사업 활동 · 생산 환경의 효율화, 최적화, 쾌적성 향상 실현 • 고객과의 신규 비즈니스 협창

출처 : 노무라종합연구소 작성.

2세대에는 다양한 제품이 인터넷상의 이용 환경으로 연결되고 클라우드 서비스를 통해 복수 제품의 이용 환경이 공통화, 상호화되면서 서비스 사업은 고객 맞춤형 영역으로 확대되었다. 이용 환경과 플랫폼의 지속적인 고도화가 고객 충성도를 높이는 데 크게 공헌하였다. 소니가 추진하고 있는 가정용 게임기와 연계한 게임 콘텐츠 판매는 2세대에 해당하는 사업모델이라고 볼 수 있을 것이다.

한편 현재 각 기업이 사업 개발에 주력하고 있는 3세대 서비스 사업은, 서비스 사용자가 스스로 제공하는 정보뿐 아니라 다양한 디바이스를 통해 수집되는 빅데이터와 고객에게 가치 있는 콘텍스트context를 기반으로 하여, 실시간으로 생활 환경이나 사업 환경을 최적화하거나 그를 위한 새로운 사업을 창출하는 서비스를 지칭한다. 3세대 서비스의 제공 대상은 일반 소비자보다는 비즈니스 고객의 비중이 더높다. 서비스를 통해 비즈니스 고객의 사업 효율화와 최적화를 실현하고자 하며, 비즈니스 고객의 고객인 일반 소비자들에게 그와 같은 새로운 가치를 제공하는 것을 시도한다.

전자 기업이 서비스 사업의 진화와 확장에 주력하는 배경에는, 자연적인 고객 확장이 어려워진 사업 환경에서 수익 기회를 확대할 수 있다는 단순한 이유만 있는 것은 아니다. 오히려 소비자들의 삶의 질 개선, 비즈니스 고객의 수익성 개선에 대해 직접적으로 공헌할 수 있는가 하는 과제가 새로운 경쟁 영역이 되고 있기 때문이다. 정보기술의 발전은 전자 기업에게 서비스 사업 기회를 확대시키기도 했지만, 제품이나 디바이스를 가지고 있지 않은 서비스 기업 및 스타트업 기업 등에게도 애플리케이션 등을 통해 서비스를 제공할 기회를 주었다. 전자 사업 영역 주변에서도 저가의 디바이스 및 독특한 이용 환경과 조합한 서비스들이 다양하게 대두되고 있다. 그 결과 일반 소비자와 비즈니스 고객의 서비스 선택지가 훨씬 풍부해졌다. 이제 고객은 제품이나 서비스를 선택할 때 '어떠한 가치에 공헌 가능한가?'라는 평가 기준을 놓고 다양한 이업종까지 포함하여 선정하게 되었다. 이에 따라 전자 기업은 제품이나 디바이스를 중심으로 하면서도 진정한 경쟁 영역은 서비스를 통한 가치 제공에 있다는 것을 인식하고, 경쟁사및 다른 업종의 서비스 제공 기업이 쉽게 시장에 진입할 수 없도록 진입 장벽을 세우고 있다. 따라서 고객 업무에 대한 이해 및 고객의 데이터 취득과 활용 환경을 적극 반영한 서비스 제안이 추진되고 있으며, 각 전자 기업의 경우 비즈니스 고객으로 전환을 추진 중이다.

3세대 서비스의 대표적인 예로 GE의 인더스트리얼 인터넷 추진을

들 수 있다. 발전 터빈의 가동 상황에 대한 해석을 통해 예지 보전을 할 수 있어 높은 가동률을 약속하는 서비스이다. 그런데 종합 전자 기업이 지향하는 전형적인 예는 비즈니스 고객과의 협창에 의해 최종적으로 일반 소비자에게 서비스를 제공하는 B2B2C형 사업이 차세대형 서비스 사업을 더 명확하게 보여준다고 할 수 있다.

산요전기의 백색가전 부문을 전신으로 하는 아쿠아Aqua 역시 그런 예이다. 일본 국내 코인 세탁기 및 건조기 시장의 70%를 점유하고 있는 아쿠아는 코인 세탁기 및 건조기 단품만 제공하는 것이 아니라 서비스를 포함한 IT 세탁 시스템을 제공하고 있다. 이 서비스의 특징은 기기에서 수집한 가동 상황 및 매출 정보를 참조하여 설비가동률 향상 및 적시 판촉을 지원한다는 점이다. 더 나아가 출점 검토 시에는 매출 예측 등의 데이터를 활용하여 코인 세탁기 운영자가 매출 향상 및 중장기 설비 계획에 대한 의사결정을 내릴 수 있도록 직접적으로 지원한다. 아쿠아는 코인세탁기 운영자뿐 아니라 소비자에게도 서비스를 제공하고 있는데, 세탁 및 건조가 완료되면 소비자에게 통보하여 세탁물이 장시간 기기 안에 방치되지 않도록 해준다. 이는 곧 설비가동률 향상으로 연결된다. 쉽게 이야기해 회전율을 높이는 셈이다. 또한 소비자가 점포 내 기기의 가동 상황을 스마트폰으로 확인할 수 있도록 하여 점포에 방문했다가 세탁기 이용이 불가능한 상황이 벌어지지 않도록 하고, 운영자 입장에서는 매출이 발생할 수 있는 기회를 놓치지 않도록 해준다. 궁극적으로는 전국적으로 가동되고 있는 기기 정보를 취합해 신규 출점자가 매출을 높일 수 있도록 지원한다.

이처럼 서비스 사업은 사람과 제품의 가동을 통해 창출되는 정보 외에도 축적된 지식 및 노하우, 개인이나 각 기업 수준에서 이루어지는 경제 활동, 지리 및 기상, 교통 흐름 등의 다양한 정보 리소스 등에 기반한다. 그러한 정보들 중에서 서비스 사용자의 삶의 질, 그리고 사업 활동의 수익성 향상과 최적화 등에 직접적으로 기여하는 내용을 도출하여 서비스의 형태로 변환하여 제공하는 흐름으로 구성된다.

정보 리소스와 서비스 사용자를 연결하는 것은, 리소스 인테그레이터Integrator(통합사업자)와 서비스 인터페이스Interface 두 가지이다. 리소스 인테그레이터는 막대한 정보 리소스 중에서 각 사용자의 요구 및 행동 제약에 맞춘 내용을 때로는 실시간으로 연속 제공할 수 있어야 한다. 이것을 실현시키는 것이 IoT와 AI이다. AI · 애널리틱스는 막대한 데이터 중에서 규제와 법칙을 도출하는 기능적인 정보처리 기술이다. 사전적으로 통계 해석 등에서 도출된 규제와 법칙에만 근거하여 정보를 활용하는 기존의 방법과 달리, 개별 사용자의 요구와 환경에 적합한 규칙성을 유연하게 도출하여 판단과 지시를 하도록 연결할 수 있다. 이러한 기술 혁신과 처리 비용의 감소가 다방면에서 리소스 인테그레이터의 실용성을 촉진하고 있다.

또 다른 하나의 구성 요소인 서비스 인터페이스는 기존에 주역이었던 서비스 스텝에 의한 접객 외에, 다양한 디지털 디바이스 및 애플리케이션을 활용하여 사용자의 활동을 안내하는 형태로 확대되고 있다. 앞서 소개한 아쿠아 서비스도 최종 소비자의 행동을 통해 서비스 이용자인 코인 세탁기 운영자가 요구하는 가동 평준화의 상태를 안내하

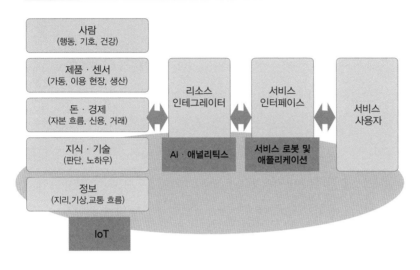

출처 : 노무라종합연구소 작성.

기 위한 서비스 형태이다. 향후 웨어러블 디바이스에 의한 AR 및 VR
역시 서비스 전달 형태의 일종으로 다양한 형태로 보급될 것으로 예
상된다. 서비스 로봇 및 자동 운전도 서비스 사업을 구성하는 서비스
인터페이스의 기능 및 형태 중 하나로, 생활 및 사업에서 활용 폭을 넓
히는 것이 가능할 것으로 예상된다.

　전자 기업은 서비스 인터페이스로서 기능할 수 있는 디바이스를 개
발하고 제조하는 것으로 경쟁력을 높여왔다. 지금까지는 자립형Stand
alone으로 가치를 발휘하는 제품으로서 개개의 디바이스를 판매해왔
다. 인터넷으로 연결된다 해도 대부분의 제품은 콘텐츠의 공유나 펌

웨어의 업데이트와 같은 기존 서비스를 추가적으로 제공하는 것에 그쳤다. 그러나 차세대 서비스 사업에서 전자 기업은 개별 디바이스 이용자에게 맞춤 서비스를 지속적으로 공급하는 인터페이스를 중핵으로 자리 잡게 하는 것을 목표로 삼고 있다. 생활 및 사업 활동에서 리소스 인테그레이터를 배후로 하여 삶의 질과 수익성 향상에 공헌하는 서비스 제공자로서 자리매김하고자 하는 것이다.

차세대형 서비스 사업은 소비자 개개인에 대한 데이터 및 그에 대한 분석에 기반하여 가치 있는 콘텍스트를 발견하고 제공한다. 하지만 소비자가 이에 대해 돈을 지불할 만한 가치가 있다고 인정할지는 별개의 문제이기 때문에 또다시 고객과의 대화가 필요하다. 이러한 이유 때문에 선행하는 대부분의 차세대형 서비스 사업들은 서비스의 가치를 객관적으로 평가하고, 가치에 상응하는 대가를 지불하는 데 대한 판단력과 지불 능력을 보유한 고객을 가진 B2B형 사업이다. 직 · 간접적으로 다양한 인터페이스를 매체로 소비자의 생활 측면 개선을 돕는 서비스는 향후에 보급될 것으로 전망된다.

:: 서비스 사업을 창출하는 커뮤니케이션 프로세스

서비스 사업을 창출하여 수익화하기 위해서는 [도표 5-2]에서 살펴본 서비스 사업의 각 부분을 하나하나 조립하여 가치를 검증해야 한다. 동시에 고객의 진정한 니즈 및 행동 원리를 깊게 통찰하고, 최

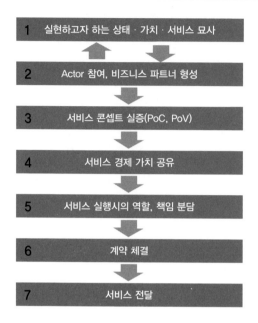

출처 : 노무라종합연구소 작성.

적의 형태와 타이밍에 제공할 서비스를 제안하여 합의를 얻는 과정이 필요하다. 서비스는 고객의 니즈에서 출발하기 때문에 서비스 형태는 고객별로 다를 수밖에 없다. 이 때문에 서비스 인터페이스의 전시 및 카달로그 정보 제공만으로는 고객의 관심을 직접적으로 끌기 어렵다.

B2B2C형 서비스 사업을 전개할 장소의 문제도 마찬가지다. 가치 창조를 위해서는 [도표 5-3]과 같은 여러 단계를 거쳐야 할 필요가 있다. 고객과 함께 실현하는 가치를 명확하게 도출하여, 이와 관련된

데이터를 포함하여 보다 폭넓게 추진해야 한다. 주고객이 제공하는 데이터를 기반으로 실제 가치 제공이 가능한지 검증해야 한다.

서비스가 가능할 경우 고객과 활용자, 최종 사용자가 얻게 될 가치를 경제 가치로 환산하여 공유한다. 이 단계에서 고객이 서비스에 대한 비용 대비 효과를 분별하게 하고 투자 의지를 확인한다. 여기에 데이터의 이용 방법 및 서비스 전달 형태 등 구체적인 서비스 내용을 포함시켜 계약으로 연결되도록 한다.

이러한 일련의 서비스 흐름은 제품 모형을 기반으로 하는 견적 제안형의 비즈니스 흐름과는 크게 다르다. 이 때문에 서비스 콘셉트의 실증까지 가더라도 이후의 가치 제시나 계약까지 이어지지 못하는 등의 문제가 영업 현장에서 발생한다. 따라서 고객과의 협창을 통해 서비스 사업을 연속적으로 창출하기 위해서는, 비즈니스 흐름을 이끌어 갈 수 있는 고객과의 커뮤니케이션 체계를 개발하여 영업 현장에 제공하는 것이 효과적이다. 커뮤니케이션 체계란 고객의 경쟁 환경 및 시장 환경, 비즈니스 흐름을 보다 잘 이해하기 위한 툴, 혹은 비즈니스 콘셉트에 대해 고객과 즉시 정량적으로 평가할 수 있는 경제 가치 환산 방식 등이다.

협창 프로세스를 가속화하기 위한 커뮤니케이션 체계는 대화하는 고객 및 대상 영역에 따라 각각 다른 데이터를 이용할 필요가 있다. 그렇다고 해서 고객과의 대화 방법과 프로세스 관리를 현장에 맡겨두어서는 서비스 사업 개발의 진전이 어렵다. 차세대형 서비스 사업 개발의 초기 단계에는 사업 개발을 추진하여 지지하는 조직 및 기능의 역할이 필수적이다.

그럼에도 대부분의 전자 기업들이 사업부 및 고객 접점의 강점에만 의존하고 서비스 사업의 지원 조직과 기능 개발에는 신경 쓰지 않고 있기 때문에, 성공한다 하더라도 단발적인 사업에 그칠 가능성이 높다. 차세대형 서비스 사업을 향후 수익원으로 만들기 위해서는 사업부 및 고객 프런트의 사업 개발 추진을 파이프라인에 근거하여 진행할 지원 기능을 정비하고, 매니지먼트의 노하우를 조직 내에 축적해야 한다. 그러한 조직 활동에서의 성공과 실패에서 얻은 노하우를 지원 툴의 형태로 삼아 다음의 성공에 활용하는 것이 중요하다. 이러한 추진이야말로 경영의 역할이라고 할 수 있다.

차세대형 서비스는 기업과 고객의 관계뿐 아니라 기업 조직의 구조에도 크나큰 변화를 가져오는 계기가 되고 있다. 지원 조직을 정비할 때에는 데이터 사이언티스트^{data scientist*}나 애널리스틱스 툴^{analytics tool**}과 같은 중요한 경영 자원을 사업부에서 껴안고 있는 형태가 아니라, 전사에 걸쳐 활용 가능하도록 지원 조직에 포함시켜 공통 기반화가 가능한 매니지먼트를 하는 편이 효과적일 것으로 생각된다.

---

* 정보 중에서 가치 있는 데이터를 추출해 분석하는 사람, 데이터의 다각적 분석을 통해 조직의 전략 방향을 제시하는 기획자이자 전략가로 기능한다.
** 빅데이터를 분석하는 기술, 혹은 관련 리소스 전반을 말한다.

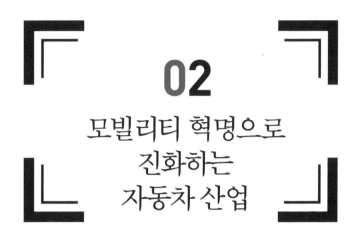

02
모빌리티 혁명으로
진화하는
자동차 산업

최근 세계 최대 IT 제품 전시회인 소비자 가전박람회CES, Consumer Electronics Show에는 모터쇼를 방불케할 만큼 자동차 관련 업체들의 참여가 늘어나고 있다. 각 자동차 제조사들은 자율주행이나 커넥티드카 등 미래 자동차 기술과 콘셉트를 선보이며 혁신을 논의하고, 주요 부품사 및 IT 업체들은 전장부품을 소개하며 기술 트렌드 주도권을 가져가고자 한다. 아키오 토요타 사장은 "전동화, 커넥티드 자율주행 등의 기술 진보로, 자동차 산업은 100년에 한 번 있는 대변혁의 시대를 맞이하고 있다"며 산업의 변화를 전망하기도 했다. 2010년을 전후하여 모바일 혁명이 전 세계를 휩쓸었던 것처럼, 2019년 이후에는 자동차를 중심으로 한 모빌리티 혁명이 다가올 전망이다.

자동차 산업은 10년 전인 2009년 세 업체가 변화의 방아쇠를 당긴 이후 전동화, 자율주행 및 커넥티드카, 카셰어링 등의 축을 중심으로 변화를 거듭해왔다.

테슬라Tesla가 공개한 로드스터Roadster 모델은 전기차에 대한 세간의 인식을 전환시키며 전기차 시대의 시작을 알렸다. 현재 주요 자동차 업체들은 모두 전기차 양산 모델을 출시하였고, 주요 선진국에서는 일상에서 어렵지 않게 볼 수 있을 정도로 전기차가 대중화되어가는 단계에 이르렀다.

또한 구글은 가장 먼저 무인자동차 개발 계획을 발표하며 자동차 산업이 나아가야 할 방향을 제시했고, 뒤이어 개발을 시작한 자동차 업체들은 2020년을 전후하여 자율주행 기술을 도입할 목표를 갖고 있다. 한편 우버Uber는 차별화된 카셰어링 서비스를 시작하며 자동차 산업의 새로운 사업모델의 가능성을 보여주었고, 토요타와 포드Ford 등 주요 자동차 업체는 최근 스스로를 '모빌리티 기업'이라 정의하며 사업모델의 근본적인 변화를 도모하고 있다.

이처럼 기존 자동차 업체나 부품 업체가 아닌 ICT 업체, 벤처기업 등이 참여하면서 자동차 산업의 시장 판도가 변하고 있으며, 사업모델이나 경쟁 영역 등 산업 전반의 패러다임 또한 변하고 있다. 이러한 산업 패러다임의 변화를 자동차의 IT화와 서비스화 측면에서 살펴보고, 주요 자동차 업체들이 이에 어떻게 대응하고 있는지 알아보고자 한다.

:: 완전 자율주행차를 향한 자동차의 IT화

지난 수 십 년간 자동차 산업은 최신 ICT 기술을 접목하여 새로운 기능을 도입하고 운전자의 편의성을 개선하기 위해 노력을 기울여왔다. 하지만 어디까지나 운전자의 운전을 수월하게 하거나 자동차 안에서 일어나는 일에 국한되는 개선이었다. 그러나 ICT 기술이 보다 적극적으로 도입되면서, 최근에는 차량 시스템 자체의 자동화나 차량 외부와의 연결 등 자율주행과 커넥티드카를 구현하기 위한 IT화가 추진되고 있다.

자율주행차는 운전자가 차량을 조작하지 않아도 스스로 운행하는 자동차를 말한다. 이를 위해서는 자동차 자체에 인지 및 판단·제어 기능이 갖춰져야 한다. 자동차가 스스로 주변 환경을 인식해 주행 상황과 위험 요소를 판단하고 차량을 제어하거나 주행 경로를 계획할 수 있어야 한다. 이러한 자율주행 기술은 현재 세계적으로 미국 자동차기술자협회SAE, Society of Automotive Engineers 기준에 따라 그 수준을 구분하며, 완전 수동 운행인 레벨 0에서부터 차량 시스템이 모든 운행을 수행하는 완전 자동화인 레벨 5까지로 구분된다.([도표 5-4])

자율주행 관련 주요 업체들은 2020년을 전후로 자율주행 기술 상용화를 목표로 하고 있다.([도표 5-5]) 가장 앞서고 있는 업체는 구글의 웨이모Waymo이다. 웨이모는 2009년부터 개발을 시작하여 완전 자율주행인 레벨 5의 개발을 지속적으로 추진해왔으며, 2021년에는 이를 상용화할 계획이다. 웨이모의 자율주행차는 2018년 7월 공공도로

도표 5-4	자율주행 시스템 단계별 수준 정의		

(SAE 기준)

	레벨 0	비자동화	• 운전자가 항시 운행
시스템이 일부 주행 수행	레벨 1	운전자 보조	• 시스템이 조향, 감·가속 등 일정 부분을 지원
	레벨 2	부분 자동화	• 시스템이 조향, 감·가속 등 특정 부분을 수행
시스템이 전체 주행 수행	레벨 3	조건부 자동화	• 경고시 운전자가 개입
	레벨 4	고등 자동화	• 정해진 조건하에서 시스템이 운행 • 운전자 개입 불필요
	레벨 5	완전 자동화	• 모든 상황에서 시스템이 운행 • 운전자 불필요

출처 : 미국 자동차기술자협회

에서 테스트한 누적 거리가 800만 마일(약 1,287만km)을 넘어서면서 가장 많은 주행 기록을 가지고 있다. 또한 캘리포니아 주에 제출한 자율주행 모드 해제 리포트에 따르면, 웨이모의 자율주행 해제 건수는 100만 마일 당 0.018건으로 가장 적어, 자율주행 기술의 신뢰성도 확보한 상황이다. 〈니혼게이자이 신문〉의 자율주행 관련 특허 경쟁력 분석에서도 웨이모는 2,815점을 기록해, 2위 토요타의 2,243점과 3위 GM의 1,811점을 월등히 앞선 것으로 나타났다.

한편 토요타는 2020년까지 레벨 4 수준의 자율주행차 상용화를 목표로 하고 있다. 이를 위해 토요타는 협력을 통한 기술 개발 전략을 추진하고 있다. 2016년에는 토요타, 닛산, 혼다 등 일본의 자동차 업체 6개사와 르네사스, 파나소닉 등 부품 업체 6개사가 참여하여 자율주행 기술에 대한 공동 연구를 진행하였다. 2018년 3월에는 주요 부품

도표 5-5	주요 자동차 업체별 자율주행 기술 상용화 계획	
2019	2020	2021
		레벨 3
		현대
레벨 4	레벨 4	레벨 4
GM	토요타 폭스바겐	볼보
레벨 5	레벨 5	레벨 5
테슬라	아우디 다임러 닛산	BMW 포드 구글 웨이모

출처 : 미국 자동차기술자협회

업체인 덴소Denso, 아이신Aisin과 함께 자율주행 기술 합작 벤처기업을 설립하였으며, 이어서 2018년 8월에는 우버에 5억 달러를 투자하여 자율주행차 개발을 공동 진행하기로 했다고 발표하였다. 그 외 GM과 테슬라 등 주요 업체도 2019년부터 자율주행차 출시를 계획하고 있어, 자동차 산업의 대폭적인 변화와 함께 관련 신규 비즈니스의 기회가 열릴 것으로 전망된다.

한편 커넥티드카는 자동차 내부의 기기와 외부의 네트워크가 무선통신으로 연결되어, 차량 자체를 정보기기처럼 활용할 수 있는 자동차를 의미한다. 자동차, 교통 인프라, 주변 환경, 나아가 일상 생활의 모든 요소와 유기적으로 연결성 및 접근성을 가지며, 자동차를 중심으로 다양한 기능과 서비스를 구현할 수 있다. 커넥티드카는 차량 간 통신, 교통 인프라와의 연결 등의 측면에서는 자율주행차 기술과 교집합을 이루기도 하지만, 텔레매틱스Telematics*나 차량용 인포테인먼트 시스템In-Vehicle Infotainment** 등과 같은 독립적인 기술 및 기능을 제공하기도 한다.

커넥티드카는 다양한 영역의 기술과 서비스가 결합된 플랫폼 형태로 운영되는 만큼, 선제적인 플랫폼 개발과 시장 선점이 가장 중요하다. 때문에 커넥티드카 개발 분야에는 기존 자동차 업체뿐만 아니라 ICT 업체들도 두각을 드러내며 플랫폼 개발을 위한 경쟁과 협력에 참여하고 있다. 구글은 2014년 오픈 오토모티브 얼라이언스OAA, Open Automotive Alliance를 결성하고, 안드로이드 오토Android Auto를 공개하며 커넥티드카를 위한 플랫폼을 제공하고 있는데 현재 28개 자동차 업체와 16개 IT 업체가 참여하여 플랫폼의 빠른 확산을 도모하고 있다. 한편 세계 최대 IT 업체 중 하나인 삼성은 2015년 전장 사업팀을 신설하며 자동차 전장부품 사업에 뛰어들었고, 2016년 세계적인 전장부품 업체인 하만Harman을 80억 달러(약 9조 2,000억 원)에 인수하며 본격적으로 전장 사업에 진출하였다. 이후 하만과의 협업으로 디지털 콕핏Digital Cockpit을 선보이며 자사 가전 및 스마트 기기와의 연결 등 커넥

---

* 자동차와 무선 통신을 결합한 차량 무선 인터넷 서비스. 텔레커뮤니케이션telecommunication과 인포매틱스informatics의 합성어로, 오토모티브 텔레매틱스라고도 부른다.
** 운행 및 내비게이션 기능 등 필요한 정보의 제공을 뜻하는 인포메이션information과 다양한 오락거리와 인간 친화적인 기능을 말하는 엔터테인먼트entertainment가 통합된 시스템을 의미한다.

티드카 영역의 플랫폼을 구축하려 하고 있다.

이 외에도 자동차 업체, 통신사, IT 서비스 회사 등을 중심으로 하는 협력 네트워크가 시장에 참여하며 커넥티드카 플랫폼 경쟁은 더욱 심화되고 있다.

:: 모빌리티 서비스 산업으로의 대전환

흔히 자동차 산업을 '제조업의 꽃'이라 칭한다. 그 만큼 자동차 산업은 전통적으로 자동차 제조업체를 중심으로 생산과 판매가 이뤄지는 사업모델을 따라왔다. 하지만 공유경제 개념과 함께 카셰어링 서비스가 주요 선진국을 중심으로 확산되면서 자동차 산업은 제조업 영역에서 나아가 모빌리티 서비스MaaS, Mobility as-a Service 사업으로 변화하고 있다.

모빌리티 서비스는 이동을 수반하는 다양한 서비스를 포괄하는 개념이다. 카셰어링 서비스와 플랫폼은 이러한 모빌리티 서비스로 나아가기 위한 징검다리로, 현재 다양한 카셰어링 서비스가 시장에 소개되고 있다.

카셰어링 서비스는 크게 네 가지 영역으로 구분되어 전개되고 있다. ([도표 5-6])

첫째, B2C 방식의 카셰어링은 전통적인 렌털 서비스와 유사한 것으로, 카셰어링 업체 소유의 차량을 고객들이 대여했다가 반납하는

도표 5-6	카셰어링 서비스의 유형 및 주요 기업	

유형	운영 방식	주요 기업
B2C 카셰어링	사업자 소유의 차량을 예약하고, 현 위치에서 가까운 차고에서 차량을 시간 단위로 대여 · 반납	집카Zipcar, 카투고, 쏘카, 드라이브 나우Drive Now, 엔터프라이즈 카셰어Enterprise CarShare,
P2P 카셰어링	개인 소유한 차량을 공유하여 사용, 사업자는 플랫폼 제공	투로TURO, 겟아라운드Getaround, 오토레비Autolevi
라이드 헤일링	이동을 원하는 소비자와 이동 서비스 제공자를 연결해주는 서비스	우버, 리프트Lyft, 디디추싱
라이드 셰어링	목적지가 유사한 이용자들이 차량에 동승하여 통행하는 서비스	우버, 리프트, 짐라이드Zimride

출처 : 노무라종합연구소 작성.

형태의 사업모델이다. 둘째, P2P 방식의 카셰어링은 B2C 방식과 개념은 동일하나 차량 소유주가 카셰어링 업체가 아니라 개인이라는 차이가 있다. 여기서 카셰어링 업체는 차량 소유자와 이를 이용하고자 하는 고객을 이어주는 플랫폼을 제공한다. 셋째, 라이드 헤일링ride-hailing(승차 공유)은 개인 소유의 차량을 택시와 같이 이용하여 이동성mobility을 공유하는 서비스이다. 사업자는 이동을 원하는 소비자와 이동 서비스를 제공하고자 하는 개인 및 업체를 연결하는 플랫폼을 제공한다. 마지막으로 라이드 셰어링ride-sharing은 일종의 카풀과 같은 것으로, 이동 방향이 유사한 이용자들이 차량을 함께 이용하는 서비스이다.

카셰어링 서비스는 우버로 대표되는 라이드 헤일링 영역을 중심으로 투자와 신규 사업이 집중되며 자동차 산업의 패러다임 변화를 주도했다. 우버, 디디추싱Didi Chuxing, 그랩Grab은 모두 구글, 소프트뱅크 등 IT 업체로부터 투자를 받고 주요 자동차 업체와 협력 관계를 구축하며 사업을 확대해왔다. 우버의 경우 2016년에 이미 GM, 포드 등 기존 자동차 업체의 시가 총액을 뛰어넘으며 카셰어링 사업모델의 전망과 경제성을 확인받았다. 나아가 라이드 헤일링 업체는 이미 확보한 차량 공유 플랫폼을 활용하여 다양한 모빌리티 서비스로 사업을 확장해가고 있다.

카셰어링 서비스가 확장됨에 따라 기존 자동차 제조업체들 또한 자사의 차량을 이용한 B2C 방식의 카셰어링 서비스를 적극 전개하고 있다.([도표5-6]) 그들은 카셰어링 서비스를 통한 수익 창출 외에도, 자사 차량에 대한 소비자의 경험 확대, 카셰어링 플랫폼 구축, 카셰어링 관련 경험 및 데이터의 축적 등을 목표로 하여 사업에 진출하고 있다. 다임러는 2008년 자회사 카투고Car2Go를 설립하여 유럽을 중심으로 약 30개 도시에서 사업을 운영하고 있다. 이용자들이 다임러의 차량을 대여하는 B2C 카셰어링 형태로, 현재 이용자 수가 약 130만 명에 달하며 B2C 카셰어링 업계 1위를 차지하고 있다. 2016년에는 그루브Groove라는 P2P 서비스를 시작하면서 카셰어링 사업을 확대하였다. 나아가 모빌리티 서비스 분야의 주도권을 확보하기 위해 2018년에는 BMW와 합작법인을 설립하여 카셰어링 서비스 통합을 추진하고 있다. 또한 GM은 유럽 업체보다 한 발 늦은 2016년 메이븐Maven 서비스를 출시하며 카셰어링 사업에 진출하였다. 카셰어링 서비스에 대한

도표 5-7	주요 자동차 업체별 카셰어링 사업 진출 현황			
업체	서비스명	출시	운영 방식	
GM	메이븐	2016	렌털, B2C 및 P2P 카셰어링 서비스 통합 제공	
폭스바겐	모이아MOIA, 위딜리버We Deliver	2016	모이아 전용 EV를 활용, 라이드 셰어링 서비스 제공	
BMW	드라이브나우	2016	자사 차량으로 B2C 카셰어링	
다임러	카투고, 그루브	2016	B2C 카셰어링(카투고)과 P2P카셰어링(그루브) 제공	
혼다	에브리고	2017	자사 차량으로 B2C 카셰어링	
현대	딜카	2017	B2C 카셰어링, 차량을 고객에게 직접 배송	
닛산	e-쉐어모비	2018	자사 EV 활용 B2C 카셰어링	

출처 : 노무라종합연구소 작성.

수요가 크다고 판단한 GM은 북미 대도시를 중심으로 메이븐 서비스를 확대하여, 향후 새로운 사업 플랫폼으로 발전시켜갈 계획이다.

일본과 한국의 자동차 업체들은 2017년에서야 카셰어링 사업에 진출하며 추격을 준비하고 있다. 혼다(에브리고EveryGo), 닛산(e-쉐어모비 e-Share Mobi), 현대(딜카), 기아(위블)는 각각 자국 내에서 카셰어링 서비스를 출시하며 산업 변화에 맞춰 따라가고 있다. 한편 토요타는 주요 카셰어링 업체에 투자하거나 그들과 협력 관계를 맺는 방식으로 카셰어링 영역에 진출하고 있다. 토요타는 2018년 카셰어링 업체인 그랩과 우버에 각각 10억 달러와 5억 달러를 투자하며 전략적 관계를 강화하였다. 또한 일본 국내에서는 재팬택시JapanTaxi와 협력하여 택시 호출 서비스를 출시하는 등 카셰어링 사업 개발을 위한 노력을 지속하고 있다.

포드는 전 CEO인 마크 필즈가 2015년 "포드는 '모빌리티 기업'이라고 생각한다"고 밝히며, 제조업에서 모빌리티 기업으로의 전환을 도모했다. 2018년에는 아키오 토요타 사장 역시 "자동차 회사에서 모빌리티 회사로 전환하는 것이 우리의 목표"라고 선언하며 사업모델의 변환을 추진했다. 10년 전 한 스타트업에서 시작했던 변화의 흐름이 이제는 주요 자동차 업체의 사업모델 전환으로까지 이어지게 된 것이다. 향후에도 이어질 산업 패러다임의 변화 앞에서, 스스로 변화를 이뤄내 창조적 파괴를 주도하는 기업만이 새로운 모빌리티 서비스 산업에서 지속적으로 성장할 수 있을 것이다.

:: 이종업계 파트너 발굴을 통한 경쟁력 확보

자율주행과 커넥티드카를 중심으로 한 자동차의 IT화와, 카셰어링 및 모빌리티 서비스의 전개는 연관 기술의 발전과 사회적 수용도가 높아지면서 단계적으로 하나의 제품 및 서비스로 수렴하게 될 것이다.([도표 5-8]) 현재의 카셰어링 서비스는 공유할 차량을 찾아 이동해야 하거나 차량을 공유자에게 인도해줄 운전자를 필요로 하는 등 공유 과정에서의 불편함, 즉 비용이 발생한다. 자율주행, 커넥티드카 기술은 이러한 카셰어링 과정에 내재된 불편함을 없애며 카셰어링 및 모빌리티 서비스에 대한 니즈를 더욱 확대해갈 것이다. 나아가 카셰

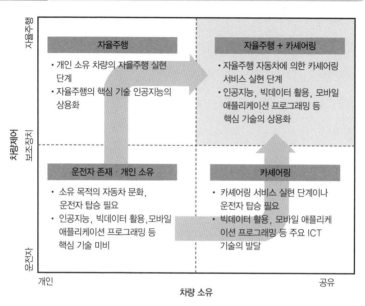

자율주행

• 개인 소유 차량의 자율주행 실현 단계
• 자율주행의 핵심 기술 인공지능의 상용화

자율주행 + 카셰어링

• 자율주행 자동차에 의한 카셰어링 서비스 실현 단계
• 인공지능, 빅데이터 활용, 모바일 애플리케이션 프로그래밍 등 핵심 기술의 상용화

운전자 존재 · 개인 소유

• 소유 목적의 자동차 문화, 운전자 탑승 필요
• 인공지능, 빅데이터 활용, 모바일 애플리케이션 프로그래밍 등 핵심 기술 미비

카셰어링

• 카셰어링 서비스 실현 단계이나 운전자 탑승 필요
• 빅데이터 활용, 모바일 애플리케이션 프로그래밍 등 주요 ICT 기술의 발달

개인   차량 소유   공유

출처 : 노무라종합연구소 작성.

어링 서비스는 차량 소유자와 이용자를 연결해주는 플랫폼에서, 개인 또는 사업자 소유의 자율주행차와 이동성 이용자를 연결해주는 플랫폼으로 변화해갈 것이다. 이렇게 자동차의 IT화와 서비스화가 하나로 결합될 때, 자동차를 중심으로 한 모빌리티 혁명이 비로소 시작될 것이다.

자율주행과 카셰어링의 결합이 현실화되려면 보다 진전된 자율주행 기술의 발전이 요구된다. 이에 기업들은 자율주행 기술 개발과 함께 모빌리티 서비스와 연계하려는 계획과 노력을 지속하고 있다. 우버는 2016년 자율주행 기술을 적용한 차량으로 카셰어링 서비스를 시작했으나, 2018년 차량 사고가 발생하면서 자율주행차 개발을 중단했다. 이후 협력 개발로 전략을 전환하여 토요타와 함께 공동 개발을 진행하고 있다. 모빌리티 서비스에 대한 이해를 높여가고 있는 토요타는 실질적인 결과물도 도출해내고 있다. 2018년 공개한 모빌리티 서비스 전용 자율주행차 e-팔레트^{e-Palette}가 바로 그것이다. 토요타는 e-팔레트를 활용해 다양한 용도의 모빌리티 서비스를 제공하는 플랫폼을 제시하였는데, 이는 이동성과 자율성을 결합한 모빌리티 혁명의 표본으로 삼을 수 있을 것이다.

　자동차의 IT화, 서비스화는 자동차 산업의 패러다임 변화를 가져왔다. 그리고 이는 자동차 산업의 밸류체인 변화로 나타날 것이다. 지금까지의 자동차 산업은 부품 업체로부터 자동차 생산업체로 이어지는 선형 구조의 밸류체인을 보유하고 있었다.([도표 5-9]) 하지만 모빌리티 서비스화가 확산되고 자율주행차, 커넥티드카 등의 기술이 보급되면 자동차 산업, 또는 모빌리티 산업의 밸류체인은 참여자 간 수평적 네트워크 형태로 변화해야 할 것이다. 생산·판매에서 서비스 제공으로 산업의 핵심 가치가 변화하면 가치 창출, 가치 이동, 고객과의 접점 등 구조가 변하기 때문이다. 기존의 자동차 제조업체는 새로운 산업구조에 부합하는 제품과 서비스를 제공할 수 있도록 구조적 변화와 혁신을 이어나가야만 한다.

　산업구조와 변화가 안정적인 상황에서는 수직계열화나 독자 기술개발을 통해 거래 비용의 절감 효과를 얻을 수 있다. 하지만 산업 패러

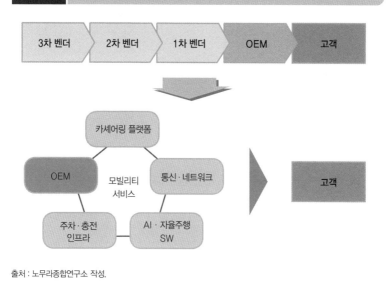

3차 벤더	2차 벤더	1차 벤더	OEM	고객

카셰어링 플랫폼

OEM　모빌리티 서비스　통신·네트워크

주차·충전 인프라　AI·자율주행 SW

고객

출처 : 노무라종합연구소 작성.

다임이 변하고 전혀 다른 영역의 기술과 역량이 요구될 때에는 스스로 만들어내는 것Build 보다 파트너의 역량을 활용하거나Borrow 그 역량을 습득하는Buy 전략을 취해야 한다. 따라서 새로운 모빌리티 산업에서는 다른 사업 영역 업체와의 협력이 가장 중요하면서도 효율적인 경쟁력 확보 전략이 될 수 있다. 모빌리티 산업에서는 기존의 완성된 자동차 제조 역량뿐 아니라, 반도체, AI, 통신모듈, 고정밀 지도, 전장부품, 콘텐츠, IT 서비스, 플랫폼, 충전·주차 인프라 등 다양한 영역에 대한 기술과 역량을 필요로 하기 때문이다. 이러한 역량은 단기간에 내재화하기 어렵다. 뿐만 아니라 시장과 소비자의 니즈가 수시로 변하기 때문에 그에 맞춰 기술과 역량을 조율한다는 것은 매우 까다로운 문제이다. 새로운 모빌리티 산업의 참여자들에게는 각 영역에서 본연의 강점과 경쟁력을 계속 발전시켜나가면서, 전체 산업 관점에서 경쟁력을 강화할 수 있는 상호 보완적인 파트너를 발굴하여 역량을 끌어올리는 것이 무엇보다도 중요한 과제가 될 것이다.

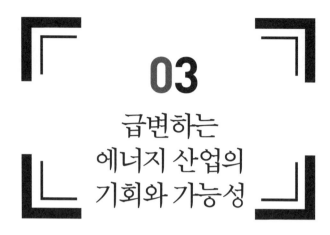

03

급변하는
에너지 산업의
기회와 가능성

최근 에너지 산업의 경쟁 환경은 신 기후 체제로의 전환(글로벌 환경 규제 강화)과 4차 산업혁명 시대의 도래(정보통신 기술의 융합)로 인하여 급변하고 있다. 이러한 환경 속에서 창출 가능한 새로운 사업모델을 도출하기 위해서는 세계 에너지시장의 트렌드에 대해 우선 정리할 필요가 있다. 현재 세계 에너지시장에서의 주요 트렌드는 친환경, 에너지 효율화, 분산화, 시장 친화로 정리할 수 있다.

첫째, 친환경 트렌드는 전 세계의 많은 나라들이 탈탄소 정책을 강화하면서, 동시에 신재생 에너지의 인프라 구축에 투자를 확대하고 있는 상황이다. 에너지 발전원에 대한 패러다임을 기존 화석 연료에서 신재생 에너지로 전환하고 있는 것이다. 한국을 포함한 전 세계

도표 5-10 글로벌 에너지 산업의 메가 트렌드

1	클린화
탈탄소 기조 가속화	온실가스 감축 목표 달성을 위한 국가별 규제 및 지원 • 영국 : 석탄 화력 발전 전면 폐쇄(~2025) • 독일 : 석탄 화력 발전 점진 폐쇄(~2050)
신재생 에너지 인프라 구축	신재생 발전 확산에 따른 안정화 기술 개발 • 독일 : EWeLiNE-신재생 에너지 안정적 조달을 위한 발전량 예측

신 기후체제 전환으로 신환경 에너지원 활용 확대

글로벌 에너지 메가트렌드

2	에너지 효율화
수급 디지털화	ICT, 데이터 기술로 수급 효율화 • 일본 : i-ene consortium-HEMS* 및 데이터 사업자로 구성되어 HEMS 비용 절감 추진
밸류체인 재편	거래 통합 플랫폼 구현 • 영국 : DCC**-스마트미터 데이터를 공급자, 계통 운영자, 서비스 사업자에게 제공, 거래 촉진

3	분산화
분산 전원 활용 확대	신재생 중심의 분산 전원 확대 • EU : 주 분산 전원인 열병합 발전 비중 12%(2013) ~ 20%(2020) 확대 계획
네트워크 분산화	분산 전원 활용을 위한 계통 연계 • 독일 : 분산 전원 수급과 그리드 연계 프로젝트 진행***

4차 산업혁명 도래로 연결 중심 산업 패러다임 확산

4	시장 친화
민간 경쟁 구조로 재편	정부 주도의 독과점 전기 사업 시장 자유화 • 일본 : 소매시장 전면 자유화 (2016)
수요기반 신사업 모델 등장	소비자 선택권 확대 • 영국 : Piclo-소비자가 직접 선호하는 발전원 선택(2013)

출처: 노무라종합연구소 자료를 토대로 작성.
주 : * 에너지 사용량 절약을 위한 홈 에너지 관리 시스템
　** DCCData Communication Company : 통신회사로 영국 스마트미터 보급 계획에서 통신 시스템 전담
　*** 2015년 인터넷 에너지 사업의 일환으로 분산 전원 수급, 유연하고 지능화된 소비자 수요 반응, 분산형 그리드에 효과적으로 연계할 수 있는 ICT 인프라 구축 추진.

195개국은 온실가스 감축을 위해 배출량 규제 등의 다양한 정책을 시행하고 있다.

　지구 온난화 등의 기후 변화로 인한 환경 문제를 해결하기 위해 전 세계 195개국이 채택한 파리 기후협정이 2015년 발효되면서, 신 기

후 체제가 본격적으로 시동을 걸었다. 영국은 2025년까지 석탄 화력 발전을 전면 폐쇄하겠다고 공표하였으며, 독일은 점진적 폐쇄를 발표하였다. 반면 2017년 6월 미국의 트럼프 정부는 재정 및 경제적 부담 등의 이유로 파리협정 탈퇴를 선언했다. 그러나 미국 내에서 온실가스 감축에 대한 노력은 지속적으로 이행될 것으로 보인다. 전 세계 많은 나라들이 온실가스 배출량이 큰 석탄의 의존도를 낮추고, 천연가스 및 풍력, 태양광 등 친환경 에너지 비중을 높여 탈탄소 에너지로 발전원을 전환하기 위해 노력하고 있다.

신재생 에너지의 발전량과 비중이 높아짐에 따라 수급 안정화를 위한 전력시스템이 필요해졌다. 따라서 신재생 에너지의 인프라를 구축하기 위한 투자도 활발히 일어나고 있다. 독일은 세계에서 신재생 에너지 활용에 가장 적극적인 편인데, 여전히 자연 에너지만으로는 전력 수요를 전부 충당하지 못하고 있다. 독일은 이런 과제를 해결하기 위해 기상학자 및 엔지니어, 공기업 등이 모여 신재생 에너지를 보다 효율적으로 활용하기 위해, 빅데이터와 머신러닝의 활용을 검토하는 프로젝트를 추진하였다. 이는 머신러닝을 기반으로 신재생 에너지의 발전량을 예측하여 신재생 에너지 수급의 안정화 및 효율화를 꾀하고자 하는 시스템 개발 프로젝트이다.

둘째, 에너지 효율화 추세가 지속되면서 전력 수급 체계의 디지털화를 통한 소비 패러다임의 전환 움직임이 일어나고 있으며, 이로 인해 밸류체인에도 변화가 나타나고 있다.

에너지 소비의 최적화와 에너지 수급 체계의 안정화를 구현하며 에너지 효율화를 제고하기 위해 에너지 인프라와 ICT의 융합이 가속화되고 있다. 해외 에너지 시장에서는 이미 빅데이터 인프라 구축이 이루어지고 있다. 미국에서는 그린버튼을 통해 소비자가 전기와 가스, 수도의 사용량을 온라인에서 손쉽게 확인할 수 있도록 하는 에너지 빅데이터 허브 플랫폼을 구축하였다. 이는 소비자들에게 에너지 절약 노하우를 제공하여 전력 소비의 패턴 변화를 촉진하며 에너지 효율화를 제고하고 있다. 또한 네덜란드에서는 전력 생산자와 소비자가 원하는 상대를 선택하여 연간 전력 거래 계약을 맺는, 생산자와 소비자가 전력을 직거래하는 플랫폼을 도입하였다. 즉 기존 공급망이 발전, 송배전, 판매가 단일 방향이었던 것과 달리, 전력 유통구조가 양방향인 시장이 형성된 것이다. 이는 협업 혹은 통합을 통해 밸류체인의 재편이 다양하게 이루어지고 있다는 것을 의미한다.

셋째, 과거 산업화 시대에 추진했던 중앙 수급형 대규모 공급구조에서 분산 전원을 활용한 지역 기반의 소규모 전력 생태계로 패러다임이 변화하고 있다.

분산 전원이란 주로 열병합 발전, 마이크로 가스 터빈, 태양광, 풍력, 연료 전지, 소수력 등과 같은 소규모 재생 가능 에너지와 전력 생산 시설을 의미한다. 또한 에너지 효율 및 절약과 관련된 수요 자원을 포함하는 개념이기도 하다. 전 세계적으로 재생 가능 에너지 시장이 급격히 성장하면서, 대규모 재생 에너지 사업에 대한 투자뿐 아니라 소규모 재생 가능 에너지에 대한 투자도 활발히 이루어지고 있다. 2016년 국제에너지기구IEA, International Energy Agency 보고서에 따르면 이미 많은 국가들에게 소규모 태양광 시설이 주택 부문 전기 소매 요금보다 저렴해지는 '소켓 패리티Socket Parity'* 수준에 도달한 것으로 파악되고 있다.

여러 국가에서 다양한 정책과 시장 제도를 통해 분산 에너지 자원을 확대시키고자 한다. 대표적인 정책으로 독일의 발전 차액 지원제도FIT, Feed-in-Tariff**가 있다. 이는 전력 회사가 재생 가능 에너지를 통해 생산한 전력을 미리 정해진 가격으로 장기간 구매하도록 하는 제도로, 태양광 시장의 성장을 견인하였다. 분산형 전원이 확산됨에 따라 소비자도 전력을 생산, 저장, 판매할 수 있는 프로슈머가 될 수 있는 환경이 조성된 것이다. 주택용, 일반용, 산업용 소비자들이 소규모 분산형 전원을 활용하여 시간대별 전력량 및 요금에 따라 자가 소비나 저장, 또는 잉여 전력 판매 등을 선택할 수 있게 된 것이다. 이에 따라 에너지 저장시스템ESS, Energy Storage System을 바탕으로 다양한 서비스 제공이 가능할 것으로 기대된다.

넷째, 기존 에너지 산업구조의 문제점이 드러나고 소비자의 선택권 요구가 강화됨에 따라, 에너지 산업이 공급과 규제 중심에서 경쟁과 소비자 중심의 시장 친화적 구조로 변화되고 있다

지난 100여 년간 전력 산업은 기간 네트워크 산업의 특성으로 인하여 자연 독점 형태로 발전해왔다. 미국과 일본의 경우에는 정부의 규

---

* 그리드 패리티grid parity라고도 한다. 대체 에너지의 가격이 일반 전력 회사에서 전력을 구입하는 가격보다 적거나 동등한 수준의 비용으로 공급받을 수 있는 상황을 말한다.
** 신재생 에너지 발전을 통해 공급한 전기의 전력 거래 가격이 정부가 고시한 기준 가격보다 낮은 경우 그 차액을 지원하는 제도이다.

제하에 민간 지역 독점 전력 회사가 운영해왔고, 한국이나 영국, 프 랑스 같은 나라에서는 국영 전력 회사가 전력을 공급하는 구조로 운영되어왔다. 하지만 오늘날에는 전력 산업의 자유화가 전 세계적으로 진행되면서, 수직 통합적이던 기존의 구조는 다양한 시장 참여자로 구성된 다원적인 구조로 변화되고 있다. 일본에서는 2000년대부터 지속적으로 자유화가 추진되어왔으며, 2011년 동일본 대지진 이후부터는 전력 수급의 안정화 및 소비자의 선택권 강화를 위해 적극적으로 자유화 정책을 추진하여 2016년에 소매 부문 자유화를 이루었다. 이를 통해 다양한 민간 사업자들이 시장에 참여하였으며 신규 사업모델도 많이 등장하였다.

:: 한국 전력시장의 주요 이슈와 신사업 기회

한국 전력시장은 2016년에 55조 원 규모에 이르렀으며, 연평균 약 2% 수준의 완만한 성장을 이루어 2029년에는 72조 원에 다다를 것으로 예상된다.

전력시장의 규모가 완만하게 성장하는 이유는 저성장 시기에 전력 수요가 정체되고, 전력 소비 효율화로 인하여 수요가 안정화되었기 때문이다. 전 세계적으로 경기가 침체되면서, 제조업 공장들이 해외로 이전하게 되어 전력을 많이 소비하는 산업용 전력 소비가 감소하였다. 또한 에너지 절감에 대한 요구가 높아지면서 고효율 기기를 사

도표 5-11 한국 전력시장 현황 및 추이

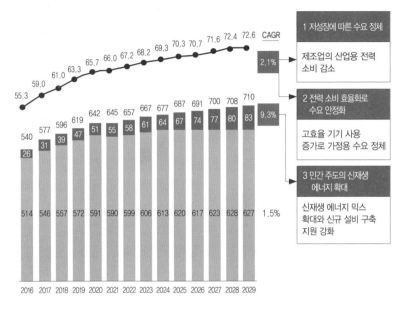

■ 기존 에너지 발전량(TWh) ■ 신재생 에너지 발전량(TWh) ●— 전력시장 규모(조 원)

출처: 한국 통계청, 한국 전력거래소 데이터를 토대로 노무라종합연구소 작성.
주 : 전력시장 규모는 제 7차 전력 수급계획 기준에 따라 전력 발전량 규모에 연료 평균 발전 정산 단가(2016년 기준)
를 곱하여 추산하였다.

용하는 경향이 늘어나 가정용 전력 수요도 정체되었다. 이에 비해 신
재생 에너지의 발전량은 증가세가 두드러지고 있다. 신재생 에너지는
공급 의무화 제도로 인하여 발전 확대와 신규 설비 구축 지원이 강화
되고 있다.

또한 문재인 정부는 에너지 생산 단계에서는 탈원전과 재생 에너지

도표 5-12 한국 정부의 에너지 정책 방향성

100대 국정 과제 중 에너지 관련 정책

전력시장 V/C별
주요 정책 방향

친환경 미래 에너지 발굴육성

- 2030년 재생 에너지 발전량 비중 20% 달성
  - RPS 의무비율 2030년 28%수준으로 상향
- 친환경 스마트 에너지 인프라 구축, IoE 기반 신사업 창출
  - 2020년까지 공공기관 ESS 설치 의무화, AMI 전국 설치 완료
- 수요 관리 강화 등을 통해 저탄소고효율 구조로 전환

미세먼지 걱정없는 쾌적한 대기환경 조성

- 임기 내(2022년) 30년 이상 노후 화력 발전소(10기) 폐쇄
- 2022년까지 전기차 등 친환경차 보급 획기적 확대

탈원전 정책으로 안전하고 깨끗한 에너지로 전환

- 원전 신규건설 백지화 등 단계적 원전 감축 계획 수립
- 발전용 연료 세율체계 조정, 산업용 전기요금체계 개편
- LNG, 신재생, 집단 에너지 등의 분산형 전원 활용 확대
  - 인허가, 연료 구매, 요금 설정 등 전 과정에서 체계적 지원

신기후체제에 대한 견실한 이행체계 구축

배출권거래제 정상화 등 온실가스 감축 강화
  - 2017년 배출권 할당 계획 확정
  - 2018년 에너지 세제 개편, 2030 온실가스 감축 로드맵 수정 보완
  - 2020년까지 제로에너지 건물 확대, 공공기관배출량 30% 감축

생산
- 에너지 믹스 변화
  - 탈원전
  - 재생 에너지 발전 비중 확대
  - 노후 화력발전소 폐쇄
  - 발전용 연료 세율 체계 조정
  - 배출권 거래 활성화
- 분산형 전원 활용 지원

거래
관련 정책 미포함

소비
- 에너지 소비 효율화 강화
  - 수요관리 강화
  - 산업용 전기요금체계 개편
  - 제로에너지 건물 확대
- 전기차 등 친환경차 보급 확대
- IoE 인프라 구축, 신사업 창출

에너지원 변화 중심의 정책 논의

전력 소매·중개 등 거래 단계에 대한 정책 상대적으로 미흡

소비 단계에서는 에너지 효율, 친환경 관련 정책 제시

출처 : 한국 청와대 자료를 토대로 노무라종합연구소 정리.

의 발전 증대를 중심으로, 소비 단계에서는 에너지 효율화를 중심으로 정책을 추진하고 있다. 정부는 단계적으로 원자력 발전소를 감축할 예정이며, 그로 인해 감소된 발전량은 태양광, 풍력 등의 청정 에너지로 공급하는 등 재생 에너지의 발전량 비중을 늘려갈 계획이다. 정부의 로드맵에 대하여 전력 수급의 문제로 인한 전력 요금의 인상을 우려하는 목소리도 있으나, 전 세계적으로 신재생 에너지 발전 단가가 낮아지고 있다는 점에서 정부의 에너지 전환 정책에 힘을 실어주고 있다.

국가별 시장 개방 정도와 산업 경쟁 강도에 따라 전개 가능한 사업모델과 사업 기회는 상이하다. 한국의 전력시장은 가장 최근에 전력시장을 개방한 일본 시장과 단기적으로 가장 유사하기 때문에 일본의 사업모델을 통해 단기적으로 도래할 수 있는 사업모델 및 사업 기회를 파악해보고자 한다.

일본 시장은 원자력 발전소의 발전에 제약을 받고 있어 재생 에너지에 대한 의존도가 높기 때문에 향후에는 ESS 사업이 성장할 것으로 전망된다. 현재로서는 높은 전력 설비 예비율과 낮은 신재생 에너지 보급률을 보이고 있지만, 향후에는 재생 에너지 비중이 확대될 것이며 변동성을 보완하기 위해서는 ESS의 필요성이 증대할 것으로 보인다. 2016년에 주택용 축전시스템의 국가 구입 보조제도가 폐지되면서 ESS의 성장은 미미했으나, 2019년 이후에는 FIT 제도가 종료되기 때문에 수요자원DR, Demand Response 및 가상발전소VPP, Virtual Power Plant용 전원의 채용이 증가하면서 시장이 확대될 것으로 보인다. 최근에

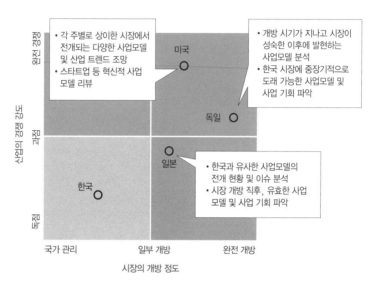

• 각 주별로 상이한 시장에서 전개되는 다양한 사업모델 및 산업 트렌드 조망
• 스타트업 등 혁신적 사업 모델 리뷰

• 개방 시기가 지나고 시장이 성숙한 이후에 발현하는 사업모델 분석
• 한국 시장에 중장기적으로 도래 가능한 사업모델 및 사업 기회 파악

• 한국과 유사한 사업모델의 전개 현황 및 이슈 분석
• 시장 개방 직후, 유효한 사업 모델 및 사업 기회 파악

출처: 노무라종합연구소 자료를 토대로 정리.

는 VPP 구축 실증 사업이 다양하게 추진되고 있는 가운데, ESS를 활용한 실증 사업이 다수 존재하고 있다.

시장 조사 보고서에 따르면 한국에서도 ESS 사업이 지속적으로 성장할 것으로 전망된다. 2030년까지 태양광과 풍력 등의 신재생 에너지 비중을 20%까지 확대하려는 '재생 에너지 3020' 계획에 따라 태양광 모듈과 ESS 배터리 설치가 필수적인 것으로 요구되면서 시장이 활성화되고 있기 때문이다.

국내 ESS는 풍력 연계 ESS에만 부여하던 신재생 공급인증서REC, Renewable Energy Certificate 가중치를 2016년 9월부터는 태양광 연계 ESS

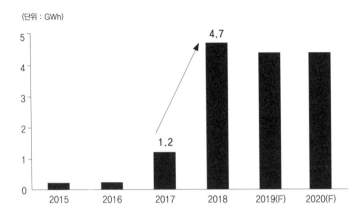

(단위 : GWh)

출처 : 미래에셋대우 리서치센터 데이터를 바탕으로 노무라종합연구소 작성.

에도 부여하기 시작하는 등 정책적 지원을 강화하고 있다. 그에 따라 운영 이익은 증가하고 설치 비용은 하락하여 2017년에는 보급량이 확대되었다. 또한 2010년에는 ESS의 투자 회수 기간이 약 20년 수준 이었으나, 최근에는 10년 미만으로 단축되었다. 1MWh 용량의 ESS 설치 비용이 최근에는 5억 원 이하로 인하되었기 때문이다.

향후 국내에서 ESS는 태양광 발전 연계형과 산업 부문 피크 저감 용도로 성장할 가능성이 높다. 태양광 발전 연계형 ESS는 태양광 단독으로 운영할 때보다 2~2.5배 정도의 수익을 창출할 수 있을 것으로 나타나고 있다. 신재생 발전 수익은 전력 판매 수익과 REC의 수익으로 구성이 된다. 태양광 발전에 ESS를 연계할 경우, 정부로부터 지원을 받아 REC 수익은 4.5~5배까지 늘릴 수 있다. 아울러, 정부의 신

도표 5-15 신전력시장 밸류체인별 사업 아이템

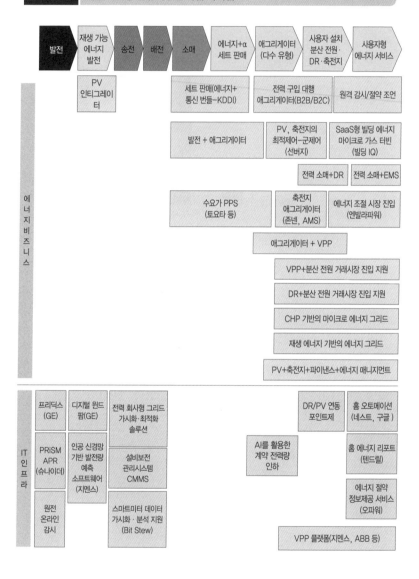

출처 : 노무라종합연구소 자료 바탕으로 정리.

290

재생 에너지 확대 정책에 힘입어 태양광 발전 연계형 ESS는 지속적인 성장세를 유지할 전망이다.

또한 피크 부하 저감용 ESS는 전력 사용량이 많은 제조업을 중심으로 수요가 확대될 전망이다. 피크 부하 저감용은 심야 경부하 시간대에 축전지에 전력을 저장하고, 주간 피크 시간대에 방전하여 공장의 전기 요금을 낮춰준다는 개념이다.

2020년까지는 ESS 혜택 요금이 적용되기 때문에, 1MWh 용량의 ESS를 설치할 경우 연간 약 1억 원 이상의 전력 요금 절감 효과를 기대할 수 있다. 2020년 이후에도 2026년까지는 기본 할인 요금제도가 유지되기 때문에 연간 3,000만 원 정도의 절감 효과를 얻을 수 있다. 따라서 산업용 전기 요금이 인상될 경우, 전력 사용량이 많은 제조업체는 피크 부하 저감을 위해 ESS를 찾게 될 것으로 예상된다.

한국의 전력시장은 아직 개방되지 않았고 경제 급전 중심의 전력거래 시스템이기 때문에 신규 사업에 대한 활성화도 거의 이루어지지 않고 있다. 하지만 전기 요금의 합리화나 시장 개방에 대한 이슈는 지속적으로 부각될 것이다. 그렇기에 향후 다양한 신규 사업모델 및 사업 기회가 창출될 수 있을 것이다. 단계별 시장 개방이나 요금 체계 유연화를 중심으로 시장 전개의 유형을 파악하고, 그러한 시장 전개의 패턴에 따라 다양한 역량이 요구되기 때문에 선제적인 대응이 시급한 시점이다.

04
인구구조 변화와
유통 산업의
턴어라운드 전략

　한국 거시경제가 장기적인 저성장 기조를 유지하면서 유통 산업 전반의 성장은 점차 제한적인 상황을 맞이하고 있다. 경기 침체 및 미래의 불확실성으로 인해 가계는 소비보다 저축을 우선하게 되었고, 자연스레 소비를 줄이면서 내수시장을 중심으로 한 유통시장이 성장하기 어려운 상황이 되었다. 더불어 지난 2017년 이후, 한국 시장의 새로운 화두로 등장한 인구구조의 변화로 인해 향후 유통 산업의 양상은 더욱 불투명한 상황이다. 고령인구의 증가, 생산가능인구의 감소는 사회 경제 전반에 영향을 미칠 것이며, 유통 산업 역시 그 영향에서 자유로울 수 없는 상황이다. 고객으로서의 소비자 변화와 노동자로서의 소비자 변화가 도래할 것으로 예상되고 있다.

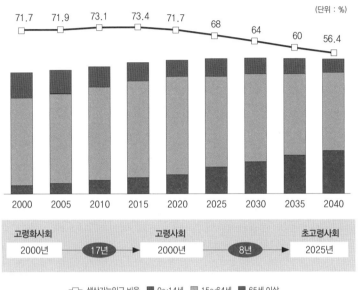

(단위 : %)

71.7 71.9 73.1 73.4 71.7 68 64 60 56.4

2000 2005 2010 2015 2020 2025 2030 2035 2040

고령화사회		고령사회		초고령사회
2000년	17년 ➤	2000년	8년 ➤	2025년

-□- 생산가능인구 비율 ■ 0~14세 ■ 15~64세 ■ 65세 이상

출처 : 한국 통계청 자료를 바탕으로 노무라종합연구소 작성.

한국의 고령인구 증가 추세는 다른 국가들에 비해 매우 빠르다. 2000년에 65세 이상 인구가 전체 인구의 7%를 차지하는 고령화사회에 진입했고, 2017년에는 65세 이상 인구가 전체 인구의 14%에 달하는 고령사회 진입하였다. 1970년에 고령화사회가 된 후 1994년에 고령사회로 진입하기까지 약 24년이 걸린 일본보다 7년이나 빠른 추세이다. 반면 생산가능인구는 3,763만 명을 기록한 2016년을 정점으로 하여 2017년부터 감소 추세로 접어들었다. 2015년에는 생산가능인구 비율이 73.4%로 경제협력개발기구^{OECD} 국가 중 가장 높았으나, 2065년에는 47.9%로 떨어지며 가장 낮아질 것으로 전망되고 있다. 고용노동부도 2026년까지 생산가능인구가 현재보다 218만 3,000명 줄어들 것으로 예상하고 있다.

이런 상황을 유통 산업의 변화와 관련하여 예상해보기 위해서는 다음과 같은 점을 주요하게 살펴봐야 한다.

첫째, 주요 소비층의 구성 변화로 인하여 고객으로서의 소비자가 바뀔 것이다. 기존에는 30~50대 인구가 경제 활동을 이끌고 소비를 주도해왔다. 하지만 앞으로는 65세 이상의 인구 비중이 점차 늘어나면서 시니어가 소비의 주요 주체로 자리매김하는 시대가 올 것이다. 각 유통 기업들은 그러한 소비자층의 변화에 맞추어 상품 구색을 바꾸고 업태를 재정의하는 방향으로 사업모델을 재검토해야 한다.

둘째, 생산가능인구의 감소에 따른 노동자로서의 소비자 변화에 유의해야 한다. 일본의 경우, 버블 붕괴 이후 침체되어 있던 경기가 2005년부터 회복 국면에 들어갔는데, 생산가능인구는 감소하여 비정규 직원의 확보가 어려워졌다. 특히 베이비붐세대(단카이세대)*의 퇴직이 시작되고, 이에 따른 고령화 인구 비율이 확대되면서 구인난은 점차 심화되어 2017년 12월 기준, 유효구인배율은 1.5배 수준이 되었다. 이러한 전망은 현재 슈퍼마켓이나 편의점을 비롯해 파트타임 직원의 비율이 높은 소매 유통업계에는 더욱 심각한 문제로 대두되고

---

* 1947년부터 1949년까지 1차 베이비붐이 일어난 시기에 출생한 사람들을 일컫는다.

있다. 일부 지역에서는 지속적인 구인 광고에도 지원자가 나타나지 않는 사례도 등장하고 있다.

한국도 비슷한 양상으로 흘러갈 가능성이 높다. 생산가능인구의 감소와 더불어 52시간 근무제는 동일한 업무량 대비 근로 시간 단축 효과를 가져와, 현장 근무 직원의 부담을 증대시키는 결과로 이어질 것이다. 그에 따라 유통기업 입장에서는 현장에서 근무할 직원을 채용하기가 더욱 어려워질 수 있다. 인구구조 및 정책 변화에 따른 구인난에 대비하여, 고용제도의 변경이나 점포별 자동 주문시스템과 무인 계산시스템의 도입과 같은 인프라 개선을 통한 해결책이 필요해진 것이다.

∷ 고령화로 인한 소비패턴의 변화 양상

한국보다 약 23년 먼저 고령사회에 진입한 일본의 경제산업성에 따르면 고령 및 그에 따르는 문제로 상품 구매에 어려움을 겪는 인구가 약 700만 명 수준이라고 한다. 특히 도심 외곽에 거주하는 노인들은 건강 등의 이유로 먼 곳까지 쇼핑하러 가지 못하여 어려움을 겪는다. 일본의 생활권은 다른 국가에 비해 협소한 편이다. 쇼핑도 도보를 통해 가까운 곳에서 하는 경향이 높다. 소비에 대한 가치를 상품뿐 아니라 편리성에서 오는 만족감에서 찾는 성향이 강하기 때문에, 도심이나 교외의 대형 상업시설뿐 아니라 근린형의 소형 소매점도 선택의

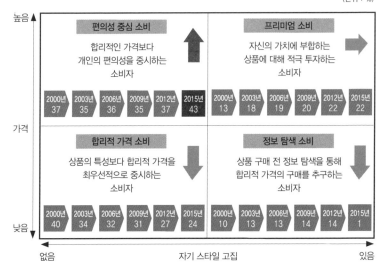

도표 5-17 일본 소비자의 소비패턴 변화 추이

(단위 : %)

편의성 중심 소비

합리적인 가격보다
개인의 편의성을 중시하는
소비자

2000년	2003년	2006년	2009년	2012년	2015년
37	35	36	35	37	43

프리미엄 소비

자신의 가치에 부합하는
상품에 대해 적극 투자하는
소비자

2000년	2003년	2006년	2009년	2012년	2015년
13	18	19	20	22	22

합리적 가격 소비

상품의 특성보다 합리적 가격을
최우선적으로 중시하는
소비자

2000년	2003년	2006년	2009년	2012년	2015년
40	34	32	31	27	24

정보 탐색 소비

상품 구매 전 정보 탐색을 통해
합리적 가격의 구매를 추구하는
소비자

2000년	2003년	2006년	2009년	2012년	2015년
10	13	13	14	14	1

높음 / 가격 / 낮음

없음   자기 스타일 고집   있음

출처 : 노무라종합연구소 작성.

대상으로 크게 작용한다.

[도표 5-17]는 노무라종합연구소에서 소비자 1만 명을 대상으로 정기적으로 소비패턴을 조사한 결과이다. 이 도표에서 볼 수 있듯이, 버블 붕괴 이후 장기 침체에 따른 2000년대에는 합리적인 가격과 편의성을 중시하는 소비패턴이 두드러졌다. 하지만 최근에는 개인의 편의성을 중시하는 소비자 비율이 상대적으로 큰 비중을 차지하고 있다. 이는 주요 소비자층이 고령화되면서 상품 및 서비스에 대한 정보 과다에 점차 피로를 느끼고 있음을 보여준다. 또한 온라인 주문보다

는 가까운 오프라인 매장에서 상품을 직접 보고 직원의 설명을 들은 후 구매하는 방식을 더 선호하게 된 모습이 반영된 결과로 판단된다.

이에 따라 저성장 기조와 맞물린 일본 유통업계 중에서도 편의성을 중시하는 편의점 업태는 성장한 반면, 백화점과 GMS(대중 양판점)는 쇠퇴하기 시작했다.

2014년 노무라종합연구소에서 실시한 소비자조사에 의하면, 한국의 소비자들은 상품의 특성보다 합리적 가격을 중시하는 것으로 나타났다. 상품 구매 전 최대한 많은 정보를 검색하여 합리적 가격 구매를 추구하는 정보 탐색 소비 형태가 전체 소비자의 89%를 차지하는 것으로 조사되었다. 이러한 소비패턴이 연령대와 상관없이 일반적으로 높게 나타나는 경향을 보여, 일본 소비자와 달리 정보 수집을 통한 제품 구매가 일반화되어 있다는 것을 확인할 수 있다.

하지만 이런 소비패턴이 지속될 것으로 예측하기는 어렵다. 한국 역시 일본과 유사한 형태로 소비패턴이 바뀔 가능성이 높다. 한국의 사회경제적 환경은 일본과 다르지만, 인구구조 변화의 양상은 유사하기 때문이다. 일본의 경우 인구의 약 5%를 차지하는 단카이세대가 은퇴 후 연금을 수령하기 시작한 2012년부터 고령층의 소비가 확대되고 새로운 고령 대상 상품 및 서비스가 활성화되었다. 한국 역시 1955년부터 1963년 사이에 태어난 베이비붐 세대가 인구의 약 14%를 차지하고 있다. 따라서 이들이 연금을 수령하는 2020년 전후부터는 고령층의 소비가 확대될 것으로 전망된다. 특히 주요 소비 계층이 이전 세대의 노인층과 달리 높은 근로 소득과 자산 소득을 보유하고 있고 소비 성향이 높은 액티브 시니어이므로, 합리적인 가격보다는 개인의 편의성을 중시하는 소비패턴이 두드러질 것으로 예상된다.

때문에 한국의 유통업계 역시 고령화에 따른 소비패턴 변화에 발빠르게 대응할 필요를 요구받고 있다. 이런 상황에서 고령화와 더불어 20년이라는 장기침체를 겪으면서도 성장을 지속한 일본의 업태나 기업의 사례에 주목할 필요가 있다. 그들은 이 같은 소비패턴의 변화를 먼저 읽고 소비 가치의 변화에 대응하는 서비스 및 점포 변화를 지속적으로 추구해왔다.

예컨대 일본의 편의점 업체들은 지속적으로 고령자들을 대상으로 한 상품과 서비스를 개발하면서 점포를 다변화시키고 있다. 일부는 노인들이 많이 모여 사는 지역을 대상으로 이동식 편의점을 운영하고 있으며, 점차 서비스를 확대해가고 있다. 세븐일레븐의 경우 2011년부터 운영해온 이동식 편의점을 통해, 일정 기간 동안 이용 편의성이 높고 매출이 높은 상위 150개의 상품을 선정하여 판매하고 있다. 본부에서 가맹점에 이동 판매차를 대여해주고 주유비의 80%를 부담하는 등 시니어 소비자를 사로잡기 위해 적극적인 투자를 하고 있다. 또한 점포에서도 지속적으로 상품을 개발하고 서비스를 론칭하는 등 편의성을 추구하는 소비패턴에 대응하고 있다.

편의점 외에도 다양한 유통기업들이 이런 변화를 주도하고 있다. 일본 최대 유통 기업인 이온^Aeon 역시 2013년부터 55세 이상의 소비자를 대상으로 하는 GG^Grand Generation 스토어 12곳을 운영하면서, 판매와 함께 시니어를 위한 건강 관리 및 수공예 강좌를 개설하고 있다.

순위	1988 회사명	업종	1998 회사명	업종	2008 회사명	업종	2013 회사명	업종	2015 회사명	업종
1	다이에		다이에		세븐일레븐		세븐일레븐		세븐일레븐	
2	이토요카도		세븐일레븐		이온		이온		이온	
3	세이유		이토요카도		야마다전기		로손		로손	
4	자스코		자스코		이토요카도		패밀리마트		패밀리마트	
5	세이부		로손		로손		야마다전기		야마다전기	
6	미츠코시		마이칼		패밀리마트		이토요카도		이토요카도	
7	세븐일레븐		다카시마야		유니		써클K썬큐스		아마존	
8	니치이		세이유		써클K썬큐스		세고세이부		서클케이	
9	다카시마야		유니		에디 온		유니		다카시마야	
10	다이마루		패밀리마트		다카시마야		에디 온		세고세이부	

■ 백화점　▥ GMS　▢ 편의점　▦ 전문점　■ 온·모바일

출처 : 노무라종합연구소 작성.

지역 체인 업체인 이즈미는 고령화 시대에 대응하기 위한 상품과 매장 디자인을 개발하면서 그 타깃으로 고령자가 아닌 3세대 가족을 고려했다. 즉, 시니어 세대의 지출 중 손자나 손녀를 위한 소비 비중이 높다는 특징에 주목하여 매장 내에 유아 의류나 과자 코너와 같이 3세대를 위한 공간을 상대적으로 많이 확보해 시니어의 소비를 이끌어내고 있다. 더불어 편의성을 증대시키는 시니어 대상 서비스도 실시하고 있는데, 주민등록 사본을 발급해주는 시민 서비스센터를 점포 내에 유치하는가 하면, 지역 버스 회사와 협상하여 점포 부지 내의 버스 정

류장에 많은 노선의 버스가 정차하도록 조정하기도 했다.

국내 유통업계도 제품 구매와 소비 과정의 편의성을 추구하는 시니어의 생활 및 소비패턴에 맞추어 상품과 서비스를 지속적으로 연구하고 개발해야 한다. 상품의 구색을 시니어가 소비하는 상품 중심으로 갖추는 정도의 안일한 대응으로는 부족하다. 각각의 상권 특성에 맞추어 시니어의 니즈에 부합하는 부가가치를 상권 내에 조성하고 확장시켜 타 업체와의 차별화를 도모함으로써 고객의 충성도를 확보해야 할 것이다. 시니어 시장의 활로를 새롭게 개척하면 현재 유통업계가 직면하고 있는 저성장 기조를 타계하고 성장 기회를 도모할 수 있을 것이다.

:: 한국에서도 유통 산업의 인력난이 발생할 것인가

유통업은 다른 산업에 비해 노동력 의존도가 높은 노동 집약적 산업이다. 따라서 생산가능인구의 감소는 곧 고용 인력의 부족을 가져올 것이고, 이는 현장 판매에도 영향을 끼칠 것이다. 다른 산업에 비해 낮은 임금은 잠재 고용 인원의 축소와 더불어 고용 환경을 더욱 악화시킬 것이다. 최저임금 인상을 통해 임금은 지속적으로 상승하고 있으나 장기적으로 생산가능인구가 감소하고 피고용 인력의 산업 선택 폭이 넓어지면 유통업계에서 일하고자 하는 인력은 줄어들 가능성이 있다.

현재 일본의 유통업계는 현장 인력 확보에 어려움을 겪고 있다. 이

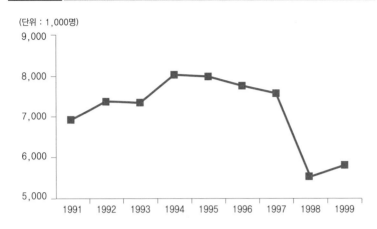

(단위 : 1,000명)

출처 : 일본 경제산업성

에 따라 각 기업들은 인력의 질적 향상을 도모하거나 무인 시설을 도입하여 생산성을 증대시킬 방안을 모색하고, 변화하는 인구구조에 맞추어 고용제도를 유연하게 바꾸는 등 안정적으로 고용을 유지하기 위한 전략을 취하고 있다.

생산성 증대라는 측면에서는 특히 현장 직원의 작업 효율을 향상시키기 위한 다양한 시도가 이뤄지고 있다. 일본 슈퍼마켓 기업인 야오코Yaoko의 경우 크게 두 방향에서 노력을 기울이고 있다. 우선 업무를 기계화하여 직원의 작업을 줄이는 것이다. 셀프 계산대를 도입하여 계산 업무의 생산성을 향상시키기도 하고, 현장 인력을 보다 효율적으로 활용하기 위해 김말이나 스시 등을 가공하는 기계를 도입하기도 했다. 또한 현장 직원들의 업무를 표준화하고 작업 공간 대비 생산을 최적화하기 위해 야오코 대학이라는 교육 조직을 개설하여 입사 1년 차부터 5년차까지의 직원들에게 체계적인 교육을 실시하고 있다. 다음으로 파트 종업원의 활용을 강화하고 있다. 야오코는 특히 파트 종업원의 아이디어를 적극 수용하여 해당 지역에서의 입지를 높이고 있다. 예를 들어 해당 지역 주부층이 주류를 이루는 파트 종업원들을 메뉴 개발에 참여시켜 그 지역의 니즈를 반영한 메뉴를 빠르게 개발했다. 이렇게 파트 종업원을 점포의 의사결정에 능동적으로 참여시킴으로써 업무 동기를 부여하고 판매 의욕도 고취시킬 수 있었다.

안정적인 고용 유지를 위해 채용 방식을 바꾼 기업도 있다. 토호쿠 지역에서 사업을 전개하고 있는 슈퍼마켓 기업인 막스밸류MaxValu는 지역의 구인난이 심화되자 선제적인 고용정책을 수립하였다. 일본 전반적으로 생산가능인구가 감소되는데다, 토호쿠 지역의 인력이 도심으로 빠져나가는 경우가 많아서 지역 내 졸업자 중 3년 내에 이직하는 비율이 50%에 이르는 상황이었다. 이에 대처하기 위해 막스밸류는 우선 고졸 사원의 정기적인 채용을 폐지하고, 최저 1년간 체험 근무를 하는 파트 사원을 채용하였다. 이들의 업무 적합성을 판단하기 위해 고객 서비스와 점내 조리 등의 기능 검정 시험을 실시하고, 이를 통과한 직원을 정사원으로 인정하는 막스드림 제도를 도입하였다. 이를 통해 종업원 수를 증대시키고 유지했을 뿐 아니라 종업원의 충성도까지 상승시켜 인력의 이탈을 최소화하였다.

한국 유통업계에서 무인화는 안정적 고용 확보보다는 최저임금 상승과 근로 시간 단축으로 인한 인건비 부담을 줄이려는 목적으로 추진되고 있다. 롯데마트는 2018년 내에 40여 개 매장에 각 10대씩 총 400여 대의 무인 계산대를 추가적으로 설치할 계획이며, 이마트는 2018년 8월부터 계산대를 거치지 않고 모바일 간편결제 앱인 SSG PAY를 통해 결제를 진행하는 스마트 점포를 운영하고 있다. 또한 CU는 냉장육을 자판기로 구입할 수 있도록 하는 스마트 자판기 정육점을 선보이고 있다. 이러한 무인화 혹은 셀프 점포화는 AI 기술과 맞물려 더욱 늘어날 것이다.

그러나 무인화만으로는 앞으로 다가올 구인난을 해결하는 데 한계가 있다. 일본의 사례에서와 같이 점포의 면적당 생산성을 향상시킬 수 있도록 점포 내 시설을 확충하거나, 종업원의 역량 강화를 위한 체계적인 교육시스템을 마련해야 할 것이다. 또한 현재 정부에서 주도하고 있는 비정규직의 정규직 전환에 대응하여, 정규직과 비정규직의 역할에 대한 명확한 정의를 통해 유연한 고용정책을 수립하여 앞으로의 생산가능인구 감소에 대비해야 할 것이다.

:: 소비 절벽에 어떻게 대응해야 하는가

앞서 언급한 고령 인구 비율의 급격한 증가 및 생산가능인구 감소와 더불어, 중장기적으로 다가올 또 하나의 문제는 전반적인 인구 감소이다. 한국보건사회연구원에 의하면, 한국의 인구는 2026년 5,160여 만 명으로 정점을 찍은 뒤 지속적으로 하락하여 2115년에는 2015

년의 절반 수준인 2,520만 명으로 급감할 것으로 예상되고 있다. 이러한 절대적 인구 감소 추세는 유통 서비스를 이용하는 고객의 지속적 감소를 의미하며, 기존 유통 산업에게는 생존의 위협으로 이어질 수도 있는 문제이다. 내수시장에서의 시장 규모 증대를 기대하기 어려운 상황에서 앞으로는 유통 기업이 지역 확대를 목표로 신규 출점을 늘리기는 어려워질 것이다. 시장 확대가 어려운 상황에서 경쟁은 더욱 심화될 것이며 개별 기업의 경영 노력만으로는 한계에 봉착할 것이다. 유통 기업이 지속적으로 성장하기 위해서는 동일 업계 내의 수평 통합을 추진하여 점유율 확대와 규모의 이익을 확보해야 한다.

일본 유통 산업 또한 마찬가지로 인구 감소에 따른 방문객 수의 감소와 점포 과잉의 양상은 면적 생산성(단위 면적당 매출)의 하락을 가져오고 있다. 지속적 출점을 통한 규모와 이익의 성장이라는 지금까지의 성장모델이 붕괴되고 있으며, 저성과 점포 및 기업을 인수하여 상권을 확대시키는 수평 확대가 늘어나고 있다. 특히 거대 기업의 지역 출점 확대에 의한 상권의 확대와 더불어 인구의 감소는 지방 소매 기업에게 큰 위협으로 다가왔고, 이는 지방 기업끼리의 합종연횡이라는 결과로 이어졌다. 각 기업은 연합을 통해 지역 도미넌트Dominant를 강화하기 시작했다.([도표 5-14])

구매 및 소비의 편의성을 중시하는 소비자들이 확대됨에 따라 지방 소매점의 편리성을 내세워 연합을 맺거나, M&A를 통해 '지역 소매업자regional retailer'로서의 입지를 다졌다. 예컨대 이즈미는 신규 출점에 의한 성장은 한계가 있다고 판단했다. 점포가 너무 많아졌고 생산인

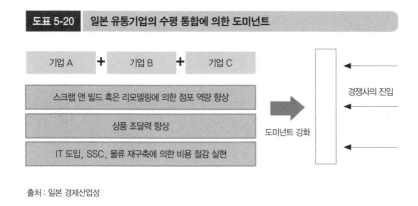

도표 5-20 일본 유통기업의 수평 통합에 의한 도미넌트

기업 A ＋ 기업 B ＋ 기업 C

스크랩 앤 빌드 혹은 리모델링에 의한 점포 역량 향상

상품 조달력 향상

IT 도입, SSC, 물류 재구축에 의한 비용 절감 실현

도미넌트 강화

경쟁사의 진입

출처 : 일본 경제산업성

구 감소로 인해 고용은 불안정한데다 건축비까지 상승하고 있기 때문에 성과가 낮은 기존 점포를 매입하고 회생시켜 성장시키는 방향으로 전략을 전환했다. 특히 인구 감소에 따른 인재 부족 현상과 경쟁력을 상실한 점포의 증가 현상이 두드러지게 진행되고 있는 츄코쿠와 시코쿠 지역에서 저성과 점포를 매입·합병하면서 그 규모를 지속적으로 확대시켰다. 성과가 낮은 점포를 매입한 후에는 해당 피인수 기업 및 점포의 입지나 상권, 지역의 소비자층 등의 특징을 분석하여 경영 재편을 실시하고 있다. 이즈미는 가족 3세대를 콘셉트로 한 GMS 중심의 광역 상권형 SC^{Shopping Center}인 유메타운, 다양한 상품 구색력을 강조하는 중형 상권형 SC인 유메몰, 고령화 및 지역성을 고려한 소형 상권형 SM^{Super Market}인 유메마트, 체험을 강조하는 광역 상권형 점포 LECT 등 총 4가지 유형으로 구분하여, 피인수 기업이나 점포에게 가장 알맞은 사업을 선정한다. 그런 다음 고객층을 판단하여 상품 구색

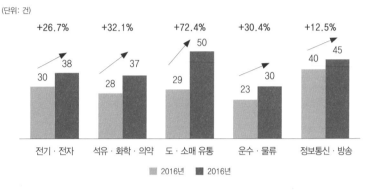

도표 5-21 한국의 산업별 인수합병 추이

(단위: 건)

전기 · 전자 +26.7% 30 → 38
석유 · 화학 · 의약 +32.1% 28 → 37
도 · 소매 유통 +72.4% 29 → 50
운수 · 물류 +30.4% 23 → 30
정보통신 · 방송 +12.5% 40 → 45

■ 2016년 ■ 2016년

출처 : 한국 공정거래위원회 데이터를 토대로 노무라종합연구소 작성.

을 결정하고 해당 상권 고객을 확실하게 붙잡을 수 있는 서비스를 개발하여 상권 내 경쟁력을 강화하고 있다.

한국도 절대적 인구 감소에 따른 소비 절벽을 맞이할 가능성이 높다. 그렇다면 일본과 비슷한 양상의 유통 환경이 조성될 수도 있다. 인구 감소와 구매력 저하를 고려한 점포 관리가 필요할 것이며, 특히 저성과 점포를 매각하거나 매각된 저성과 점포를 매입하여 성장을 꾀하는 기업도 등장할 것이다.

실제로 [도표 5-21]를 살펴보면 다른 산업에 비해 유통업계에서의 M&A가 활발히 일어나고 있다는 것을 알 수 있다. 향후 인구 감소로 인해 국내에서의 시장 확대가 어려워지면, 합종연횡이 일어날 가능성이 더욱 높아질 것이다. 유통 기업이 지속적으로 성장하기 위해서는 M&A를 통한 통합을 추진하여, 점유율 확대와 규모의 이익을 확보해야 하는 상황이 되고 있는 것이다.

한국 기업은 앞으로 기존 점포의 역할과 기능, 그리고 경쟁력과 수익성을 다시 점검해야 한다. 빅 3 백화점(롯데·신세계·현대)은 2017년부터 2019년까지 3년간 신규 출점을 하지 않기로 했다. 2017년 11월 이마트는 울산 학성점을 폐점했고, 2018년 6월에는 1995년부터 영업을 시작한 부평점을 매각하였다. 이제는 폐점에서 나아가 인수할 저성과 지점을 대상으로 포맷 및 상품 구색과 서비스, 운영을 정비할 수 있는 전환 도구turn-around tool를 개발하여, 매각할 점포와 조기 수익화가 가능한 점포를 가려낼 수 있어야 한다. 앞으로는 회생 가능한 점포를 가려내는 역량이 유통업계에서 살아남는 데 필요한 핵심 역량으로 자리매김할 것이다. 폐점에 대한 사회 경제적 요구가 눈앞에 성큼 다가왔으니 이제는 신속하게 대응해야 할 때이다.

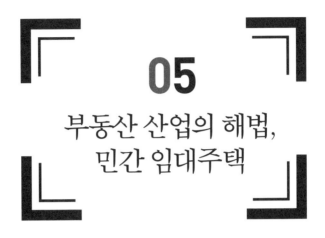

05
부동산 산업의 해법,
민간 임대주택

　한국의 주택시장은 정책과 시장의 반응이 끊임없이 엇박자를 내고 있기 때문에, 향후 국내 주택시장의 변화 방향성은 점점 예측하기 어려워지고 있다. 국내 주택시장이 일본이나 미국 등의 주택시장과 다르게 움직이는 것은 전세를 중심으로 한 시장의 구조적 특징과 시중의 자금 유동성을 투자 수요로 받쳐줄 대안의 부재가 가장 큰 요인이다. 또한 부동산에 대한 자산 개념이 강하여 소유가 아닌 이용을 위한 민간형 임대주택이 활성화되지 않고 있는 것도 한 요인이다. 여기에서는 정부가 뉴스테이 및 민간 임대주택 활성화를 위한 공급정책 및 제도 지원 등을 추진해왔음에도 불구하고, 국내 임대주택시장이 활성화되지 않는 이유 및 향후 변화 방향성에 대해 정리해보고자 한다.

미국의 아파트*는 구분 소유가 불가능하고 전적으로 임대주택으로 관리 운영된다. 반면 한국에서는 아파트나 오피스텔 등이 대부분 개별 주택 단위로 거래되기 때문에 대량 매입 가능한 물건을 확보하기가 쉽지 않다. 또한 미국이나 일본의 임대수익률은 5~6% 수준으로 다른 투자 재산 대비 안정적이라는 강점을 갖고 있어 민간 자본의 유치가 활성화되어 있다. 반면 한국은 전세라는 임대시장의 관행이 있고 주택 가격에 비해 상대적으로 임대료가 낮아 투자자의 요구 수익률을 충족시키기 어렵다는 한계가 있다. 정부는 이러한 한계를 극복하고 민간의 참여를 유도하기 위해 2015년 말 '민간 임대주택에 관한 특별법'을 시행하고 용적률과 기금, 세제 혜택 등 수익률 개선을 위한 정책을 지원해왔다. 국내 민간 임대주택은 이를 토대로 택지공모형, 민간제안형(외곽형) 등 건설사 주도의 성장을 해왔다. 그러나 여전히 한계는 존재하는데 전반적으로 보증금이 높아서 순수 임대료(월세)를 중심으로 운영하기 어렵다는 것이다. 즉, 운영 수익 기반의 중간 배당이 어려워 대부분 의무 임대 기간이 지나면 분양전환형 청산 배당 구조로 운영되고 있다.

한편 공공 지원의 민간 임대주택(구 뉴스테이)은 부지나 재원 마련에 있어 세제 혜택 등의 정책 변동에 민감하며, 정책 지원에 따른 공공성 논란에 취약한 구조를 갖고 있다. 2017년 공공 지원 민간 임대주택의 공공성 확보 방안이 발표되었지만 이후 임대료 상한 및 특별 공급 시

---

* 미국에서 구분 소유가 가능한 다가구 주택은 콘도condominium라고 칭한다.

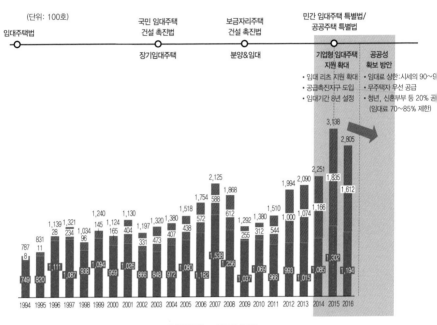

도표 5-22 공공 · 민영 임대주택 신설 호수 추이

(단위: 100호)

임대주택법 — 국민 임대주택 건설 촉진법 — 보금자리주택 건설 촉진법 — 민간 임대주택 특별법/ 공공주택 특별법

장기임대주택 — 분양&임대 — 기업형 임대주택 지원 확대 — 공공성 확보 방안

기업형 임대주택 지원 확대
• 임대 리츠 지원 확대
• 공급촉진지구 도입
• 임대기간 8년 설정

공공성 확보 방안
• 임대료 상한:시세의 90~9
• 무주택자 우선 공급
• 청년, 신혼부부 등 20% 공
　(임대료 70~85% 제한)

■ 민간임대주택　■ 공공임대주택

출처 : 한국 통계청 임대주택 통계를 기반으로 노무라종합연구소 작성.
주 : 통계청 공시 데이터가 2016년도까지만 제공되고 있어 해당 년도까지만 기술하였음.

행, 기금 대출 등 공적 지원이 축소되면서 수익성이 악화되자 공공 지원 민간 임대주택의 성장세는 크게 둔화되었다. 게다가 2018년 9월 발표된 9·13대책에 따르면 임대주택 사업자라고 해도 조정 대상 지역 내 신규 부동산 취득 시 종합부동산세를 과세하고 양도세를 중과하는 등 세제 혜택이 축소됨으로 민간 임대주택시장 활성화에 제약이

될 것으로 예상된다.

뒤이어 발표된 부동산 공급 대책(9·21 대책)에는 서울 내 그린벨트 해제 관련 내용은 제외되었고, 신도시 4~5곳을 추가로 조성한다는 내용이 포함되어 있다. 반면 현재 한국토지주택공사가 관리하는 총 75만 5,689가구 중 경기도 소재의 가구 수는 29만 1,913가구(38.6%)로, 이 중 1,888가구가 비어 있는 것으로 집계되어 있다.*

:: 서브리스 구조를 활용한 자산 효율화의 필요성

이런 상황에서 주지해야 할 것은 앞서 살펴본 대로 한국의 인구가 감소하고 있다는 사실이다. 따라서 일본의 다마 신도시와 같은 선례**를 반복하지 않으려면 임대주택의 실수요자가 선호하는 도심이나 역세권 위주의 매력적인 입지에 공급이 필요하다. 아울러 신도시를 건설하고 유지, 운영하는 데 따르는 사회 간접자본의 비용도 고려해야 한다. 반면 이 공급정책에는 서울 도심 내에 상업, 준주거 지역 용적률 등의 규제를 완화하며 소규모 정비를 활성화한다는 내용은 포함되어 있으나 높이 제한 완화 등의 실현을 위한 구체적인 내용은 누락되었

---

* 이지용, "경기도에 널린 임대주택 '빈집'", 〈매일경제〉 2018년 9월 14일자. 수치는 2018년 7월말 기준 자료이며, 국회 국토교통위원회 홍철호 의원실 발표 자료이다.
** 도쿄에서 약 40㎞ 떨어진 곳에 조성된 신도시로 한때 일본의 수도권 부동산시장을 견인할 정도로 명성을 떨쳤다. 하지만 젊은층이 일자리를 찾아 도쿄 등 도심으로 떠나는 도심회귀 현상으로 도시 기능이 쇠락하고, 주택 가격도 추락한 사례이다.

으며 공기업 이적지 활용이나 환경 보전 가치가 낮은 그린벨트의 개발과 같은 도심 토지의 공급 계획도 포함되지 않았다. 결국 도심 내 가용 토지 확보에는 한계가 있으므로 임대주택 물량을 확보하기 위해서는 기존 주택의 매물을 이용하거나 다주택자의 참여가 필요하다. 즉 개인 자산 소유주를 사업에 참여시켜야 한다는 것이다. 또한 도심 내 토지 비용이 높아 수익성 확보에 한계가 있기 때문에 토지 임차 방식이나 지주 공동 개발 방식 등에 대한 검토도 필요하다.

일본의 경우, 버블 붕괴가 시작된 1992년부터 임대사업자에 대한 상속세, 보유세, 소득세 등 세제 혜택을 주어 개인 토지주 및 주택주를 임대주택의 공급자로 유인해왔다. 특히 2015년에 개정된 상속세 제도를 통해 유휴 토지 투자에 대한 절세 효과를 높여주어 임대주택 공급량을 지속적으로 확보했다. 개인의 자산을 장기 임차하는 방법을 활용하면 임대주택 관리 회사들(하우스메이커계, 디벨로퍼계, 중개업계, 관리특화계)은 투자비를 낮추고 사업 리스크를 줄여 사업성을 확보할 수 있다.

자산 소유자(임대인)와 관리회사 사이의 계약은 관리 위탁 방식과 서브리스(또는 마스터리스) 방식으로 나누어볼 수 있다. 관리 위탁 방식은 임대료의 5~10%를 보수로 받는 반면, 서브리스는 시장 임대료의 80~95%를 임대인에게 고정 지급으로 보증하고 그 차액을 관리회사가 가져가는 구조로 되어 있다. 다이토켄타쿠, 레오팰리스21, 세키수이하우스, 다이와리빙 등 하우스메이커계 기업들은 주로 서브리스 방식으로 운영하고 있다. 이 중 다이토켄타쿠는 기획 · 제안부터 관리 · 운영까지의 전반적인 업무를 대행하는 장기간의 임대 경영 수탁 시스템을 통해 꾸준히 성장해오고 있다.

다만 하우스메이커가 관리하는 임대주택은 주로 임대 단독주택과 2~3층* 규모의 아파트로, 국내 임대용 아파트와 유사한 임대용 맨션(철근 콘크리트조, 3층 이상)과는 차이가 있다. 최근 국내에서도 일본의 자산관리 회사와 협약하거나 관련 자회사를 설립하여 토지주로부터 건물을 장기간 임대한 후, 서브리스를 통해 운영하고 관리하며 수익금을 배분하는 방식의 사업이 추진되고 있다.

임대용 맨션은 주로 디벨로퍼계(종합 부동산 업체)에 의해 공급, 관리되고 있으며 대부분의 자산은 리츠REITs, Real Estate Investment Trusts를 통해 운영 관리되고 있다. 미츠이 부동산은 개인 자산가를 대상으로 하는 자산효율화 등에 대한 자문 서비스Let's Asset Management를 통해 개인 지주를 사업에 참여시킬 수 있는 역량을 확보하고 있으며, 이를 토대로 우량 입지의 자산을 취득할 기회를 얻고 있다.

미츠이 부동산은 향후에도 꾸준한 수요가 예상되는 도심 입지의 소형 평형에 집중하여 고급 임대주택으로 포지셔닝하고 있다. 미츠이 부동산의 임대주택 리츠인 일본주거펀드NAF, Nippon Accommodations Fund는 도쿄 23구 내 일본 주요 임대주택 리츠가 보유하고 있는 물건의 절반 이상을 소유하고 있으며, 특히 임대료 수준이 높은 고급 임대주택 위주로 소유하고 있다. 미츠이 부동산의 수익률은 5~6% 수준으로, 자

---

* 일본의 임대 아파트는 개인 지주 등이 임대 목적으로 세우는 집합 주택을 말하며, 철골조 혹은 목조로 대부분 2~3층 규모이다. 임대 맨션에 비해 구조가 간소하며 임대료가 저렴한 편이다.

산 보유를 원칙으로 하기 때문에 이는 매각 차익*을 포함하지 않은 임대수익률이라 할 수 있다. 수익률 5%를 적용하여 시세 3억인 주택의 월세를 추정**하면, 167만 원 수준으로 이는 한국의 가구 중위소득 월 170만 원과 비교 시, 월소득 대비 주택임대료 비율RIR, Rent to Income Ratio 100%에 육박하는 수준이다. 다시 말해 순수 월세 주택으로 요구수익률 5%를 기대한다면, 도심의 우량 입지에서는 중산층을 대상으로 운영하기 힘든 수준이다. 도심의 우량 입지에는 기금 지원 등의 공적 지원을 포기하고 고급 임대주택으로의 개발을 검토하는 것이 합리적일 것이다.

이처럼 국내에서는 순수 월세 위주로 임대 운영이 힘들기 때문에, 국내에서 임대주택은 대부분 8년의 임대기간 경과 후에는 재구조화하는 계획으로 운영되고 있다. 의무기간이 만료되는 시점은 2024년 경이므로 장기 임대주택 확보를 위한 방안을 속히 마련해야 한다. 15년 이상의 장기 임대 사업이 가능하려면 공모 리츠를 통해 투자자가 자유롭게 투자금을 회수할 수 있는 구조를 만들어야 한다. 이를 위해 우선적으로는 안정적 배당이 가능하고 임대 수요가 풍부하여 공실률을 자연공실률 수준으로 낮출 수 있는 임대주택 물건의 확보가 필요하다. 국고채 수익률 이상으로 안정성이 확보된다면 기관투자자 및

---

* 일본 리츠는 개발 활동에 참여할 수 없으며 임대주택 리츠는 자산관리를 위한 운영 수익 기반의 상장 리츠로 주로 관리되고 있어, 공급업 위주로 진행 중인 한국의 임대주택 리츠와는 차이가 있다.
** 순운영수입Net Operating Income과 자본전환율Cap RATE을 활용한 수익환원법을 활용하여 계산하였다. NOI는 임대 수익의 75%(NAF 사례 기준)로 가정하였다.

민간자본의 유치가 가능할 것이다. 다만 개인의 투자 자금에 기반한 공모 펀드나 금전 신탁의 공모 상장 리츠로의 재간접 투자를 허용하고, 퇴직연금, 주택기금 등 자금 운용 기관을 대상으로 공모 상장 리츠에 대한 투자 한도를 지정하는 등 공모 상장 리츠 활성화를 위한 제도적 유인책을 먼저 마련해야 할 것이다.

문재인 정부는 다주택자 규제를 강화하고 가계 부채를 해소하고자 지역별로 차등을 주어 주택담보대출비율$^{LTV, Loan to Value*}$과 총부채상환비율$^{DTI, Debt to Income**}$ 규제를 강화하고 있다. 조정 지역 대상 외 수도권의 LTV는 60~70%, DTI는 50~60% 수준으로, 미국의 경우에 비해 LTV 제한은 강하고(95% 수준), DTI 제한은 약한(45% 수준) 편이다. 이는 자산을 형성한 장년층 이상에게 보다 적합한 방식으로 목돈이 부족한 저자산 계층이나 젊은층에게는 불리한 방식이라 할 수 있다. 실제로도 50대 이상의 실물 자산 증가가 두드러지고 있는 추세이다. 이처럼 자산 실소유자가 고령화되어감에 따라 세대 간 이전을 위한 대책을 마련할 필요가 있다. 또한 가구 구조의 변화 및 주택 마련을 위한 여건 등의 문제로 임대주택 수요는 증가하고 있는 상황에서 일본의 상속세 제도와 임대주택 관리회사의 서브리스 구조를 활용한 지주 공동 형태의 사업 방식은 자산효율화를 통해 임대주택을 공급할 방안이 될 수 있다. 최근 다주택자에 대한 규제가 강화되면서 기존 다주택

---

* 담보 물건의 실제 가치 대비 대출 금액의 비율
** 연소득 대비 총 금융부채 상환액(원금, 이자)의 비율

자의 임대사업 등록률을 높이기 위해 제공했던 세제 혜택 또한 축소되었다. 금융 혜택 등의 과도한 혜택은 조정을 필요로 하겠지만 세제 혜택 등은 일관성 있게 유지하여 민간 임대주택 관련 정책에 대한 신뢰도를 높여야 할 것이다.

06

4차 산업혁명 시대의
헬스케어 산업

산업화를 이룩하고 굶주림을 해결한 선진국에서는 생존의 다음 단계인 건강에 대한 관심이 높아졌다. 기계, 중공업, 화학으로 대표되는 산업화가 성숙한 현 시점에서 선진국의 정부와 기업, 연구기관, 병원 등은 제각각의 목적을 달성하기 위해 헬스케어 관련 기술과 인프라에 적극적으로 투자했다. 그 결과 향후 전 세계의 미래 먹거리라 불리는 헬스케어 산업이 부각되고 있다.

헬스케어 산업에 대한 투자와 소비는 관련 인프라 및 기술을 갖춘 선진국에서 높게 나타난다. 1인당 GDP가 8만 달러에 육박하며 부동의 최상위 선진국으로 분류되는 스위스는 2018년의 MSCI 지수*에서 헬스케어 산업이 차지하는 비중이 약 33%에 달한다. 미국과 독일 또

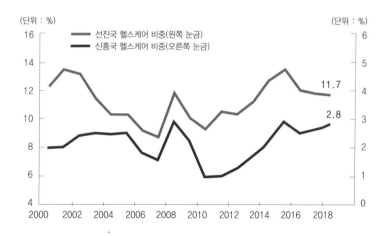

| 도표 5-23 | 선진국 및 신흥국의 헬스케어 산업 비중 |

(단위 : %)   (단위 : %)

출처 : Bloomberg, 한국투자증권
주 : MSCI 지수 기준

한 10%를 상회하며, 일본은 7.3%, 한국은 5.8% 수준이다. 특히 한국
은 최근 5년 동안 일본을 거의 비슷한 수준까지 따라잡았다. 한국은
경제 규모나 발전 양상으로 볼 때 향후 선진국에서 강세를 보이는 헬
스케어 산업의 영향력이 증가할 것이다.

따라서 정부와 관련 기업이 글로벌 시장의 경쟁에서 뒤처지지 않기
위해서는 전통적인 진단 및 치료에서 벗어나 새로운 형태로 확장된
헬스케어를 파악하고 그 속에서 새로운 기회를 포착할 수 있는 선구

---

* 미국의 모건스탠리캐피털 인터내셔널Morgan Stanley Capital International이 작성해 발표하는 세계 주가지
수로 글로벌펀드의 투자 기준이 되는 지표이다.

도표 5-24	한국과 일본의 헬스케어 산업 비중 추이

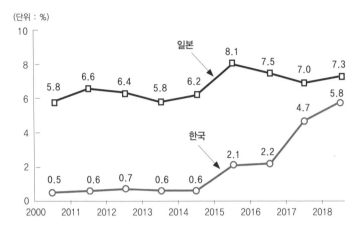

(단위 : %)

일본 8.1 7.5 7.0 7.3

5.8 6.6 6.4 5.8 6.2

한국

5.8

4.7

2.1 2.2

0.5 0.6 0.7 0.6 0.6

2000 2011 2012 2013 2014 2015 2016 2017 2018

출처 : Bloomberg, 한국투자증권
주 : MSCI 지수 기준

안을 갖춰야 한다.

:: 정밀의료를 가능케 하는 ICT 기술

과거에는 아프다는 '증상'을 발견하면 병원이나 약국을 찾아갔다.
그러면 의료진은 그 증상을 보고 그 동안 축적해온 경험과 직관에 따
라 처방을 내렸다. 이를 '증상 기반의 직관적 의료'라고 한다. 현재는
환자의 의료 기록 데이터라는 '증거'를 분석하여 거기서 도출된 개인
만의 특정한 '패턴'에 기반한 처방이 이루어진다. 이는 패턴을 활용한

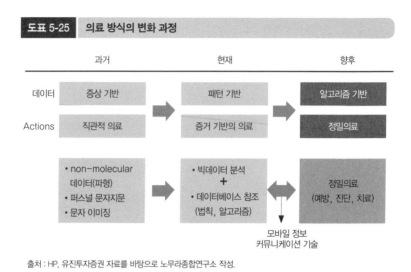

도표 5-25 의료 방식의 변화 과정

	과거	현재	향후
데이터	증상 기반	패턴 기반	알고리즘 기반
Actions	직관적 의료	증거 기반의 의료	정밀의료

- non-molecular 데이터(파형)
- 퍼스널 문자지문
- 문자 이미징

- 빅데이터 분석 +
- 데이터베이스 참조 (법칙, 알고리즘)

정밀의료 (예방, 진단, 치료)

모바일 정보 커뮤니케이션 기술

출처 : HP, 유진투자증권 자료를 바탕으로 노무라종합연구소 작성.

증거 기반 의료이다. 향후에는 이렇게 환자 개인의 패턴을 활용한 의료 서비스를 넘어 환자의 의료 기록 데이터뿐 아니라 환자의 운동, 식이, 영양, 환경, 각종 생활 정보 등의 방대한 정보를 통합하여 활용하는 치료 방식이 등장할 것이다. 환자에 대한 방대한 데이터는 머신러닝과 같은 빅데이터 활용 기술에 의해 개개인에게 맞춤화된 알고리즘으로 정의될 것이며 환자에게는 이 알고리즘에 따른 정밀의료(예방, 진단, 치료, 사후 관리 등) 서비스가 제공될 것이다.

가까운 미래에 정밀의료 서비스를 가능하게 할 동인은 4차 산업혁명으로 대변되는 빅데이터, ICT 기술 및 모바일 기기의 발전이다. 먼저 빅데이터 처리 기술의 발전은 의료 서비스 공급자가 과거에는 다룰 수 없었던 염기서열 데이터를 비롯한 환자의 방대한 생활 데이터를 다룰 수 있도록 만들고 있다. 한 사람의 염기서열은 데이터로 환산하면 약 200기가 바이트에 달한다. 이것을 개인 및 집단과 비교 분석하게 되면 그 데이터의 양은 상상을 초월한다. 딥러닝이나 머신러닝과 같은 대용량 데이터 처리 방식은 염기서열 데이터뿐 아니라 개인의 생활양식에서 발견할 수 있는 방대한 데이터를 분석할 수 있게 해주어 정밀의료 서비스의 제공을 현실화시킬 것이다. IBM의 왓슨 포 온콜로지Watson for Oncology, 구글 딥마인드Google DeepMind 헬스 프로젝트가 빅데이터를 활용한 정밀의료의 대표적인 연구개발 사례라고 할 수 있다.

다음으로 ICT와 모바일 기기의 발전은 범용적 건강 관리부터 정밀의료에 필요한 데이터까지 추적 및 수집의 범위를 전방위적으로 확대시켰다. 의료계는 ICT 기술과 모바일 기기를 활용하여 원격으로 환자를 진료하거나 모니터링하는 디지털 병원을 실현시키기 위해 노력하고 있다. 국내에서는 의료 영리화의 첫걸음이라며 원격 진료에 대한 비판의 목소리가 있지만, 보건복지부는 2018년 8월 군부대나 도서산간 지역 등의 의료 사각지대를 한정적 대상으로 원격 진료를 허용하는 방안을 검토하겠다고 밝혔다.

한편 의료 서비스의 수요자, 즉 환자 및 일반 대중들의 입장에서는 헬스케어 사업자는 아니지만 방대한 양의 고객 생활패턴 데이터를 가지고 있는 통신, IT 기기 회사의 헬스케어시장 진출을 주목하게 된다. 이들의 헬스케어시장 참여는 예방, 치료, 진단, 사후 관리에 이르는 전체 의료 프로세스에 더 많은 서비스 이용자들이 보다 손쉽게 참여할

	장비 · 부품	소프트웨어 · 솔루션	통신망	서비스	기기 · 단말기
ICT	인텔	시스코	티모바일	구글	애플
	필립스		버라이즌	마이크로소프트	삼성전자
	퀄컴	지멘스	SK텔레콤	페이스북	샤오미 핏빗
비ICT	허니웰	노바티스		중국핑안	나이키
	GE	에픽시스템즈			로쉬
	보쉬				존슨앤존슨

출처: KDB산업은행 자료를 바탕으로 노무라종합연구소 재구성.

수 있는 접근성을 제공한다. 또한 IT 기기 및 단말기를 활용한 이용자의 모든 행위는 향후 각 개인에게 적합한 의료 서비스를 제공하 기 위한 정보 제공의 초석이 될 수 있다.

이러한 관점에서 볼 때, 향후 헬스케어 산업 중에서도 특히 의료나 진단기기 사업의 부문은 일반 대중이 늘 몸에 지니는 휴대전화, 전자시계, 스마트 안경 등의 IT 기기가 전통적인 의료 기기와 함께 중요한 비중을 차지하게 될 가능성이 매우 높다. 실제로 삼성, 애플 등 글로벌 선도 IT 기업들은 각 회사의 강력한 IT 단말기와 대중의 활발한 참여가 가능한 플랫폼을 바탕으로 차세대 헬스케어시장에서 전통적인 의료 및 진단 기기 업체와의 치열한 경쟁을 예고하고 있다. 일부 전문가들은 이미 방대한 고객 데이터와 일상에 대한 높은 접근성을 가진 IT 업체들의 승리를 점치기도 한다.

:: 헬스케어시장의 변화를 이끄는 IT 기업

IT 기업을 헬스케어 산업에 뛰어든 단순한 참여자가 아니라, 매우 강력한 리더라고 할 수 있는 근거로 다음 세 가지를 들 수 있다.

첫째, 이들은 대중들이 휴대하고 있는 단말기(스마트폰 등)를 통해 건강 관련 데이터를 측정하고 수집할 수 있다. 이제 거의 모든 스마트폰 및 IT 단말기가 사용자의 걸음 수에서부터 수면 상태, 심박수 등 기초적인 건강 정보를 추적한다. 뿐만 아니라 체지방, 혈중 알코올 농도, 혈당 등의 다양한 정보를 수집할 수 있으며, 앞으로는 그 정보의 질이 더욱 고도화될 것으로 전망된다.

둘째, 이들은 단말기에서 수집된 데이터를 통합할 수 있는 자체 플랫폼을 소유하고 있다. 애플의 헬스키트[HealthKit]와 리서치 키트[Research Kit], 구글의 구글 피트[Google Fit], 마이크로소프트의 헬스볼트[MS Health Valt] 등 다양한 소프트웨어 기반 플랫폼은 각 단말기에서 수집된 정보를 통합하는 역할을 수행한다.

셋째, 그렇게 각 플랫폼에 통합된 데이터는 현재 의료 기관(병원, 약국 등)이 환자를 치료하는 데 실제로 활용되고 있으며 앞으로는 그 범위가 더욱 확장될 것이다. 즉 IT 기업이 의료 데이터의 분석 및 활용에 중요한 역할을 하고 있다는 뜻이다. 이와 같이 IT 기업은 의료, 건강 데이터의 수집, 통합, 활용의 3단계에서 선두주자로 활동하고 있으며, 향후 그 영향력은 다수의 이용자가 이용하는 플랫폼의 힘을 바탕으로 더욱 커질 것이다. 전 세계의 앞서가는 IT 업체들의 IT 단말기가 어떻

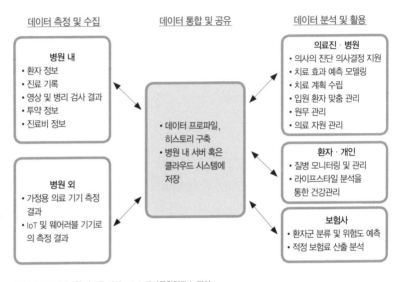

데이터 측정 및 수집

병원 내
• 환자 정보
• 진료 기록
• 영상 및 병리 검사 결과
• 투약 정보
• 진료비 정보

병원 외
• 가정용 의료 기기 측정 결과
• IoT 및 웨어러블 기기로의 측정 결과

데이터 통합 및 공유

• 데이터 프로파일, 히스토리 구축
• 병원 내 서버 혹은 클라우드 시스템에 저장

데이터 분석 및 활용

의료진 · 병원
• 의사의 진단 의사결정 지원
• 치료 효과 예측 모델링
• 치료 계획 수립
• 입원 환자 맞춤 관리
• 원무 관리
• 의료 자원 관리

환자 · 개인
• 질병 모니터링 및 관리
• 라이프스타일 분석을 통한 건강관리

보험사
• 환자군 분류 및 위험도 예측
• 적정 보험료 산출 분석

출처 : LG경제연구원 자료를 바탕으로 노무라종합연구소 작성.

게 의료 기기와 의료 플랫폼으로 진화하기 위해 노력하고 있는지 구체적인 사례를 통해 알아보고자 한다.

대표적 주자인 애플은 2014년 6월, 세계개발자회의WWDC에서 아이폰의 운영체제 iOS8에 헬스키트를 탑재한다고 발표하며 헬스케어시장으로의 본격적인 진입을 알렸다. 기존의 아이폰, 애플워치 등 디바이스에서 수집한 개별 정보를 헬스키트라는 하나의 플랫폼에 통합시킨다는 청사진을 내놓은 것이다.

사용자의 디바이스와 앱에서 수집된 정보는 헬스키트에 통합된다. 이때 사용자가 동의한다면 애플의 기기와 앱이 아니더라도 사용자가 접근할 수 있는 거의 대부분의 앱 및 디바이스로부터 수집된 건강 데이터가 헬스키트라는 플랫폼에서 의료 서비스 제공자가 활용할 수 있는 수준으로 통합되고 분석될 수 있다. 이렇게 통합된 정보는 전자 의무기록EHR 회사를 통해 병원에 전송되고, 병원은 헬스키트에 통합된 정보를 바탕으로 환자에게 적절한 의료 서비스를 제공한다.

헬스키트는 애플의 디바이스와 수많은 앱, 전자 의무기록 회사와 병원 등 전방위적인 참여자를 포함하는 플랫폼이다. 플랫폼이란 아무리 잘 개발된다 해도 참여자가 없으면 가치가 없는 것이다. 처음에는 애플이 아이폰이나 애플워치, 앱스토어를 기반으로 하는 접근성은 확보하고 있지만 서비스 제공자인 대형 병원을 헬스키트라는 플랫폼으로 끌어오기는 힘들 것이라는 시선이 존재했다. 하지만 이를 비웃기라도 하듯, 2018년 7월 미국 4대 병원 중 하나인 클리블랜드 클리닉Cleveland Clinic이 환자의 전자 의무기록 데이터를 애플의 헬스케어 애플리케이션인 헬스레코드HealthRecords와 연동하겠다고 발표했다. 이는 헬스키트가 넘기 힘든 높은 벽이라고 여겨지던 미국 대형 병원의 문을 넘어 점차 고도화되고 있다는 것을 의미한다.

헬스키트가 환자의 방대한 데이터를 통합하여 개개인에게 맞춤화된 의료 서비스를 제공하도록 돕는 플랫폼이라면, 2015년 3월 공개된 리서치 키트는 전 세계의 아이폰 이용자들이 의학 연구를 위한 임상 실험에 참여할 수 있도록 해주는 임상 연구 플랫폼이다. 예를 들어 의학 연구 기관이 당뇨병, 천식 등을 연구하기 위한 애플리케이션을 리서치 키트라는 플랫폼에 등록하면 일반 아이폰 이용자들은 본인의 의료 데이터를 연구 목적으로 사용하도록 허가한다는 전제하에 해당 애플리케이션을 통한 임상 연구에 참여할 수 있다. 기존의 임상 연구는 적절한 임상 연구 대상자의 부족과 임상 실험 공간의 물리적 한계 때문에 작은 규모에서 비효율적으로 진행될 수밖에 없었다. 하지만 리서치 키트를 사용하면 단기간에 수많은 아이폰 이용자들의 건강 데이터를 확보할 수 있다. 실례로, 스탠퍼드 대학교의 연구자들이 발표한 심혈관계 질환 진단 애플리케이션인 마이하트myHeart는 출시 첫날에 리서치 키트를 통해 1만 명 이상의 임상 실험 참가자를 확보했다. 이는 미국의 50개 병원에서 1년간 모집해야 얻을 수 있는 참여자 규모이다.

애플의 강력한 단말기를 바탕으로 한 헬스키트와 리서치 키트 플랫폼은 현재까지 헬스케어시장에 뛰어든 IT 업체의 사업 중 가장 선진적인 모델이라고 평가받는다. 당장 유의미한 수익을 내는 플랫폼이라고 할 수는 없겠지만, 일반 대중에서부터 의학 연구자까지의 수많은 참여자들이 함께할 수 있는 플랫폼을 구축했다는 것만으로도 향후 헬스케어 산업에서 애플의 역할은 점점 더 부각될 것이다. 이렇게 애플은 대중과 헬스케어 업계로부터 IT 기업이 아닌 헬스케어 업체로서의 신뢰도를 쌓고 있다. 이 신뢰도는 향후 유전자 정보 수집, 인공지능, IoT, 블록체인 등을 활용한 새로운 헬스케어 사업에서 압도적인 힘을 발휘할 것이다.

다음으로 구글은 2014년 6월 헬스 플랫폼 구글피트GoogleFit를 공개했다. 애플의 헬스키트와 리서치 키트가 통합된 의료 데이터를 실제 의료 기관에 제공하여 환자의 진단과 연구에 활용하게 한 넓은 범위의 플랫폼이었던 데 반해, 출시 초기의 구글피트는 본격적인 의료 서비스 제공보다는 체중 감량, 걸음 수, 맥박, 수면 등 개인의 피트니스 정보 수집 및 활용에 초점을 둔 것이었다. 이 때문에 구글은 전통적인 의료 서비스 제공자들보다 나이키나 아디다스와 같은 스포츠용품 회사와 더욱 공고하게 협력하는 경향을 보였다. 하지만 최근에는 미국 최대 의사협회 AMA^{American Medical Association}와 협력해 헬스케어 데이터 공유 솔루션 확보를 위한 공모전을 개최하는 등 다양한 헬스케어 주체를 자체 플랫폼에 끌어들이고자 하는 애플과 궤를 같이하고 있다.

구글은 스마트폰을 의료 기기로 활용하는 것 외에도, 별도의 스마트 의료 기기 개발 프로젝트를 다수 진행하며 향후 헬스케어 산업에서의 주도권 확보를 위해 노력하고 있다. 대표적으로 구글의 미래 기술 연구소 구글X^{Google X}에서 분사한 알파벳 자회사 베릴리^{Veriliy}는 스위스 제약 회사 노바티스와 함께 눈물로 혈당을 측정하는 스마트렌즈 개발을 추진 중이다. 또한 의료 기기 회사 존슨앤존슨메디컬과도 협력하여 수술 로봇 개발을 추진하고 있다. 구글이 가진 센서나 영상 및 데이터 분석 역량이 수술 로봇을 통해 충분히 발휘할 수 있을 것으로 기대되며 향후 도서 및 산간 지역과 같은 의료 사각지대에서 우선적으로 원격 의료 및 수술이 실현될 것이라 꿈꾸고 있다. 또한 의사가 수술 중인 환자의 호흡, 맥박, 체온, 혈압 등을 체크하고 각종 검사 사진도 확인할 수 있도록 하는 구글 글래스 프로젝트 등 다수의 프로젝트도 진행되고 있다.

애플이나 구글 외에도 IT 기기를 바탕으로 이용자의 데이터를 플랫

글로벌 IT 선도기업의 헬스케어 디바이스 및 플랫폼

	애플	삼성	구글	MS
하드웨어	애플워치	심밴드 등	구글글래스 외 다양한 디바이스	MS밴드
형태	시계형	손목밴드	안경형	손목밴드
기능	• 활동량 측정 • 다양한 헬스케어 및 의료센서 포함 • 외부 사업자가 개발한 다양한 헬스케어 관련 앱 활용 • 구동 가능 헬스케어 앱 264개	• 심박수, 심박변이도, 산소포화도 등을 계측하기 위한 광센서 • 온도·전기 피부 반응 등을 계측하기 위한 센서 • 활동량 측정을 위한 가속도계, 심전도 측정을 위한 센서 등 포함	• 실시간 사진 촬영, 길 찾기, 동영상 재생, 메시지 전송, 인터넷 접속	• 심박수, 수면의 질, 체온, 걸음수, 보행 거리, 칼로리 소모량, 스트레스, 자외선 노출 정도 등
소프트 웨어	헬스키트, 리서치 키트	SAMI	구글핏	헬스볼트
기능	• 헬스키트에 900여개에 달하는 앱과 다양한 디바이스가 연동되어 70여 가지의 헬스케어 및 의료 관련 데이터를 측정, 보관, 통합 가능 • 병원·전자 의료 기록 솔루션 업체 등과 협업	• SAMI를 통하여 다양한 개인 생체 정보를 수집하고 분석 • 건강 진단 기능을 강화한 스마트워치 개발과 20여 개 의료 기기업체, 연구 기관, 건강관리 업체 등과 제휴	• 자사 웨어러블을 포함한 다양한 단말기로 이용자 헬스 정보를 수집 가공 • 구글글래스와 전자의료기록을 결합시키기 위해서 구글글래스 앱 개발 업체인 오그메딕스, EHR 솔루션 업체 더치로노와 제휴	• 일반 의료솔루션을 모바일과 클라우드로 확산함(취약계층 대상) • 미국 가상 이동통신사업자 트랙폰, 비영리 지역보건센터 HCN 등과 전략적 파트너십 체결
특징	• 리서치 키트 : 의학 연구자를 위한 플랫폼으로서 시간적, 물리적 제약없이 전 세계 아이폰 사용자를 임상 연구 참여자로 활용 가능	• 사미를 통해 수집 및 분석되는 개인 정보는 각 개인이 관리함으로써 데이터 보안 유지를 철저히 하고자 함	• 사용자의 허가가 있을 경우 통합된 건강 데이터를 마음껏 활용하도록 해 다양한 업체들이 파트너로 참여할 수 있도록 함	• 검색엔진 헬스볼트 서치도 발표했는데, 이를 이용하면 사용자가 온라인으로 관련 건강정보 콘텐츠를 보다 빨리 정확하게 찾을 수 있음

출처 : KISTEP

폼화하여 헬스케어 산업에 진출하고자 하는 사업자들은 많다. 삼성과 마이크로소프트 등이 대표적이다. 이들과 같은 대형 IT 기업은 일반 이용자와의 접근성, 데이터 통합 관리 능력, 의료 기관과의 협상력을 보유하고 있어, 규모가 작은 회사가 독립적으로 이들의 헬스케어 플랫폼 전략을 모방하기는 쉽지 않은 실정이다.

삼성은 SAMI라는 플랫폼을 통해 개인 헬스 정보를 수집, 통합하고 있다. SAMI 플랫폼을 활성화하기 위해 클리블랜드 클리닉, 머크 등의 의료 서비스 업체, 시그나, 애트나 등의 건강보험사, 웰독, 프리벤티스 등의 모바일 헬스케어 업체, 블룸테크놀로지, 스탠퍼드 대학교, IMEC과 같은 연구기관 등 다양한 헬스케어 산업 참여자들과 파트너 관계를 맺고 있다.

마이크로소프트는 헬스케어 플랫폼 헬스볼트를 통해 사용자들이 자신의 건강 및 피트니스 정보를 통합적으로 관리하고, 필요한 경우에는 전문의와 공유할 수도 있는 기능을 지원한다.

각 사업자가 제공하는 기기 및 플랫폼의 형태가 당장은 다를지라도, 결국 궁극적으로 지향하는 목표는 같다. 즉 압도적인 수의 단말기 이용자들을 바탕으로 대량의 건강 정보를 수집하고 이를 활용할 수 있는 의료 서비스 제공자를 자체 플랫폼에 끌어들이는 것이다. 카메라, 센서, AI, IoT, 로봇 등의 의료 관련 기술이 더 발전한다면, 이들 IT 회사가 각자의 플랫폼의 힘을 활용하여 헬스케어 산업의 척추와 같은 역할을 맡게 될 것이라는 점은 의심의 여지가 없다.

:: 기존 강자들의 대담한 혁신

　방대한 고객 데이터와 높은 IT 기기 보급률을 바탕으로 IT 업체들이 헬스케어시장에 빠르게 진입하고 있다. 필립스, GE, 지멘스 등 기존 헬스케어 기기 산업의 리더들은 애플이나 구글 같은 IT 업체들이 주도하는 헬스케어 정보의 플랫폼화 현상과 빅데이터나 ICT 등의 관련 기술에 뒤처지지 않고 대응하기 위해 자체적인 플랫폼을 선보이며 노력하고 있다. 동시에 의료 기기 수요자에 대한 높은 이해도를 바탕으로 환자의 본질적인 의료 니즈 파악에 더욱 집중하는 모습을 보이고 있다.

　2015년, 필립스는 124년 동안 이어온 전구 사업에서 철수하면서 헬스케어 전문 테크기업으로 거듭났다. 웨어러블 디바이스가 시장에서 주목받기 시작하면서 애플이나 삼성, 핏빗 등은 일상 생활에서는 패션 아이템으로서의 역할을 훌륭히 수행하며 스마트폰과 연동된 다양한 기능을 보유함과 동시에 수면, 걸음, 운동 등을 트래킹하는 피트니스 기능에 집중한 상품을 내보였다. 이에 비해 필립스가 출시한 웨어러블 디바이스가 가진 차별점으로는 최대한 단순한 디자인, 피트니스보다는 만성 질환 관리에 비중을 둔 기능, 최신 IT 기기에 친숙하지 않은 중장년층이라는 실질적인 의료 서비스 수요층을 공략한다는 점 등을 들 수 있다.

　필립스가 2016년 8월 선보인 스마트 헬스케어 기기는 헬스 워치(250달러), 귀 체온계(60달러), 팔뚝 착용 모니터링 밴드(100달러), 손목

착용 혈압 모니터링 밴드(90달러), 스마트 체중계(100달러)이다. 디자인은 단순하지만 가격은 패셔너블한 고가의 웨어러블 디바이스보다 합리적이고, 각 기기마다 명확한 기능과 착용 목적을 부여했으며 단순히 운동을 촉진하는 것을 넘어 의료 기기로서의 역할을 수행하도록 설계했다. 또 각 기기가 측정한 데이터는 착용자의 스마트폰에 설치된 앱을 통해 통합·분석되며, 이를 통해 착용자는 심장질환이나 당뇨와 같이 건강에 직접적인 위협이 될 수 있는 상황을 실시간으로 한눈에 관리할 수 있다.

필립스는 자사의 기존 스마트 헬스케어 기기 사용자들에게는 애플워치와 같은 웨어러블 디바이스나 복잡한 스마트폰 애플리케이션 인터페이스에는 익숙하지 않을 것이라고 판단했다. 이런 인식을 바탕으로 애플리케이션을 통해 나타나는 건강 관련 정보를 당뇨 등 특정 의료 목적에 맞추어 최대한 단순하게 표현하고자 했다. '만성 질환 및 건강 관리'라는 디바이스의 목적과 고객의 니즈에 충실하게 대처한 것이다.

필립스는 웨어러블 기기뿐 아니라 스마트폰을 통한 건강 관리 플랫폼에서도 의료라는 핵심 가치에 집중했다. 필립스는 클라우드 기반의 플랫폼 필립스 헬스스위트Philips HealthSuite에 헬스케어 기기, 애플리케이션, 디지털 툴 등을 연동할 수 있도록 했다.

클라우드 기반 플랫폼인 필립스 헬스스위트에서는 의료진 코칭 전달, 맞춤형 육아 조언 제공, 실내 공기 질 관리 등 기존에 헬스케어 기기를 사용하던 고객들의 실질적인 니즈를 반영했다. 공기 청정기, 수면 유도기 등 기존에 필립스가 강점을 가지고 있던 의료 기기를 자체

필립스 헬스스위트와 연동되는 다양한 의료 솔루션

솔루션·앱 이름	설명
케어 오케스트레이터 Care Orchestrator	• 환자, 의료진, 가정 방문 업체 등을 연결해주는 클라우드 기반 플랫폼 • 의료진의 코칭을 환자가 가정에서 플랫폼을 통해 확인
필립스 nGrow 육아 플랫폼 Phillips nGrow Digital Parenting Platform	• 스마트 베이비 모니터, 스마트 귀체온계 등 다양한 기기를 통한 정보 수집 • 수집된 정보를 분석하여 아기의 발달 과정에 맞는 맞춤형 조언 제공
필립스 아벤트 내추럴 보틀 Phillips Avent Natural Bottle	• 수유 패턴 기록을 통한 유아 건강 상태 관리
에어 매터스 Air Matters	• 실내 공기청정기와 연동하여 환자의 필요에 맞는 공기 질 관리
드림 맵퍼 Dream Mapper	• 환자의 수면 중 치료 기기 착용 유도

출처 : 필립스 자료를 바탕으로 노무라종합연구소 정리.

플랫폼을 통해 더욱 효과적으로 활용할 수 있도록 했다.

GE와 지멘스 또한 필립스와 마찬가지로 디지털과 플랫폼의 힘에 주목하고, 우월한 헬스케어 기기 역량을 바탕으로 이에 대응하고 있다. GE는 10억 달러 이상 투자하여 개발한 산업 인터넷 운영체제 프레딕스 플랫폼을 기반으로 헬스케어 클라우드 시스템을 운영한다. 의료진은 영상, CT 등 다양하고 방대한 의료 데이터를 신속하게 처리할 수 있는 이 시스템을 통해 시간과 장소에 구애받지 않고 PC와 스마트폰으로 환자의 의료 데이터 분석 내용을 확인할 수 있다.

지멘스 또한 팀플레이Teamplay라는 IT 클라우드 기반 솔루션을 통해 병원 내에서만 활용하던 정보의 활용 범위를 지멘스의 의료 기기를 사용하는 전 세계로 확대시켰다. 미국 병원에서 촬영된 암 진단 자료를 한국 병원에서도 활용할 수 있는 것이다.

전통적인 의료 기기 강자들의 공통점은, 데이터와 플랫폼의 힘에 대응하면서 IT 기업보다 고도화된 의료 영역, 즉 자기가 잘하는 분야에 집중하고 있다는 점이다. 애플은 대중적이나 고급 헬스케어 역량을 확보하지 못했고, 필립스는 일반 대중에게는 접근성이 부족하지만 헬스케어의 전문성 부문에서는 확실한 강점을 가지고 있다. 하지만 이들의 격차는 점점 좁혀지고 있으며, 이러한 트렌드에 각 주체가 어떻게 대응하느냐에 따라 향후 헬스케어 산업의 판이 새롭게 짜여질 것이다.

:: 헬스케어 기기와 플랫폼의 연결 시대

거대 IT 기업이 헬스케어 플랫폼을 바탕으로 막강한 영향력을 발휘할 것이 예상되면서, 이에 대비하지 못한 전통적인 의료 기기 및 서비스 사업자는 위협과 동시에 기회를 맞이하게 되었다. 국내에서는 삼성을 비롯한 소수의 대기업 외에는 헬스키트나 구글피트와 같은 대형 플랫폼을 스스로 개척하기가 힘들다. 그렇다면 어떻게 하면 이와 같은 플랫폼을 활용하여 유의미한 활로를 모색할 수 있을 것인가에 대한 고민이 필요하다. 다행히도 국내에는 O2O 업계에서 최초로 상장한 병원 및 약국 정보 플랫폼 케어랩스 굿닥이나, 웨어러블 스마트 벨트 제조업체 웰트 등 주목할 만한 디지털 헬스케어 스타트업이 등장하고 있고, 대기업의 헬스케어 관련 투자도 증가하고 있는 추세이다. 스타트업에서 대기업까지, 각 분야에서 역량 있는 헬스케어 업체들이 시너지 효과를 발휘할 수 있는 협업이 필요한 시점이다.

정책적인 지원 역시 필요하다. 미국은 2011년에 '모바일 의료용 앱 규제 가이드라인 초안'을 제시하고 2013년에 FDA 허가 대상 기준을 명시한 후속 가이드라인을 발표했다. 이후 2015년에는 웰니스 가이드라인, 의료 기기 데이터 시스템 가이드라인, 의료 보조 기기 가이드라인 등을 발표하였다. 이로써 미국의 IT 및 헬스케어 업체는 FDA의 규제 수위에 맞춘 헬스케어 기기 및 앱을 적시에 개발하여 출시하고 전 세계 헬스케어의 새로운 바람을 주도할 수 있었다. 하지만 국내에서는 개인의 의료 데이터 활용이 '개인정보보호법'을 침해한다는 논란이 지속되는 등 관련 규제가 기술의 발전 속도를 따라가지 못하고 있는 실정이다. 비록 지금은 한국이 세계적인 IT, 헬스케어 강국이라고 불린다 할지라도, 빠르게 진화하는 기술을 뒷받침할 수 있도록 규제 완화가 이루어지지 않으면 이 모든 것은 빛 좋은 개살구에 그칠 뿐이라는 것은 모두가 알고 있는 사실이다.

기업은 의료 기기와 플랫폼이 연결되는 시대적 흐름에 대응할 수 있는 전략 수립에 몰두하고, 정부는 관련 규제를 완화하여 향후 한국의 미래 먹거리가 될 수 있는 헬스케어 산업이 날개를 달 수 있도록 관련 주체가 모두 노력하여 헬스케어의 새 시대를 선도해나가야 할 것이다.

| 저자 소개 |

● **윤재남 _ President**
도쿄대학교 공학박사, 노무라종합연구소 서울 대표이사.

● **사사키 마사야 _ Senior Economist**
와세다대학교 경제학연구과 석사, 노무라종합연구소의 경제 및 전략 연구기관인 미래창발센터에서 거시경제 동향, 금융시장 연구를 수행하고 있다.

● **최자령 _ Partner**
연세대학교 공학박사, 유통, 소비재 · 부동산 부문 총괄. 담당 산업 분야 내 중장기 사업 전략 및 성장 · 신사업 전략, 사업 · 투자 구조 및 운영 효율화 등에 대한 컨설팅을 수행하고 있다.

● **남동완 _ Partner**
서울대학교 외교학과 석사, 인프라 · 금융 · 제약 · IT 부문 총괄. 담당 산업 분야 내 중장기 경영 전략, 신사업 전략, 조직 진단 및 인사 전략, 해외 진출 전략 수립 등에 대한 컨설팅을 수행하고 있다.

● **조환석 _ Partner**
히토츠바시대학교 MBA, 전자 · 화학 · 소재 · 자동차 부문 총괄. 담당 산업 분야 내 신사업 전략, 중장기 사업 전략 및 글로벌 시장 진출 전략 등에 대한 컨설팅을 수행하고 있다.

● **김주연 _ Manager**
뉴욕대학교 부동산 투자금융 석사, 담당 산업 분야는 부동산, 건설, 유통이며, 국내외 주요 개발 사업, 주요 기업의 중장기 전략 수립, 신사업 전략 등에 대한 컨설팅을 수행하고 있다.

● **남혁우 _ Manager**
고려대학교 경영학과 학사, 담당 산업 분야는 통신, 에너지, 제약, SMB이며, 국내외 주요 기업의 신사업 타당성 검토, 신성장동력 발굴, 중장기 전략 수립 및 M&A 지원 등에 대한 컨설팅을 수행하고 있다.

● **오인석 _ Senior Consultant**
베이징대학교 사회학과 학사. 담당 산업 분야는 자동차, 제조업이며, 중장기 전략, 해외 시장 진출 전략, 신사업 발굴 및 추진 전략 등에 대한 컨설팅을 수행하고 있다.

● **한민선 _ Senior Consultant**
서울대학교 기술경영 경제정책 박사. 자동차, 제조업을 중심으로 국내외 주요 기업의 중장기 전략 수립, 신사업 타당성 검토, 파트너십 지원 등에 대한 컨설팅을 수행하고 있다.

● **김무열 _ Consultant**
와세다대학교 경영학과 학사. 담당 산업 분야는 정보전자, 에너지이며, 중장기 전략, 신사업 발굴 및 추진 전략, 해외 시장 진출 전략 등에 대한 컨설팅을 수행하고 있다.

● **김동욱 _ Consultant**
성균관대학교 경영학과 학사. 담당 산업 분야는 소비재, 유통, IT이며, 마케팅 전략, 신사업 진입 전략, 업무 혁신 등에 대한 컨설팅을 수행하고 있다.

● **우승표 _ Consultant**
한양대학교 경영학과 학사. 담당 산업 분야는 유통, 소비재이며, 성장 전략, 마케팅 전략, 신사업 진입 전략 등에 대한 컨설팅을 수행하고 있다.

노무라종합연구소
2019 한국 경제 대예측

1판 1쇄 인쇄 2019년 2월 22일
1판 1쇄 발행 2019년 2월 28일

지은이 노무라종합연구소

발행인 양원석
본부장 김순미
편집장 최두은
디자인 RHK 디자인연구소 지현정
제작 문태일
영업마케팅 최창규, 김용환, 정주호, 양정길, 이은혜, 신우섭,
　　　　　　조아라, 유가형, 김유정, 임도진, 정문희, 신예은

펴낸 곳 ㈜알에이치코리아
주소 서울시 금천구 가산디지털2로 53, 20층 (가산동, 한라시그마밸리)
편집문의 02-6443-8844　　**구입문의** 02-6443-8838
홈페이지 http://rhk.co.kr
등록 2004년 1월 15일 제2-3726호

ISBN 978-89-255-6536-1 (03320)